民国大师文库

（第二辑）

闻一多神话与诗

闻一多◎著

北京联合出版公司
Beijing United Publishing Co.,Ltd.

图书在版编目（CIP）数据

闻一多神话与诗 / 闻一多著 . -- 北京：北京联合
出版公司 , 2013.10（2025.4 重印）
（民国大师文库）
ISBN 978-7-5502-2146-8

Ⅰ.①闻… Ⅱ.①闻… Ⅲ.①神话—研究—中国②古
典诗歌—诗歌研究—中国 Ⅳ.① B932.2 ② I207.22

中国版本图书馆 CIP 数据核字（2013）第 253299 号

闻一多神话与诗

作　　者：闻一多
选题策划：北京三联弘源文化传播有限公司
责任编辑：丰雪飞

北京联合出版公司出版
（北京市西城区德外大街 83 号楼 9 层　100088）
天津海德伟业印务有限公司印制　　新华书店经销
字数 295 千字　710 毫米 × 1000 毫米　1/16　21 印张
2014 年 1 月第 1 版　2025 年 4 月第 3 次印刷
ISBN 978-7-5502-2146-8
定价：98.00 元

目 录

目录

伏 羲 考①

一 引 论

伏羲与女娲的名字，都是战国时才开始出现于记载中的。伏羲见于《易·系辞下传》，《管子·封禅篇》、《轻重戊篇》，《庄子·人间世篇》、《大宗师篇》《胠箧篇》、《缮性篇》、《田子方篇》，《尸子·君治篇》，《荀子·成相篇》，《楚辞·大招》，《战国策·赵策二》。女娲见于《楚辞·天问》，《礼记·明堂位篇》，《山海经·大荒西经》，但后二者只能算作汉代的典籍，虽则其中容有先秦的材料。二名并称者则始见于《淮南子·览冥篇》，也是汉代的书。关于二人的亲属关系，有种种说法。最无理由，然而截至最近以前最为学者们乐于拥护的一说，便是兄弟说。《世本·姓氏篇》曰：

> 女氏：天皇封弟娲于汝水之阳，后为天子，因称女皇。

此说之出于学者们的有意歪曲事实，不待证明。罗泌《路史后纪》二和梁玉绳《汉书人表考》中的论调，不啻坦白地供认了他们所以不能不如此歪曲的苦衷，所以关于这一说，我们没有再去根究的必要。此外，较早而又确能代表传说真相的一说，是兄妹说。《路史后纪》二注引《风俗通》曰：

女娲，伏希（羲）之妹。

《通志·三皇考》引《春秋世谱》，《广韵》十三佳，《路史后纪》二，马缟《中华古今注》等说同。次之是夫妇说。《唐书·乐志》载张说唐《享太庙乐章·钧天舞》曰：

合位娲后，同称伏羲。

据《乐志》，《钧天舞》是高宗时所用的乐章。这里以伏羲、女娲比高宗武后，正表示他们二人的夫妇关系。稍后卢仝《与马异结交诗》说得更明显：

女娲本是伏羲妇。

此后同类的记载有宋人伪撰的《三坟书》，元杜道坚《玄经原旨发挥》，和一些通俗小说之类。夫妇说见于记载最晚，因此在学者心目中也最可怀疑。直至近世，一些画像被发现与研究后，这说才稍得确定。这些图像均作人首蛇身的男女二人两尾相交之状，据清代及近代中外诸考古学者的考证，确即伏羲、女娲，两尾相交正是夫妇的象征。但是，依文明社会的伦理观念，既是夫妇，就不能是兄妹，而且文献中关于二人的记载，说他们是夫妇的，也从未同时说是兄妹，所以二人究竟是兄妹，或是夫妇，在旧式学者的观念里，还是一个可以争辩的问题。直至最近，人类学报告了一个惊人的消息，说在许多边疆和邻近民族的传说中，伏羲、女娲原是以兄妹为夫妇的一对人类的始祖，于是上面所谓可以争辩的问题，才因根本失却争辩价值而告解决了。总之，"兄妹配偶"是伏羲、女娲传说的最基本的轮廓，而这轮廓在文献中早被拆毁，它的复原是靠新兴的考古学，尤其是人类学的努力才得完成的。现在将这两方面关于这题目的贡献略加介绍如下：

关于伏羲、女娲，考古学曾经发现过些石刻和绢画两类的图像。属于石刻类者有五种。

武梁祠石室画像第一石第二层第一图（参观附图）

同上左右室第四石各图（参观附图）

东汉石刻画像（参观附图）

隋高昌故址阿斯塔那（Astana）墓室彩色绢画（史坦因得）（参观附图）

上、东汉武梁祠石室画像之二（仿《东洋文史大系·古代支那及印度》第一三七页插图）

上东汉武梁祠石室画像之一（仿钱唐黄氏摹刻唐拓本。原图左柱有隶书"伏戏仓精初造王业画卦结绳以理海内"十六字，此未摹出）

上东汉石刻（仿同上《东洋文史大系》第一七一页插图）

上、隋高昌故址阿斯塔那（Astana）墓室彩色绢画（仿史坦因〔Aurel Stein〕《亚洲腹地考古记》〔Inner most Asia〕图 Cix）

上、重庆沙坪坝石棺前额画像（仿常任侠《沙坪坝出土之石棺画像研究》插图。《时事新报》渝版《学灯》第四十一期）

上、《洞神八帝妙精经》画像（左）后天皇君，人面蛇身，姓风，名庖羲，号太昊。
（右）后地皇君，人面蛇身，姓云，名女娲，号女皇。（仿《道藏洞神部洞神八帝妙精经》
插图）

上、新郑出土罍腹上部花纹（仿新郑彝器第八十八页）

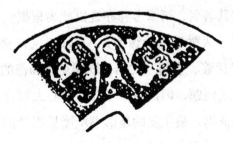

上、铎舞花纹（仿叶慈〔w. Parceval Yetts〕《卡尔中国铜器》〔The Cull Chinese Bron-
zes〕图 21）

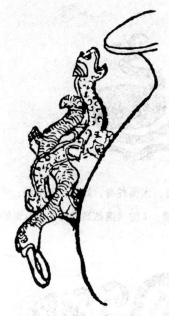

上、同上环鼻（仿《郑冢古器图考》　　上、兵古器花纹（仿《邺中片羽》卷
卷五，页二十，第二十四图）　　　　　下第四页）

山东鱼台西塞里伏羲陵前石刻画像

兰山古墓石柱刻像（以上两种均马邦玉《汉碑录文》所述）属于绢画类者有两种。

吐鲁番古冢出土彩色绢画（黄文弼得）
中以武梁祠画像尤其著名，诸家考释亦皆以此为根据。其中讨论得比较详细的，计有瞿中溶《武梁祠堂画像考》，马邦玉《汉碑录文》，容庚《武梁祠画像考释》。"伏羲、仓精"之语，既明见于画像的题识，则二人中之一人为伏羲，自不成问题，因而诸家考释的重心大都皆在证明其另一人为女娲。他们所用的证据，最主要的是诸书所屡见提到的伏羲、女娲人首龙身（或蛇身）之说，与画像正合。总之，考古家对本题的贡献，是由确定图中另一人为伏羲的配偶女娲，因而证实了二人的夫妇关系。

人类学可供给我们的材料，似乎是无限度的。我并不曾有计划地收集这些材料。目前我所有的材料仅仅是两篇可说偶尔闯进我视线来的文章。

1. 芮逸夫：《苗族的洪水故事与伏羲女娲的传说》（中央研究院历史语言所《人类学集刊》第一卷第一期）

2. 常任侠：《沙坪坝出土之石棺画像研究》（《时事新报》渝版《学灯》第四十一、四十二期，又《说文月刊》第一卷第十、十一期合刊）

前者搜罗材料，范围甚广。记录着芮氏自己所采集和转引中外书籍里的洪水故事，凡二十余则，是研究伏羲、女娲必不可少的材料。后者论材料的数量，虽远非前者之比，论其性质，却也相当重要。所载傜族洪水故事，和汉译苗文《盘王歌》一部分，也极有用。现在合并二文所记，依地理分布，由近而远，列号标目如下：

1. 湘西凤凰苗人吴文祥述洪水故事（芮文一《人类学集刊》一卷一期 156～158 页）

2. 湘西凤凰苗人吴佐良述洪水故事（同上 158～160 页）

3. 湘西凤凰苗人《傩公傩母歌》（同上 160～16l 页）

4. 湘西乾城苗人《傩神起源歌》（同上 16l～163 页）

5. 葛维汉（D. C. Graham）述川南苗人洪水故事（同上 174 页）

6. 贵州贵阳南部鸦雀苗洪水故事（同上 174 页引克拉克〔Samuel R. Clarke〕《中国西南夷地旅居记》〔Among the Tribes in Southwest China〕pp. 54～55）

7. 贵州安顺青苗故事（同上 169～170 页引鸟居龙藏《苗族调查报告》一国立编译馆本 49 页）

8. 同上又一故事（同上 170 页引前书 48 页）

9. 苗人洪水故事（同上 170～17l 页引萨费那〔F. M. Savina〕《苗族史》〔Histoire des Miao〕pp. 245～246）

10. 黑苗《洪水歌》本事（同上 173～174 页引克拉克《中国西南夷地旅居记》pp. 43～46）

11. 赫微特（H. J. Hewitt）述花苗洪水故事（同上 171～173 页引前书 pp. 50～54）

12. 广西融县罗城傜人洪水故事（常文——《说文月刊》一卷十、十一期合刊 714～715 页）

13. 广西武宣修仁傜人洪水故事（同上 717 页）

14. 汉译苗文《盘王歌书葫芦晓歌》（同上 715～716 页）

15. 云南保倮洪水故事（芮文——《人类学集刊》一卷一期 189 页引维亚尔〔Paul Vial〕《保倮族》〔Les Iolos〕PP. 8～9）

16. 云南耿马大平石头寨栗粟人洪水故事（同上 189 页）

17. 云南耿马蚌隆寨老亢人洪水故事（同上 189 页）

18. 拉崇几哀（Lunnet de Lajonguiere）记法领东京蛮族（Man）洪水故事（同上 190 页引萨维那《苗族史》P. 105）

19. 交趾支那巴那族（Ba-hnars）洪水故事（同上引盖拉希〔Guerlach〕《巴那蛮族的生活与迷信》〔Moeuts et sperstitions de Souvages Ba-hnars, Les Mission Catholigue〕xix P. 479）

20. 印度中部比乐族（Bhils）洪水故事（同上 190 页引鲁阿特〔C. E. Luard〕《马尔瓦森林部族》〔The Iungles Tribes of Malwa〕P. 17）

21. 印度中部坎马尔族（Kammars）洪水故事（同上 190～191 页引罗塞尔〔R. V. Russell〕《印度中部的土族与社会阶级》〔Tribesand Casts of the Central Provinces of India〕iii PP. 326～327）

22. 北婆罗洲配甘族（Pagans）洪水故事（同上 190 页引勃特〔Owen Butter〕《北婆罗洲的配甘族》〔The pagans of the North Borneo〕PP. 248～249）

23. 同上又一故事（同上 190 页引前书同页）

24. 海南岛加钗峒黎人洪水故事（同上 189 页引刘咸《海南岛黎人文身之研究》—《民族学研究集刊》一期 201 页）

25. 台湾岛阿眉族（Ami）三洪水故事（同上 189～190 页引石井信次〔Shinji Ishii〕《台湾岛及其原始住民》〔The Island of Formosa and its Primitive Inhabitants〕P. 13）

以上这些故事，记载得虽有详有略，但其中心母题总是洪水来时，只兄妹（或姊弟）二人得救，后结为夫妇，遂为人类的始祖。3，12，兄名皆作伏羲，13 作伏儀，也即伏羲。18 兄名 Phu-Hay，妹名 Phu-Hay-Mui，显即伏羲与伏羲妹的译音。6 兄名 Bu-i，据调查人克拉克氏说，用汉语则曰 Fu-hsi，也是伏羲的译音。同故事中的妹曰 Kueh，芮氏以为即娲的对音，那也是可信的。除上述兄妹的名字与伏羲、女娲的名字相合外，芮氏又指出了故事中（一）创造人类与（二）洪水二点，也与文献中的伏羲、女娲传说相合。这一来故事中的兄妹即汉籍中的伏羲、女娲，便可完全肯定了。但人类学对这问题的贡献，不仅是因那些故事的发现，而使文献中有关二人的传说得了印证，最要紧的还是以前七零八落的传说或传说的痕迹，现在可以连贯成一个完整的有机体了。从前是兄妹，是夫妇，是人类的创造，是洪水等等隔离的，有时还是矛盾的个别事件，现在则是一个整个兄妹配偶兼洪水遗民型的人类推源故事。从传统观念看来，这件事太新奇，太有趣了。

以上介绍的芮、常二文，芮文以洪水遗民故事为重心，而旁及于人首蛇身画像，常文则以人首蛇身画像为主题，而附论及洪水遗民故事。前者的立场是人类学的，后者是考古学的。而前者论列的尤其精细，创见亦较多。本文的材料既多数根据于二文，则在性质上亦可视为二文的继续。不过作者于神话有癖好，而对于广义的语言学（Philology）与历史兴味也浓，故本文若有立场，其立场显与二家不同。就这观点说，则本文又可视为对二文的一种补充。总之，二君都是我的先导，这是我应该声明的。

二　从人首蛇身像谈到龙与图腾

1. 人首蛇身神

人首蛇身像实有二种。一种是单人像，可用上名。一种是双人像，可称为人首蛇身交尾像。后者在我们研究的范围里尤其重要。目前我们所知道的交尾像计有七件，如前所列。今就画像的质地分为二类，一是石刻类，二是绢画类。画像中的人物即伏羲、女娲夫妇二人，早有定论。但那人首蛇身式的超自然的形体，究竟代表着一种什么意义？它的起源与流变又如何？这些似乎从未被探讨过的问题，正是本文所要试求解答的。

文献中关于伏羲、女娲蛇身的明文记载，至早不能超过东汉。

> 王逸《楚辞·天问》注："女娲人头蛇身。"
>
> 王延寿《鲁灵光殿赋》："伏羲鳞身，女娲蛇躯。"
>
> 曹植《女娲画赞》："或云二皇，人首蛇形。"
>
> 《伪列子·黄帝篇》："庖牺氏，女娲氏……蛇身人面。"
>
> 《帝王世纪》："疱牺氏……蛇身人首"，"女娲氏……亦蛇身人首。"（《类聚》二引）
>
> 《拾遗记》："又见一神，蛇身人面……示禹八卦之图，列于金版之上。……蛇身之神，即羲皇也。"
>
> 《玄中记》："伏羲龙身，女娲蛇躯。"（《文选·鲁灵光殿赋》注引）

不过《鲁灵光殿赋》虽是东汉的作品，所描写的则确乎是西汉的遗物。

灵光殿是鲁恭王余（公元前一五四至一二七）的建筑物。赋中所描写的是殿内类似武梁祠刻石的壁画。从恭王余到王延寿约三百年间，殿宇可以几经修葺，壁外层的彩色可以几经刷新，但那基本部分的石刻是不会有变动的。人首蛇身的伏羲、女娲像，在西汉初期既已成为建筑装饰的题材，则其传说渊源之古，可想而知。有了这种保证，我们不妨再向稍早的文献中探探它的消息。

《山海经·海内经》曰：

> 南方……有人曰苗民。有神焉，人首蛇身，长如辕，左右有
> 首，衣紫衣，冠旃冠，名曰延维。人主得而飨之，伯天下。

郭璞注说延维即《庄子》所谓委蛇，是对的。委蛇的故事见于《庄子·达生篇》：

> 桓公田于泽，管仲御，见鬼焉。公抚管仲之手曰："仲父何
> 见？"对曰："臣无所见。"公反，诶诒为病，数日不出。
> 　齐士有皇子告敖者曰："公则自伤，鬼则恶能伤公……"
> 　桓公曰："然则有鬼乎？"曰："有。沈（湛，释文，水污泥
> 也）有履，灶有髻。户内之烦壤，雷霆处之。东北方之下者，倍
> 阿鲑蠪跃之。西北方之下者，前洗阳处之。水有罔象，丘有莘，
> 山有夔，野有彷徨，泽有委蛇。"公曰："请问委蛇之状何如？"
> 皇子曰："委蛇，其大如毂，其长如辕，紫衣而朱冠。其为物也
> 恶雷[②]，闻雷车之声，则捧其首而立。见之者殆乎霸。"桓公辗然
> 而笑曰："此寡人之所见者也。"于是正衣冠与之坐，不终日而不
> 知病之去也。

关于"左右有首"，也许需要一点解释。《山海经》等书里凡讲到左右有
首，或前后有首，或一身二首的生物时，实有雌雄交配状态之误解或曲
解。（正看为前后有首，侧看为左右有首，混言之则为一身二首。详下。）
综合以上《山海经》和《庄子》二记载，就神的形貌说，那人首蛇身，左
右有首，和紫衣旃冠三点，可说完全与画像所表现的相合。然而我们相信
延维或委蛇，即伏羲、女娲，其理尚不只此。（一）相传伏羲本是"为百

王先首"的帝王，故飨之或见之者可以霸天下。（二）上揭洪水故事1，2，3，4，12，13，18，都以雷神为代表恶势力的魔王，他与兄妹的父亲（即老伏羲）结了仇怨，时时企图着伤害老伏羲，最后竟发动洪水，几乎将全人类灭绝。这来，伏羲怕雷不是很自然的么？所以在《庄子》里，委蛇"闻雷车之声，则捧其首而立"，是不为无因的。最后，也最重要的，是（三）那以伏羲、女娲为中心的洪水遗民故事，本在苗族中流传最盛，因此芮氏疑心它即起源于该族。依芮氏的意想，伏羲、女娲本当是苗族的祖神。现在我既考定了所谓"延维"或"委蛇"者即伏羲、女娲，而《山海经》却明说他们是南方苗民之神。这与芮氏的推测，不完全相合了吗？

《海内经》据说是《山海经》里最晚出的一部分，甚至有晚到东汉的嫌疑。但传说同时又见于《庄子·达生篇》。属于《庄子·外篇》的《达生篇》，想来再晚也不能晚过西汉，早则自然可以到战国末年。总观上揭所有的人首蛇身神的图像与文字记载，考其年代，大致上起战国末叶，下至魏晋之间。这是一个极有趣的现象，因为那也正是古帝王的伏羲、女娲传说在史乘中最活跃的时期。最初提到伏羲或伏羲氏的典籍，是《易经》（《系辞下传》），《管子》（《封禅篇》，《轻重戊篇》），《庄子》（《人间世篇》，《大宗师篇》，《胠箧篇》，《缮性篇》，《田子方篇》），《尸子》（《君治篇》，又《北堂书钞》一五三引佚文），《荀子》（《成相篇》），《楚辞》（《大招》），《战国策》（《赵策》二）。女娲则始见于《楚辞》（《天问》）和《礼记》（《明堂位篇》）、《山海经》（《大荒西经》）。二人名字并见的例，则始于《淮南子》（《览冥篇》）。他们在同书里又被称为二神（《精神篇》），或二皇（《原道篇》，《缪称篇》）。不久，在纬书中（《尚书中候》，《春秋元命苞》及《运斗枢》），我们便开始看见他们被列为三皇中之首二皇。大概从西汉末到东汉末是伏羲、女娲在史乘上最煊赫的时期。到三国时徐整的《三五历记》，盘古传说开始出现，伏羲的地位便开始低落了。所以我们拟定魏晋之间为这个传说终止活跃的年代。史乘上伏羲、女娲传说最活跃的时期，也就是人首蛇身神的画像与记载出现的时期，这现象也暗示着人首蛇身神即伏羲、女娲的极大可能性。

因左右有首的人首蛇身神而产生的二首人的传说，也是在这个时期中发现的。

> 暌孤，见豕负涂，厥妖人生两头。（京房《易传》）
>
> 平帝元始元年……六月，长安女子生儿，两头异颈，面相乡，四臂共匈，俱前乡。……（《汉书·五行志》下之上）
>
> 蒙双民。昔高阳氏有产而为夫妇，帝放之此野，相抱而死。神鸟以不死草覆之，七年男女皆活，同颈二头四手。是为蒙双民。（《博物志》二）

最后一故事说"同产而为夫妇"，与伏羲、女娲以兄妹为夫妇尤其类似。看来，不但人首蛇身像的流传很早，连兄妹配偶型的洪水故事，在汉族中恐怕也早就有了。

2. 二龙传说

揣想起来，在半人半兽型的人首蛇身神以前，必有一个全兽型的蛇神的阶段。《郑语》载史伯引《训语》说：

> 夏之衰也，褒人之神化为二龙，以同于王庭，而言曰："余，褒之二君也。"夏后卜杀之，与去之，与止之，莫吉。卜请其漦而藏之，吉。乃布币焉，而策告之。龙亡而漦在，椟而藏之，传郊之，殷周莫之发也。及厉王之末，发而观之，漦流于庭，不可除也。王使妇人不帏而课之，化为玄鼋。

"同"即交合之谓。《海内经》："伯陵同吴权之妻阿女缘妇。"郭注曰"同犹通淫之也"，《急就篇》亦有"沐浴揃搣寡合同"之语。"二龙同于王庭"使我们联想起那"左右有首"的人首蛇身交尾像。

"二君"韦注曰"二先君"，《史记·周本纪》集解引虞翻曰"龙自号褒之二先君也"。由二龙为"同于王庭"的雌雄二龙推之，所谓"二君"自然是夫妇二人。夫妇二人有着共同为人"先君"的资格，并且是龙的化身，这太像伏羲、女娲了。伏羲本一作包羲，包褒同音，说不定伏羲氏与褒国果然有着极其密切的关系。至少我们以这二龙之神，与那人首蛇身的二神，来代表一种传说在演变过程上的前后二阶段，是毫不牵强的。

在现存的文献中，像《郑语》所载的那样完整的故事，那样完好的保存着二龙传说的原型，不用说，是不易找到第二个的。不过关于这传说的零星的"一鳞半爪"，只要我们肯留心，却几乎到处都是。现在我们略举数例如下。

（一）交龙

交龙为旂。（《周礼·司常》）
昔黄帝驾象车，交龙毕方并辖。（《风俗通·声音篇》）
锦有大交龙，小交龙。（《邺中记》）

什么是交龙？郑玄注《周礼·司常》"诸侯建旂"曰："诸侯画交龙，一象其升朝，一象其下复也。""升朝"、"下复"的解释很可笑，但注文的意思，以为交龙是两龙相交，一首向上，一首向下，却不错。他注《觐礼记》"天子载大旂，象日月，升龙降龙"曰："大旂，大常也。王建大常，缫首画日月，其下及旒交画升龙降龙。"所谓"交画升龙降龙"，正是两龙相交，一首向上，一首向下之状。《释名·释兵》曰："交龙为旂。旂，倚也，画作两龙相依倚。"刘熙的解释与郑玄略异，但以交龙为两条龙，则与郑同。

所谓交龙者既是二龙相交的图像，而绘着这种图像的旂又是天子诸侯的标识，则交龙与那"同于王庭"的褒之二龙是同一性质的东西，可无疑问了。《汉书·高帝纪》上说：

> 母刘媪，尝息大泽之陂，梦与神遇。是时雷电晦冥。父太公往视，则见交③龙于上。已而有娠，遂产高祖。

这交龙也是指相交的雌雄二龙——雄龙神，雌龙刘媪④。代表神与刘媪的二龙，与代表褒之二君的二龙，仍然是同一性质的东西。我们在上文已经指出伏羲、女娲与褒之二君的类似处，再看《路史后记》一注引《宝椟记》：

> 帝女游于华胥之渊，感虵而孕，十三年生庖牺。

这和"赤龙感女媪"（《太平御览》八七引《诗含神雾》）而生刘邦的故事，又何其相似！

（二）螣蛇　古书有所谓"螣蛇"者，或作"腾蛇"。

> 飞龙乘云，腾蛇游雾。（《韩非子·难势篇》引《慎子》）
> 螣蛇无足而飞。（《荀子·劝学篇》）
> 螣蛇伏地，凤皇覆上。（《韩非子·十过篇》）
> 腾蛇游雾而殆于蝍蛆。（《淮南子·说林篇》）
> 腾蛇游于雾露，乘于风雨而行，非千里不止。（《说苑·杂言篇》）

许慎说螣是一种神蛇，郭璞说它是龙类。看它"能兴云雾而游其中"

（《尔雅》郭《注》），又有鳞甲（《后汉书》注引《尔雅》旧注），说它是属于龙类的一种神蛇，是可信的。《汉书·天文志》"权，轩辕，黄龙体"，注引孟康曰："形如腾龙。"如果这所谓腾龙即腾蛇，则螣蛇之为龙类，更无问题了。但螣字的含义，似乎从未被说明过。我们则以为螣蛇之"螣"与交龙之"交"的意义一样。"螣"从"朕"声。"朕"声字多有"二"义，最明显的，如"滕"（从联省声）训双（《方言》二），"䐙"训二（《广雅·释诂》四），"媵"训儋两头有物（《方言》七郭《注》），皆是。引申起来，物相增加则谓之"塍"（《说文》），牝牡相交谓之"腾"。相交与相加之义极近。《月令》："乃合累牛腾马，游牝于牧。"郑《注》曰："累腾皆乘匹之名。""乘区"即《周礼·牧师》"仲春通淫"及《校人》"春执驹"之谓，故郑注《校人》曰："春通淫之时，驹弱，为其乘匹伤之也。"螣蛇之"螣"本一作"腾"，"螣蛇"的本义应是"乘匹之蛇"。《淮南子·泰族篇》曰：

腾蛇雄鸣于上风，雌鸣于下风，而化成形，精之至也。

刘勰《新论·类感篇》作"螣"⑤。"雄鸣于上风，雌鸣于下风，而化成形"，正是由二蛇相交的观念演化出来的一种传说。螣蛇又名奔蛇，见《淮南子·览冥篇》高《注》，及《尔雅·释鱼》郭注。"奔"亦有乘匹之义。《鄘风·鹑之奔奔篇》："鹑之奔奔，鹊之彊彊。"《释文》引《韩诗》曰："奔奔彊彊，乘匹之貌。"《左传·襄二十七年》，伯有赋《鹑之贲贲》，赵孟斥之为"床笫之言"，可作韩义的佳证。螣蛇又名奔蛇，而"螣"（腾）"奔"皆训乘匹，可见"螣蛇"的本义确与上文所解说的交龙一样。并且"螣"之言"滕"也，"交"之言"绞"也，若舍用而言体，则螣蛇亦可谓之滕蛇，交龙亦可谓之绞龙。"滕""缠"一声之转，《杂记》疏曰："〔绳〕两股相交谓之绞。""缠"与"绞"同义，正如"螣"

（腾）与“交”同义一样。又《方言》五“槌，其横关西㮣”，郭注曰：“亦名校。”钱绎《笺疏》曰：“栚（㮣）亦名校者，犹机持会者谓之交也。《说文》：‘榎，机持会者。’又鲁季敬姜说织曰：‘持交而不失，出入不绝者梱也。’持交即持会也。”螣蛇一名交龙，与㮣一名校，又属同例。校既是取义于“交会”，则㮣之取义于“縢缠”可知。交龙与螣蛇之名，即取交合与縢缠之义，也同校与㮣之取义于交会与縢缠一样。总之“螣蛇”与“交龙”，不拘就那种观点说，都是同义语。交龙和那“同于王庭”的褒之二龙，是同一性质的东西，我们在上文已经讲过。如今又证明了螣蛇与交龙为同义语，则螣蛇与褒之二龙的关系可以不言而喻了。

（三）两头蛇　两头蛇又有种种异名。现在将传说中凡具有这种异状的蛇，都归为一类。

> 中央有枳首蛇焉。（《尔雅·释地》）
>
> 楚相孙叔敖为儿之时，见两头虵，杀而埋之。（《论衡·福虚篇》）
>
> 今江东呼两头蛇为越王约发。（《尔雅·释地》郭璞《注》）
>
> 䖝䖝在其（君子国）北，各有两首。（《海外东经》）
>
> 螝（虺）二首。（《颜氏家训·勉学篇》引《庄子》佚文）
>
> 虫有螝者，一身两口。（《韩非子·说林》下篇）
>
> 方皇状如蛇，两头，五采文。（《庄子·达生篇》司马彪《注》）

谓之“两头”者，无论是左右两头，或前后两头，不用讲，都是两蛇交尾状态的误解或曲解。这可以由参考关于两头鸟和两头兽的几种记载而得到证明。（1）鸟名鸓者两首四足，牛状的天神八足二首，均见《西山经》。神鹿一身八足两头，见《楚辞·天问》王注。鸟有两头，同时也有四足，可见原是两鸟。兽有两头，同时也有八足，可见原是两兽。（2）《公羊传·宣五年》杨《疏》引旧说曰："双双之鸟，一身二首，尾有雌雄，常不离散。"既雌雄备具，又常不离散，其为两鸟交配之状，尤为明显。（3）两头螝名曰并封（《海外西经》），一作屏蓬（《大荒西经》）。一种名蜪虫的二首神所居的山，名曰"平逢之山"（《中山经》）。"并封"、"屏蓬"、"平逢"等名的本字当作"并逢"。"并"与"逢"都有合义。兽牝牡相合名曰"并逢"，犹如人男女私合曰"妍"（《苍颉篇》）。《周颂·小毖》"予其惩而毖后患，莫予荓蜂"，《毛传》曰："荓蜂，摩曳也。"荓蜂字一作甹夆。《尔雅·释训》"甹夆，掣曳也"，郭《注》曰："谓牵挽。"荓蜂（甹夆）亦即并逢。交合与牵掣，只是一种行为中向心与离心两种动作罢了。盛弘之《荆州记》描写武陵郡西的两头鹿为"前后有头，常以一头食，一头行"，正是"并逢"所含的"掣曳牵挽"之意的具体说明。（4）《西山经》"其鸟多鸓……赤黑而两首四足"，"鸓"当与《月令》"累牛腾马"之"累"通，郑《注》训为"乘匹之名"。"乘匹"的解释，已详上文。"累""腾"同义，而"累"与"鸓"，"腾"与"䘮"字并通，然则乘匹之鸟谓之鸓，亦犹乘匹之蛇谓之䘮。以上我们由分析几种两头鸟和两头兽的名称与形状，判定了那些都是关于鸟兽的性的行为的一种歪曲记录。

两头蛇可以由此类推。我们又注意到鸓鸟与䘮蛇的命名完全同义。若许由这一点再推论下去，两头鸟既名曰鸓鸟，则所谓两头蛇者莫非就是䘮蛇罢！这不是不可能的，如果我们明了由交龙到䘮蛇，由䘮蛇到两头蛇，是传说演变过程中三个必然的步骤。

在"交龙"一词中，其龙之必为雌雄二龙，是显而易见的。"䘮蛇"则不然。若非上揭《淮南子》"雄鸣于上风，雌鸣于下风"那两句话，这蛇之为雌雄二蛇，便毫无具体的对证。然而在这里，"二蛇"的涵义，毕竟只是被隐瞒了，充其量，也只是对那一层消极地保持缄默。说到"两头蛇"，那便居然积极地肯定了只有一条蛇。三种名称正代表着去神话的真相愈来愈远的三种观念。然而即在讹变最甚的两头蛇传说中，有时也不免透露一点最真实的，最正确的消息。江东呼两头蛇为"越王约发"。"约发"虽不甚可解，"越王"二字所显示的身份，不与那身为"褒之二君"的二龙相埒吗？孙叔敖杀死两头蛇的故事，经过较缜密的分析，也可透露同类的消息。不过这问题太复杂，这里无法讨论。

（四）一般的二龙　古书讲到龙的故事，往往说是二龙。

帝赐之（孔甲）乘龙，河汉各二，各有雌雄。（《左传·昭二十九年》）

今王（魏安釐王）四年，碧阳君之诸御产二龙。（《开元占经·人及鬼神占篇》引《纪年》）

秦犯夷，输黄龙一双。（《后汉书·南蛮传》载秦昭王与板楯蛮夷盟）

惠帝二年正月癸酉旦，有两龙见于兰陵廷东里温陵井中。（《汉书·五行志》下之上）

孔子生之夜，有二苍龙自天而下。（《伏侯古今注》）

（甘露）四年春正月，黄龙二见宁陵县界井中。（《魏志·高贵乡公传》）

孙楚上书曰："顷闻武库井中有二龙。"（《开元占经·龙鱼虫蛇占篇》引《晋阳秋》）

谢晦家室□宅南路上有古井，以元嘉二年，汲者忽见二龙，甚分明。（同上引《异苑》）

神人乘驾二龙，尤其数见不鲜。

　　驾两龙兮骖螭。(《九歌·河伯》)

　　禹平天下，二龙降之，禹御龙行域外⑥，既周而还。(《敦煌
旧抄《瑞应图》残卷引《括地图》)

　　大乐之野，夏后启于此儛九代，乘两龙。(《海外西经》)

　　南方祝融，兽身人面，乘两龙。(《海外南经》)

　　西方蓐收，左耳有蛇，乘两龙。(《海外西经》)

　　北方禺疆，人面鸟身，黑身手足，乘两龙。⑦(《海外北经》)

　　东方句芒，马身人面，乘两龙。(《海外东经》)

在传说里，五灵中凤麟虎龟等四灵，差不多从不听见成双的出现过，惟独
龙则不然。除非承认这里有着某种悠久的神话背景，这现象恐怕是难以解
释的，与这等情形相似的，是古器物上那些双龙（或蛇）相交型的平面的
花纹，或立体的附加部分，如提梁、耳环、纽、足等⑧。这些或为写实式
的图像，或为"便化"的几何式图案，其渊源于某种神话的"母题"，也
是相当明显的。上揭《邺中记》"锦有大交龙，小交龙"，本指锦的图案而
言，所以也可归入这一类。以上这些见于文字记载和造型艺术的二龙，在
应用的实际意义上，诚然多半已与原始的二龙神话失去联系，但其应用范
围之普遍与夫时间之长久，则适足以反映那神话在我们文化中所占势力之
雄厚。这神话不但是褒之二龙以及散见于古籍中的交龙、螣蛇、两头蛇等
传说的共同来源，同时它也是那人首蛇身的二皇——伏羲、女娲，和他们
的化身——延维或委蛇的来源。神话本身又是怎样来的呢？我们确信，它
是荒古时代的图腾主义（Totemism）的遗迹。

　　3. 图腾的演变

　　我们在上文时而说龙，时而又说蛇。龙蛇的关系究竟怎样？它们是一
种生物呢，还是两种？读者们心中恐怕早已在为这些问题纳闷。在解答这
些问题之前，我们先要问究竟什么是龙？是的，什么是龙，确乎是一个

谜。天文房星为龙，又为马。《尚书中候握河纪》说："龙马衔甲……自河而出。"《论衡·龙虚篇》说："世俗画龙之象，马头蛇尾。"可见龙确像马。龙像马，所以马往往被呼为龙。《月令》"驾苍龙"，《尸子·君治篇》"人之言君天下者……骐骥青龙，而尧素车白马"，《吕氏春秋·本味篇》"马之美者，青龙之匹"，《周礼·庾人》"马八尺以上为龙"，皆其例。龙有时又像狗。《后汉书·孔僖传》"画龙不成反类狗"，《列仙传·呼子先传》"有仙人持二茅狗来……子先与酒媪各骑其一，乃龙也"，《博物志》八引《徐偃王志》"有犬名鹄仓……临死生角而九尾，实黄龙也"，《陈书》"正元元年有黑龙如狗走宣阳门"。龙像狗，所以狗也被呼为龙。《搜神后记》九："会稽句章民张然……在都养一狗，甚快，名曰乌龙。"此外还有一种有鳞的龙像鱼，一种有翼的又像鸟，一种有角的又像鹿。至于与龙最容易相混的各种爬虫类的生物，更不必列举了。然则龙究竟是个什么东西呢？我们的答案是：它是一种图腾（Totem），并且是只存在于图腾中而不存在于生物界中的一种虚拟的生物，因为它是由许多不同的图腾糅合成的一种综合体。因部落的兼并而产生的混合的图腾，古埃及是一个最显著的例子。在我们历史上，五方兽中的北方玄武本是龟蛇二兽，也是一个好例。不同的是，这些是几个图腾单位并存着，各单位的个别形态依然未变，而龙则是许多单位经过融化作用，形成了一个新的大单位，其各小单位已经是不复个别的存在罢了。前者可称为混合式的图腾，后者化合式的图腾。部落既总是强的兼并弱的，大的兼并小的，所以在混合式的图腾中总有一种主要的生物或无生物，作为它的基本的中心单位，同样的在化合式的图腾中，也必然是以一种生物或无生物的形态为其主干，而以其他若干生物或无生物的形态为附加部分。龙图腾，不拘它局部的像马也好，像狗也好，或像鱼，像鸟，像鹿都好，它的主干部分和基本形态却是蛇。这表明在当初那众图腾单位林立的时代，内中以蛇图腾为最强大，众图腾的合并与融化，便是这蛇图腾兼并与同化了许多弱小单位的结果。金文龙字

（《邵钟》，《王孙钟》）和莽字（《颂鼎》，《颂毁》，《禾毁》，《秦公毁》，《陈侯因资镈》）的偏旁皆从巳，而巳即蛇^①，可见龙的基调还是蛇。大概图腾未合并以前，所谓龙者只是一种大蛇。这种蛇的名字便叫作"龙"。后来有一个以这种大蛇为图腾的团族（Klan）兼并了吸收了许多别的形形色色的图腾团族，大蛇这才接受了兽类的四脚，马的头，鬣的尾，鹿的角，狗的爪，鱼的鳞和须……于是便成为我们现在所知道的龙了。这样看来，龙与蛇实在可分而又不可分。说是一种东西，它们的形状看来相差很远，说是两种，龙的基调还是蛇。并且既称之为龙，就已经承认了它是蛇类，因为上文已经说过，"龙"在最初本是一种大蛇的名字。总之，蛇与龙二名从来就纠缠不清，所以我们在引用古书中关于龙蛇的传说时，就无法，也不必将它们分清。甚至正因其分不清，这问题对于我们，才特别有意义。不错，惟其龙蛇分不清，我们才更能确定龙是古代图腾社会的遗迹，因为我们知道，图腾的合并，是图腾式的社会发展必循的途径。

图腾有动物，有植物，也有无生物，但最习见的还是动物。同一图腾的分子都自认为是这图腾的子孙。如果图腾是一种动物，他们就认定那动物为他们的祖先，于是他们自己全团族的男男女女，老老少少也都是那种动物了。在中国的落后民族中，曾奉狗为图腾的傜族，如今还很鲜明地保存着这种意识。陆次云《峒谿纤志》说他们"岁首祭盘瓠，揉鱼肉于木槽，扣槽群号以为礼"。刘锡蕃《岭表纪蛮》也说："狗王惟狗傜祀之。每值正朔，家人负狗环行炉灶三匝，然然举家男女向狗膜拜。是日就餐，必扣槽蹲地而食，以为尽礼。"这种风俗与现代世界各处的图腾团族举行舞会，装扮并摹仿其图腾的特性与动作，是同样性质的。我国古代所谓"禹步"的一种独脚跳舞，本是仿效蛇跳，也属于这类。他们之所以要这样做，确有其绝对的实际作用。凡图腾都是那一图腾团族的老祖宗，也是他们的监护神和防卫者，它给他们供给食物，驱除灾祸，给他们降示预言以指导他们趋吉避凶。如果它是一种毒虫或猛兽，那更好，因为那样它更能为儿孙们尽防卫之责。每个老祖宗当然知道谁是它的儿孙，认识他们的相貌和声音。但儿孙太多时，老祖宗一时疏忽，认错了人，那是谁也不能担保的。所以为保证老祖宗的注意，儿孙们最好是不时在老祖宗面前演习他们本图腾的特殊姿态、动作与声调，以便提醒老祖宗的记忆。这便是前面所讲的徭族祭狗王时"扣槽群号"而食和"禹步"的目的。另一种保证老祖宗注意的方法，是经常地在装饰上表现着本图腾的特殊形象，以便老祖宗随时随地见面就认识。代表这一种手段的实例，便是我们马上就要讨论的龙图腾的"断发文身"的风俗。

"阿玛巴人（Omabas）的'龟'部族，把头发剪成和龟的甲壳同样的形式，在四边分成六条小辫，代表龟的四足与头尾。小鸟的部族，则在额上梳成鸟的喙，有的又在脑后留小辫，以代表鸟的尾，在两耳上梳成两簇头发，以代表鸟的两翼。有时更在身上刺画种种花纹，力求与其图腾的形态相类似。"（胡愈之译《图腾主义》三〇页）在我国古代，有几个著名的修剪头发（断发），刺画身体（文身）的民族，其装饰的目的则在摹拟龙的形状。

> 九疑之南，陆事寡而水事众，于是民人剺[10]发文身，以像鳞虫。（《淮南子·原道篇》。高诱《注》曰："文身，刻画其体，内墨其中，为蛟龙之状。以入水，蛟龙不害也，故曰以像鳞虫也。"）
>
> 诸发曰："彼越……处海垂之际，屏外蕃以为居，而蛟龙又与我争焉。是以剪发文身，烂然成章，以像龙子者，将避水神也。"（《说苑·奉使篇》）
>
> （粤人）文身断发，以避蛟龙之害。（《汉书·地理志》下）
>
> 越人以箴刺皮为龙文，所以为尊荣之也。（《淮南子·泰族篇》许慎注）

（越人）常在水中，故断其发，文其身，以象龙子。故不见
伤害也。（《汉书·地理志》下应劭注）

（哀牢）种人皆刻画其身，像龙文。（《后汉书·西南夷传》）

《淮南子》、《说苑》和班固、高诱、应劭等一致都认为文身的动机是要避
蛟龙之害。内中《说苑》所载越人诸发的故事又见于《韩诗外传》八
（《外传》里"诸发"作"廉稽"），《韩诗外传》和《说苑》都是典型的
抄撮古书的书，这故事必出自先秦古籍。避害之说可能就是实行文身的越
人自己的解释，所以这点材料特别宝贵，我们得将它仔细分析一下。为什
么装扮得像龙，就不为蛟龙所害呢？人所伪装的龙，其像真龙能像到什么
程度？龙果真那样容易被骗吗？并且水里可以伤害人的东西，不见得只有
龙一种。越人纵然"常在水中"，也不能一辈子不登陆，对陆上害人的虎
豹之类，何以又毫无戒心呢？然则断发文身似乎还当有一层更曲折、更深
远的意义。龙之不加害于越人，恐怕不是受了越人化装的蒙蔽，而是它甘
心情愿如此。越人之化装，也不是存心欺骗，而是一种虔诚心情的表现。
换言之，"断发文身"是一种图腾主义的原始宗教行为。（图腾崇拜依然是
一种幼稚的宗教。）他们断发文身以象龙，是因为龙是他们的图腾。换言
之，因为相信自己为"龙种"，赋有"龙性"，他们才断发文身以象"龙
形"。诸发所谓"以像龙子"者，本意是说实质是"龙子"，所差的只是
形貌不大像，所以要"断其发，文其身"以像之。既然"断发文身"只是
完成形式的一种手续，严格说来，那件事就并不太重要。如果一个人本非
"龙子"，即使断发文身，还是不能避害的。反之，一个人本是"龙子"，
即使不断发，不文身，龙也不致伤害他。不过这是纯理论的说法。实际
上，还是把"龙子"的身份明白地披露出来妥当点，理由上文已经说过。
还有龙既是他们的图腾，而他们又确信图腾便是他们的祖宗，何以他们又
那样担心蛟龙害他们呢？世间岂有祖宗会伤害自己的儿孙的道理？讲到这

里，我们又疑心断发文身的目的，固然是避免祖宗本人误加伤害，同时恐怕也是给祖宗便于保护，以免被旁人伤害。最初，后一种意义也许比前一种还重要些。以上所批评的一种"断发文身"的解释，可称为"避害说"。这样还不能完全说明断发文身的真实动机和起源，但其中所显示的图腾崇拜的背景却是清清楚楚的。例如说"常在水中"，"蛟龙又与我争焉"，等于说自己是水居的生物。说"龙子"更坦白的承认了是"龙的儿子"。说"将避水神"，也可见那龙不是寻常的生物，而是有神性的东西。

至于许慎所谓"刺皮为龙文，所以为尊荣之也"，可称为"尊荣说"。这一说似乎与图腾无关，其实不然。就现代人观点看来，人决不以像爬虫为尊荣。这完全是图腾主义的心理。图腾既是祖宗，又是神，人哪有比像祖宗，像神更值得骄傲的事呢！龙之所以有资格被奉为图腾，当然有个先决条件。一定是假定了龙有一种广大无边的超自然的法力，即所谓"魔那"（Manna）者，然后才肯奉它为图腾，崇拜它，信任它，皈依它，把整个身体和心灵都交付给它。如果有方法使自己也变得和它一样，那岂不更妙？在这里，巫术——模拟巫术便是野蛮人的如意算盘。"断其发，文其身"——人一像龙，人便是龙了。人是龙，当然也有龙的法力或"魔那"，这一来，一个人便不待老祖宗的呵护，而自然没有谁敢伤害，能伤害他了。依"避害说"的观点，是一个人要老祖宗相信他是龙，依"尊荣说"的观点，是要他自己相信自己是龙。前者如果是"欺人"，后者便是"自欺"了。"自欺"果然成功了，那成就便太大了。从前一个人不但不怕灾害的袭击，因而有了"安全感"，并且也因自尊心之满足而有了"尊荣感"了。人从此可以神自居了！《桂海虞衡志·志蛮篇》曰："女及笄，即黥颊为细花纹，谓之绣面女。既黥，集亲客相庆贺。惟婢获则不刺面。"这也是尊荣说的一个实例。

先假定龙是自己的祖宗，自己便是"龙子"，是"龙子"便赋有"龙性"，等装扮成"龙形"，愈看愈像龙，愈想愈是龙，于是自己果然是龙了。这样一步步地推论下来，可称为"人的拟兽化"，正是典型的图腾主义的心理。这是第一个阶段，从第一阶段到第二阶段，便是从图腾变为始祖。杜尔干（Durkheim）说"始祖之名仍然是一种图腾"（宗教生活的初级形式），是对的。上文所讨论的人首蛇身神，正代表图腾开始蜕变为始祖的一种形态。我们疑心创造人首蛇身型的始祖的蓝本，便是断发文身的野蛮人自身。当初人要据图腾的模样来改造自己，那是我们所谓"人的拟兽化"。但在那拟兽化的企图中，实际上他只能做到人首蛇身的半人半兽的地步。因为身上可以加文饰，尽量地使其像龙，头上的发剪短了，也多少有点帮助，画部却无法改变，这样结果不正是人首蛇身了吗？如今智识进步，根据"同类产生同类"的原则，与自身同型的始祖观念产生了，便按自己的模样来拟想始祖，自己的模样既是半人半兽，当然始祖也是半人半兽了。这样由全的兽型图腾蜕变为半人半兽型的始祖，可称为"兽的拟人化"。这是第二个阶段。在这阶段中，大概文身的习俗还存在，否则也离那习俗被废弃时不久。等到文身的习俗完全绝迹，甚至连记忆也淡薄了，始祖的模样便也变作全人型的了。这是第三个阶段。

当然每一新阶段产生之后，前一阶段的观念并不完全死去。几个观念并存时，不免感觉矛盾，矛盾总是要设法调解的。调解的方式很多，这里只举一种较为巧妙的例。传说中禹本是龙（详下）。《天问》："应龙何画？河海何历？"王注曰："禹治洪水时，有神龙以尾画地，导水所注当决者，因而治之。"这里画地成河的龙实即禹自己，能画地成河就是禹疏凿江河。图腾的龙禹，与始祖的人禹并存而矛盾了，于是便派龙为禹的老师，说禹治水的方法是从龙学来的。洪水故事 22 说洪水退后，只剩姊弟二人。弟弟见蜥蜴交尾，告诉姊姊，二人便结为夫妇。后生双胎，即现代人类的始祖。这里交尾的蜥蜴实即姊弟二人。故事的产生，也为着调解图腾的蜥蜴与始祖的姊弟二说。这故事的格式与禹学龙治水正是同一类型。

图腾与"沓布"（taboo）是不能分离的。文献中关于龙蛇的传说与故事，可以"沓布"来解释的着实不少，如上文所引齐桓公见委蛇与孙叔敖杀两头蛇二故事都是。但是谈到沓布，似乎得另起端绪，而且说来话长，非本文篇幅所许，所以只好留待以后再讨论了。

4. 龙图腾的优势地位

假如我们承认中国古代有过图腾主义的社会形式，当时图腾团族必然很多，多到不计其数。我们已说过，现在所谓龙便是因原始的龙（一种蛇）图腾兼并了许多旁的图腾，而形成一种综合式的虚构的生物。这综合式的龙图腾团族所包括的单位，大概就是古代所谓"诸夏"，和至少与他们同姓的若干夷狄。他们起初都住在黄河流域的上游，即古代中原的西部，后来也许因受东方一个以鸟为图腾的商民族的压迫，一部分向北迁徙的，即后来的匈奴，一部分向南边迁移的，即周初南方荆楚、吴越各蛮族，现在的苗族即其一部分的后裔。留在原地的一部分，虽一度被商人征服，政治势力暂时衰落，但其文化势力不但始终屹然未动，并且做了我国四千年文化的核心。东方商民族对我国古代文化的贡献虽大，但我们的文化究以龙图腾团族（下简称龙族）的诸夏为基础。龙族的诸夏文化才是我们真正的本位文化，所以数千年来我们自称为"华夏"，历代帝王都说是龙的化身，而以龙为其符应，他们的旗章、宫室、舆服、器用，一切都刻画着龙文。总之，龙是我们立国的象征。直到民国成立，随着帝制的消亡，这观念才被放弃。然而说放弃，实地里并未放弃。正如政体是民主代替了君主，从前作为帝王象征的龙，现在变为每个中国人的象征了。也许这现象我们并不自觉。但一出国门，假如你有意要强调你的生活的"中国风"，你必多用龙文的图案来点缀你的服饰和室内陈设。那时你简直以一个旧日的帝王自居了。

现在我们仍旧回到历史。究竟哪些古代民族或民族英雄是属于龙族的呢？風姓的伏羲氏，和古代有着人首蛇身神，近代奉伏羲、女娲为傩公傩母的苗族，不用讲了。与夏同姓的褒国，其先君二龙的故事，我们也引过，这也不成问题。越人"断发文身以像龙子"，又相传为禹后（详后），则与褒同出一源，其为龙族，也不用怀疑。此外还有几个龙图腾的大团族，可以考见的，分述之如下。

（一）夏　夏为龙族，可用下列七事来证明。（1）传说禹自身是龙。《海内经》注引《归藏·启筮篇》"鲧死，三岁不腐，剖之以吴刀，化为黄龙"，《初学记》二二，《路史后纪》注一二并引末句作"是用出禹"。禹是龙，所以《列子·黄帝篇》说夏后氏也是"蛇身人面"。应龙画地成河实即禹疏凿江河，说已详上。（2）传说多言夏后氏有龙瑞。《史记·封禅书》："夏得木德，青龙止于郊。"《尚书大传》描写禹受禅时的情形，说"于是八风循⑩通，庆云丛聚，蟠龙奋迅于其藏，蛟鱼踊跃于其渊，龟鳖咸出于其穴，近虞而事夏"。（这大概就是后来的鱼龙漫衍之戏。）龙是水族之长，所以龙王受禅，蛟鱼龟鳖之属都那样欢欣鼓舞。（3）夏人的器物多以龙为饰。《礼记·明堂位》"有虞氏之旂，夏后氏之绥"，郑注谓："有虞氏当言绥，夏后氏当言旂"，甚确。《周礼·司常》："交龙为旂。"《明堂位》又曰："夏后氏以龙勺"，"夏后氏之龙簨虡"。要晓得原始人器物上的装潢，往往是实用的图腾标记，并无纯粹的审美意义。（4）传说夏后氏诸王多乘龙。《括地图》说禹乘二龙，引见上文。《大荒西经》注引《归藏郑母经》曰："夏后启筮御飞龙登于天。"《海外西经》、《大荒西经》都说启乘两龙，《左传》说帝赐孔甲乘龙，亦均见上文。（5）夏人的姓和禹的名，其字都与龙有关。刘师培《姒姓释》说"姒""巳"同文，姒姓即巳姓（《左盦集》五）。实则"巳""蛇"古同字，金文龙字多从"巳"，已详上文。"禹"字从"虫"，"虫"与"虫"同。"虫"在卜辞里又与"巳"同字，并即虺蛇等字所从出。再则"巳"向来读如"辰巳"之巳，其实现在的"辰巳"之巳字，在金甲文里是"已然"之已字。"已然"之"已"与"禹"双声。声近则义近，所以禹已都是蛇名。（6）禹的后裔多属龙族。《史记·夏本纪》曰："禹为姒姓，其后分封，用国为姓……有褒氏……"《越世家》曰："越王勾践，其先禹之苗裔，而夏后帝少康之庶子也。封于会稽，以奉守禹之祀。"褒越都是龙族，已详上文。又《匈奴列传》曰："匈奴，其先祖夏后氏之苗裔也。"匈奴也是龙族，详下。(7) 禹与伏羲同姓。禹妻涂山氏，《史记·夏本纪》索隐引《世本》曰："涂山氏名女娲。"《淮南子·览冥篇》有女娲"积芦灰以止淫水"之语，而《墉城集仙录》述涂山氏助禹治水之事甚详。看来，《世本》的"娲"字未必是传本之误，当初或许真有此一说。上文节引过《拾遗记》里禹遇伏羲的故事，其详情如下：

> 禹凿龙关之山——亦谓之龙门——至一空岩，深数十里，幽暗不可复行。禹乃负火而进……见一神，蛇身人面。禹因与语。神即示禹八卦之图，列于金版之上。又有八神待侧。禹曰："华胥生圣子，是汝耶？"答曰："华胥是九河神女，以生余也。"乃探玉简授禹，长一尺二寸，以合十二时之度，使量度天地。禹即持执此简，以平定水土。蛇身之神即羲皇也。

据此，则禹平水土的方略乃是九河神女华胥的儿子——伏羲传授的。《封禅书》以夏为木德，有青龙之瑞（详上），木德青龙都是伏羲，所以《礼稽命征》曰："禹建寅，宗伏羲。"（《开元占经·龙鱼虫蛇占篇》引）禹与伏羲，涂山氏与女娲的结合，或许因为两方都出于龙图腾吧？《史记》分明说褒国是禹后，而《潜夫论》又说是伏羲之后。褒国的"褒"本一作"庖"。（《春秋世族谱》，又《路史·国名纪》丁引《盟会图》一作"苞"。）《路史后记》一《注》引《潜夫论》曰："太昊之后有庖国，姒姓。"《国名纪》甲注又引曰："夏封伏羲之后。"《潜夫论》所谓庖国即褒国，毫无问题。但伏羲本是风姓，以"夏封伏羲之后"来解释伏羲之后所以为姒姓，实在牵强得很。其实姒与风本是一姓，禹与伏羲原是一家人。

姒姓即巳姓，已详上文。"風"字从"虫"，"虫"与"巳"在卜辞里是一字。原来古人说"風姓"或"巳姓"，译成今语，都是"蛇生的"（"生""姓"古今字）。这里有一个重要的观念，非辨清楚不可。古代所谓姓，其功用只在说明一个人的来历，略等于后世的谱系，有必要时才提到它，并不像现在一开口喊人，就非"王先生"、"李先生"不可。既然不是常在口头上用的一种称谓，便只要意义对就行，字音毫无关系。譬如我说某人是蛇生的，你说他是长虫生的，我们并不冲突，在第三者听来也决不会发生任何误会。总之，風与巳（姒）是同义字，伏羲与禹是同姓，所以庖国是姒姓，也是風姓，是禹后，也是伏羲之后了。所谓同姓实即同图腾，知道伏羲的图腾是龙，则禹的图腾是什么也就解决了。

（二）共工　相传共工也是人面蛇身，其证如下：

共工人面蛇身朱发。（《大荒西经》注引《归藏·启筮篇》）

共工，天神，人面蛇身。（《淮南子·墜形篇》高注）

西北荒有人焉，人面朱髯（发），蛇身人手足，而食五谷，禽兽顽愚，名曰共工。（《神异经》）

此外又有三个旁证。（1）共工氏之子曰句龙。《左传·昭二十九年》蔡墨曰："共工氏有子曰句龙，为后土。"（2）共工氏之臣人面蛇身。《海外北经》曰："共工之臣曰相柳氏……九首人面蛇身而青。"《大荒北经》曰："共工臣名曰相繇，九首蛇身自环。"郭璞说相繇即相柳。《广雅·释地》曰："北方有民焉，九首蛇身，其名曰相繇。"（3）共工即雄虺。《天问》："康回冯怒，墜何⑫以东南倾？"王《注》曰："康回，共工名也。""康"与"庸"俱从"庚"声，古字通用，故《史记·楚世家》"熊渠……乃立其长子康为句亶王"，《索隐》引《世本》"康"作庸，《秦诅楚文》"今楚王熊相康回无道"，董迫释作"庸回"。《天问》之"康回"即《尧典》

之"庸违"。不过《尧典》那一整段文字似乎从未被读懂过。原文如下：

> 帝曰："咨畴[13]若予采。"
>
> 驩兜曰："都共工方鸠僝（椊）功。"
>
> 帝曰："吁！静言庸违（回），象（潒）恭（洪）滔天。"帝
> 曰："咨四岳。汤汤洪水方割（害）[14]，怀山襄（囊）陵，浩浩滔
> 天。下民其咨，有能俾乂？"
>
> 佥曰："於！鲧哉。"

《周语》下灵王太子晋说："昔共工氏……壅防百川，堕高堙庳，以害天
下，祸乱并兴，共工用灭。其在有虞，有崇伯鲧，播其淫心，称遂共工之
过。"《尧典》的话完全可与《周语》相印证。"僝"当读为椊，《说文》
曰："以柴木壅水也。""方鸠椊功"即《周语》之"壅防百川"[15]。"象"
是"潒"之省，"潒"即"荡"字。"恭"当从"水"作"恭"，即"洪"
之别体。"滔天"即下文之"浩浩滔天"，指洪水。"潒洪滔天"即《淮南
子·本经篇》所谓"共工振滔洪水，以薄空桑"，《周语》之"害天下"
亦指此而言[16]。"庸违"当从《左传·文十八年》、《论衡·恢国篇》、《潜
夫论·明暗篇》、《吴志·陆抗传》作"庸回"。但自《左传》以来，都将
"庸回"解为"用邪"，《史记·五帝本纪》也译为"用僻"，实在是大错。
（向来解释下句"象恭滔天"的各种说法，也极可笑。）实则"庸回"是
"潒洪滔天"的主词，正如"共工"是"方鸠椊功"的主词，庸回与共工
是一个人。《天问》、《招魂》都有"雄虺九首"之语，郝懿行说就是《山
海经》"九首蛇身"的相柳，很对。其实共工之臣与共工还是一样，相柳
九首，共工也可以九首。"雄虺"与"庸回"声近，"雄虺九首"就是共
工。共工人面蛇身，所以又称雄虺。"庸回"是"雄虺"的声假字，"康
回"则"庸回"的异文。

（三）祝融　据《郑语》，祝融之后八姓，《世本》（《史记·楚世家》索隐引）及《大戴礼记·帝系姓篇》。均作六姓。据《郑语》韦昭《注》，八姓又可归并为五姓。现在对照各说，列表如下：

郑　语	世　本	帝系姓	楚世家	韦　注
己（昆，吾，苏，顾，温，董）	樊（是为昆吾）	樊（是为昆吾）	昆吾	己（董为己之别封）
董（鬷夷，豢龙）				
彭（彭祖，豕韦，诸稽）	籛铿（是为彭祖）	籛（是为彭祖）	彭祖	彭（秃为彭之别封）
秃（舟人）				
妘（邬，郐，路，偪阳）	求言（是为郐人）	莱言（是为云郐人）	会人	妘
曹（邹，莒）	安（是为曹姓）	安（是为曹姓）	曹姓	曹（斟为曹之别封）
斟（无后）	惠连（是为参胡—宋忠注云斟姓）	惠连（是为参胡）	参胡	
芈（夔，越，蛮，芈，荆）	季连（是为芈姓）	季连（是为芈姓）	季连	芈

己姓是龙族（详上），所以己的别封董姓中有豢龙氏。芈姓的越也是龙族（亦详上），而夔也有说是龙类的。《说文》曰："夔，神魖也，如龙一足。从夂。象有角手人面之形。"《文选·东京赋》薛综《注》曰："夔，木石之怪。如龙有角，鳞甲光如日月。见则其邑大旱。"小篆"夔"亦从"己"，与金文"龙"从"己"同意，所以《尚书》夔龙通称。芈姓又有蛮芈，而荆本在荆蛮。其实古代南方诸侯都称蛮，所以夔越也还是蛮。芈

姓四支都是蛮，"芈"也许就是"蛮"之声转。"蛮"字从"虫"，《说文》曰"南蛮蛇种"，龙为芈姓是龙族的确证。已、芈二姓都是龙族，而都出于祝融，则祝融可能也是龙子。"融"字从"虫"，本义当是一种蛇的名字。《东山经》曰：

> 独山涂末之水，东南流注于沔。其中多儵鳙，其状如黄蛇，
> 鱼翼，出入有光。见则其邑大旱。

"儵鳙"郭《注》曰："条容二音。"金文《邾公钮钟》"陆蟊之孙邾公钮"，王国维说"陆蟊"即"陆终"（《观堂集林》一八《邾公钟跋》），郭沫若说亦即"祝融"（《金文丛考·金文所无考》）。两说都对。其实"亯""享"古同字，"蟊"亦可释"蟺"。《庄子·外物篇》"鰭蟺不得成"，司马彪《注》曰："'鰭蟺'读曰'忡融'。"蟊读曰融，是陆蟊即祝融的佳证。但是"蟊"所从的"亯"又是古文"墉"字，所以"蟊"又可释为"墉"，而"祝"、"儵"声亦近，"陆蟊""祝融"实在都是《山海经》的"儵鳙"。《郑语》史伯曰："夫黎为高辛氏火正，以淳（焞）耀敦大天明地德，光照四海，故命之曰'祝融'。"又曰："祝融亦能昭显天地之光明。""光照四海"与"出入有光"合，火正与"见则其邑大旱"合，祝融即儵鳙，是没有问题的。祝融即儵鳙，儵鳙"见则其邑大旱"，夔是祝融之后，所以也是"见则其邑大旱"。祝融是一条火龙，所以又与火山黏合而成为火山的神。

> 西北海之外，赤水之北，有章尾（娓）山。有神人面蛇身而
> 赤，身长千里[17]。直目正乘，其瞑乃晦，其视乃明。不食、不寝、
> 不息。风雨是谒。是烛九阴，是谓烛龙。（《大荒北经》）
> 钟山之神，名曰烛阴。视为昼，瞑为夜，吹为冬，呼为夏。

不饮不食，不息，患为风。身长千里。……其为物，人面蛇身，赤色，居钟山下。(《海外北经》)

    烛龙在雁门北，蔽于委羽之山，不见日。其神人面龙身而无足。(《淮南子·墬形篇》)

烛龙即融，杨宽已讲过（《中国上古史导论》——《古史辨》第七册上编），那是对的，但说是日神，却不然。《淮南子》分明说"不见日"。"钟""章"一声之转。(《汉书·广川惠王越传》"尊章"注曰："今关中妇呼舅为钟，钟者章声之转。")"尾"当读为"炜"，《说文》："炜，火也。"《洞冥记》曰："东方朔北游钟火山，日月不照，有青龙衔烛，照山四极。"章炜山即钟火山，钟山又是钟火山之省。上揭各书所描写的情形，显然都是由火山的性能傅会出来的。但说钟山之神烛龙即祝融，确乎可信。《周语》上内史过曰："昔夏之兴也，融降于崇山。"融即祝融，崇山即钟山，韦昭说是阳城附近的崇（嵩）高山，恐怕不对。《西次三经》又说：

    钟山（之神）其子曰鼓，其状如人面而龙身。是与钦䲹杀葆江于昆仑之阳。帝乃戮之钟山之东曰瑶崖。钦䲹化为大鹗。其状如雕而黑文，白首赤喙而虎爪，其音如晨鹄。见则有大兵。鼓亦化为鵕鸟，其状如鸱，赤足而直喙，黄文而白首，其音如鹄。见即其邑大旱。

钟山本在北方，祝融是颛顼的孙子，颛顼是北方之神，所以祝融本当在北方。钟山之神烛龙的儿子—鼓化为鵕鸟，大概即祝融的后裔迁到南方，征服了南方的淮夷而占其地的故事。淮夷是鸟图腾的团族，帝俊之后，所以说"化为鵕鸟"。旁俊即旁訾。《郑语》曰："黎为高辛氏火正。"《楚世家》曰："重黎为帝喾高辛氏居火正，甚有功，能光融天下，帝喾命曰祝融。"大概是同一故事的另一种传说。鼓"见则其邑大旱"与鯈鱅的传说相同。鯈鱅即祝融，鼓是祝融之子，所以传说相同。楚的始祖祝融是赤龙，汉高祖是楚人，所以也是赤龙或赤蛇之精。祝融之子是龙化为鸟，又和《春秋握诚图》所记"刘媪梦赤鸟如龙戏已，生执嘉"（《史记·高祖本纪》正义引）的传说相合。

（四）黄帝　黄帝是龙的问题很简单。

> 轩辕之国……人面蛇身，尾交首上。（《海外西经》）
>
> 轩辕黄龙体。（《史记·天官书》）
>
> 中央土也，其帝黄帝，其佐后土……其兽黄龙。（《淮南子·天文篇》）
>
> 黄帝得土德，黄龙地螾见。（《史记·封禅书》）
>
> 黄帝将亡，则黄龙坠。（《开元占经·龙鱼虫蛇占篇》引《春秋握诚图》）

现在只举黄帝后十二姓中的僖巳二姓为例，来证明黄帝的别姓也是龙族。（1）《晋语》四司空季子曰："凡黄帝之子二十五宗，其得姓者十四人，为十二姓：姬，酉，祁，巳，滕，箴，任，荀，僖，姞，嬛，依是也。"旧音曰："僖或为釐。"《潜夫论·志氏姓篇》亦作釐。《鲁语》下仲尼曰："（防风）汪芒氏之君也，守封嵎之山者也，为漆姓。在虞、夏、商为汪芒氏，于周为长狄，今为大人。"《史记·孔子世家》"漆"作"釐"（《说苑·辨物篇》同），索隐曰："釐音僖。"王引之说"漆"为"来"之误，"来"与"釐"通（《经义述闻》二〇），甚确。据孔子说，防风氏春秋时为"大人"，《大荒北经》曰"有大人之国，釐姓"，这是王说很好的证据。王氏又据《晋语》黄帝之后有僖姓，即釐姓，来证明防风氏是黄帝之后，这就也确。《博物志》二曰："大人国，其人……能乘云而不能走，盖龙类。"《大荒东经》注引《河图玉版》曰："从昆仑山以北九万里，得龙伯国，人长三十丈。"《初学记》一九引《河图龙鱼》作"长三丈"，《列子·汤问篇》曰："龙伯之国有大人，举足不盈步而暨五山之所，一钓而连六鳌。"龙伯国即大人国，大人国是"龙类"，所以又名龙伯国。黄帝是龙，大人国是黄帝之后，所以也是龙类。（2）黄帝十二姓中也有巳姓，巳是龙（见上）。黄帝之后的巳姓与祝融之后的巳姓，从图腾的立场看来，还是一姓，因为黄帝祝融都是龙。

（五）匈奴 匈奴的龙图腾的遗迹，可以下列各点来证明。（1）每年祭龙三次，名曰"龙祠"。《后汉书·南匈奴传》："匈奴岁有三龙祠。常以正月、五月、九月戊日祭天神。"（2）举行龙祠时，首领们会议国家大事，名曰"龙会"。《南匈奴传》又曰："单于每龙会议事（左贤王），师子辄称病不往。"（3）祭龙的地方名曰"龙城"，或"龙庭"。《史记·匈奴传》"五月大会龙城，祭其先、天地、鬼神"（龙城《汉书》作"龙庭"），《索引》引崔浩曰："西方胡皆事龙神，故名大会处为龙城。"《文选》班固《封燕然山铭》"蹑冒顿之区落，焚老上之龙庭"，注曰："龙庭，单于祭天所也。"（4）习俗有"龙忌"。《淮南子·要略篇》"操合开塞，各有龙忌"，许《注》曰："中国以鬼神之事曰忌，北胡南越皆谓'请龙'。"《后汉书·周举传》："太原旧俗，以介子推焚骸，有龙忌之禁。至其亡月，咸言神灵不乐举火，由是士民每冬中辄一月寒食，莫敢烟爨。"晋染胡俗是深，故也有龙忌。《墨子·贵义篇》："子墨子北之齐，遇日者。日者曰：'帝以今日杀墨龙于北方，而先生之色黑，不可以北。'子墨子不听，遂北至淄水，不遂而反焉。日者曰：'我谓先生不可以北。'子墨子曰：'南之人不得北，北之人不得南，其色有黑者，有白者，何故皆不遂也？且帝以甲乙杀青龙于东方，以丙丁杀赤龙于南方，以庚辛杀白龙于西方，以壬癸杀黑龙于北方，若用子之言，则是禁天下之行者也。'"这大概也是龙忌。刘盼遂说墨翟是北狄种，这里所讲的是匈奴风俗（《燕京新闻》民国二十七年十一月十八日）。（5）自然为龙类。《晏子春秋·谏》下篇曰："维翟（狄）人与龙蛇比。"《吕氏春秋·介立篇》："晋文公反，介子推不肎受赏，自为赋诗曰：'有龙于飞，周遍天下，五蛇从之，为之丞辅。龙反其乡，得其处所，四蛇从之，得其露雨。一蛇羞之，槁死中野。'悬书公门而伏于山下。"称君为龙，臣为蛇，也是胡俗，即所谓"维翟人与龙蛇比"（互参上条）。（6）人面龙身。《开元占经·客星占六篇》引郗萌曰："客星舍匈奴星，人面龙身留十余日不去，胡人内相贼，国家兵起，边人来降。"

由上观之，古代几个主要的华夏和夷狄民族，差不多都是龙图腾的团族，龙在我们历史与文化中的意义，真是太重大了。关于龙可说的话，还多得很，因为限于篇幅，我们只能将《山海经》里所见的人面蛇身或龙身的神（包括上文已讨论的和未讨论的），列一总表于下，以结束本文。请注意表中各神的方位分布。

中	《中山经》（次十）		首山至丙山诸神	皆龙身人面
南	《南山经》（次三）		天吴之山至南禺之山诸神	皆龙身而人面
	《海内经》（南方）		延维	人首蛇身
西	《西山经》（次三）		鼓	人面龙身
	《海外西经》		轩辕	人面蛇身尾交首上
北	《北山经》	（首）	单狐之山至隄山诸神	皆人面蛇身
		（次二）	管涔之山至敦题之山诸神	皆蛇身人面
	《海外北经》又《大荒北经》		烛龙（烛阴）	人面蛇身赤色
			相柳（相繇）	九首人面蛇身自环色青
	《海内北经》		贰负[18]	人面蛇身
东	《海内东经》		雷神	龙身而人头

民国三十一年，十一月，十五日，昆明

三 战争与洪水

我们分析多数的洪水遗民故事，发现其中心母题总不外（一）兄妹之父与雷公斗争，（二）雷公发洪水，（三）全人类中惟兄妹二人得救，（四）二人结为夫妇，（五）遗传人类。这些又可归纳为二个主要元素。洪水不过是一种战略，或战祸的顶点，所以（一）（二）可归并为 A 战争。兄妹配婚与遗传人类是祖宗崇拜的推源故事，所以（四）（五）可归并为 B 宗教。（三）兄妹从洪水中得救，是 A 与 B 间的连锁。这两个元素恰恰与那说明古代社会的名言"国之大事，在祀与戎"的原则相合。关于 B 项，即祖宗崇拜的宗教，上节已讲得很多了。在本节我们要专门讨论属于 A 项的战争故事了。

我们若要在汉籍中寻找这故事的痕迹，洪水是个好线索。《淮南子·览冥篇》曰：

> ……然犹未及虙羲氏之道也。往古之时，四极废，九州裂，天不兼覆，地不周载，火燫焱而不灭，水浩漾而不消，猛兽食颛民，鸷鸟攫老弱。于是女娲炼五色石以补苍天，断鳌足以立四极，杀黑龙以济冀州，积芦灰以止淫水。苍天补，四极正，淫水涸，冀州平，狡虫死，颛民生。

这故事与共工有关。可以由下列几点证明。（一）黑龙即共工，详上文论句龙。（二）"四极废，九州裂，天不兼覆，地不周载"，即所谓"天倾西北，地倾东南"，其事据《楚辞》、《淮南子》，乃是共工触山的结果。《楚辞·天问》曰："康回冯怒，墬何以东南倾？"王《注》曰："康回，共工名也。"《淮南子·原道篇》曰："昔共工之力触不周之山，使地东南倾。"

《天文篇》曰："昔者共工与颛顼争为帝，怒而触不周之山，天维绝，地柱折，天倾西北，故日月星辰移焉，地倾西南，故水潦尘埃归焉。"（三）所谓"淫水"即洪水，相传为共工所致。《书·尧典》曰："静言庸违，象（潒）恭（洪）滔天。"庸违《论衡·恢国篇》、《潜夫论·明暗篇》作庸回，即《天问》之康回，亦即共工。"潒（同荡）洪滔天"即《淮南子·本经篇》所谓"共工振滔洪水"。又《周语》下曰"昔共工氏……壅防百川，堕高堙庳，以害天下"，《荀子·成相篇》曰"禹有功，抑下鸿（洪），辟除民害逐共工"，《史记·律书》曰"颛顼有共工之阵以平水土"，都暗示洪水与共工有关。《补史记·三皇本纪》直说女娲收拾的残局是共工造成的。

> 当其（女娲）末年也，诸侯有共工氏，任智刑以强霸而不王，以水乘木，乃与祝融战。不胜而怒，乃头触不周山崩，天柱折，地维缺。女娲乃炼五色石以补天，断鳌足以立四极，聚芦灰以止滔水，以济冀州。于是地平天成，不改旧物。

《路史后记》二并说共工是女娲灭的。

> 太昊氏衰，共工惟始作乱，振滔洪水，以祸天下。骧天纲，绝地纪，覆中冀，人不堪命。于是女皇氏（即女娲）役其神力，以与共工氏较，灭共工氏而迁之。然后四极正，冀州宁，地平天成，万民复生。

司马贞将《淮南子·原道篇》与《天文篇》的共工争帝触山和《览冥篇》的女娲补天治水糅在一起说，罗泌又将《本经篇》的共工振滔洪水和《览冥篇》的女娲故事打成一片，确乎都是很有道理的。

在汉籍中发动洪水者是共工，在苗族传说中是雷公，莫非雷公就是共工吗？我们是否能找到一些旁证来支持这个假设呢？较早的载籍中讲到雷公形状的都说是龙身人头。

> 《海内东经》："雷泽中有雷神，龙身而人头，鼓其腹则雷。"
> 《淮南子·墬形篇》："雷泽有神，龙身人头，鼓其腹而熙。"

共工亦人面蛇身。

> 《淮南子·墬形篇》高《注》："共工，天神，人面蛇身。"
> 《大荒西经》注引《归藏启巫》："共工人面蛇身朱发。"
> 《神异经》："西北荒有人焉，人面朱髯，蛇身人手足，而食
> 五谷，禽兽顽愚，名曰共工。"

而其子名曰句龙（见前），其臣亦人面蛇身。

> 《海外北经》："共工之臣曰相柳氏……九首人面蛇身而青。"
> 《大荒北经》："共工臣名相繇，九首蛇身自环。"

然则共工的形状实在雷神相似，这可算共工即雷神的一个有力的旁证。古字回与雷通，吴雷（《楚公镈》）一作吴回（《大戴礼记·帝系篇》，《史记·楚世家》，《大荒西经》），方雷（《晋语》四）一作方回（《淮南子·俶真篇》，《后汉书·周盘传》注引《列仙传》，四八目），雷水（《穆天子传》，《水经·河水注》）一作回水（《天问》，《汉书·武帝纪·瓠子歌》），是其例。共工，《论衡》、《潜夫论》引《尚书》作庸回，《天问》作康回，疑庸回、康回即庸雷、康雷。此说如其可靠，则共工即雷神，完

全证实了。

共工在历史上的声誉，可算坏极了。他的罪名，除了招致洪水以害天下之外，还有"作乱"和"自贤"两项。前者见《吕氏春秋·荡兵篇》和《史记·楚世家》，后者见《周书·史记篇》。在《左传》中则被称"四凶"之一。

> 少皞氏有不才子，毁信废忠，崇饰恶言，靖谮庸回，服谗蒐慝，以诬盛德。天下之民谓之穷奇。

注家都说穷奇即共工，大概是没有问题的。因此许多有盛德的帝王都曾有过诛讨共工的功。帝喾诛灭共工，见《淮南子·原道篇》和《史记·楚世家》。颛顼战败共工之卿浮游，见《汲冢琐语》。唐氏（帝尧）伐共工，见《周书·史记篇》。帝舜流共工于幽州，见《尚书·尧典》。

禹的功劳尤其多，攻共工，见《大荒西经》，伐共工，见《荀子·议兵篇》及《秦策》，逐共工，见《荀子·成相篇》，杀共工之臣相柳或相繇，见《海外北经》及《大荒北经》。此外不要忘记上文已表过的女娲杀黑龙，实即杀共工。苗族传说没有把共工罗织成一个千古罪人。他们的态度较老实，较幼稚，只说兄弟二人因争财产不睦，哥哥一气，便发起洪水来淹没弟弟所管领的大地。如故事（10）。他们也不讳言自己的祖先吃了败仗，以致受伤身死，如故事（2）。因此将这仇恨心理坦率的表现在故事（1）中，便说母亲病重，告诉儿子："若得天上雷公的心来吞服，便可痊愈。"总之，汉、苗两派的故事，作风虽不同，态度虽有理智的与感情的之别，但内中都埋藏着一个深沉的、辽远的仇恨，却没有分别。

这次战争之剧烈，看《淮南子·览冥》《天文》两篇所述，便可想见。四极废，九州裂，天倾西北，地倾东南，其破坏性之大以至于此。神话期历史上第一有名的涿鹿之战，也许因时期较近，在人们记忆中较为鲜明，若论其规模之大，为祸之惨烈，似乎还比不上这一次。但洪水部分，我以为必系另一事，它之加入这个战争故事，是由于传说的黏合作用。远在那渺茫的神话时期，想来不会有如后来智伯、梁武所用的水战的战术。洪水本身是怎么回事，是另一问题。它的惨痛的经验，在人类记忆中留下很深的痕迹，那是显而易见的。它的被羼入这战争故事，正表示那场战争之激烈，天灾与人祸，正以惨烈性的程度相当，而在人类记忆中发生黏合作用。为明了战争在这故事中的重要性高于洪水，我们还可以引另一故事作一比较。奉祀槃瓠的傜畲，虽与奉祀伏羲的苗不同族，但是同系的两个支族，那是不成问题的。而且"槃瓠"、"伏羲"一声之转，明系出于同源，而两故事中相通之处也很多。这些问题下文还要详细讨论。现在我们要提出的是槃瓠故事中完全没有洪水，而战争却是故事的一个很重要的成分。这也反映出在伏羲故事中，洪水本不是包含在战争中的一部分，而是另外一件独立的事实，和战争偶然走碰头了。因而便结了不解之缘。换言之，战争的发生或许在苗和傜畲未分居的时代，所以在两支传说中都保存着这件事的记忆。洪水则是继分居后苗族独有的经验，所以它只见于苗族传说，而不见于傜畲传说。

古代民族大都住在水边，所谓洪水似乎即指河水的氾滥。人们对付这洪水的手段，大致可分三种。（一）最早的办法是"择丘陵而处"，其态度是消极的，逃避的。消极中稍带积极性的是离水太远的高处不便居住，近水的丘陵不够高时，就从较远的高处挖点土来把不够高的填得更高点，这便是所谓"堕高埋庳"。次之（二）是雍防，即筑初步的或正式的堤。后（三）是疏导，埋塞从古以来就有了，疏导的发明最晚，都用不着讨论。雍防的起源却不太早。《穀梁传·僖九年》载齐桓公葵丘之盟（前六五一）曰"毋雍泉"，似乎是最早的记载。一百年后，周"灵王二十二年（前五五〇），谷洛斗，将毁王宫，王欲雍之"（《周语》下）。太子晋大大发挥一顿雍防的害处。大概春秋中叶以后，雍防之事已经盛行了。以农业发展与土地开辟的情形推之，"壅泉"之盛于此时，倒是合理的。再早便不大可能了。若说神话初产生时，人们便已知道"壅泉"之法，因而便说共工曾实行此法，那却很难想象了。

古籍说到共工与洪水的有下列各书：

> 《书·尧典》："共工方鸠僝（椿）功……象（滰）恭（洪）滔天。"
>
> 《周语》下："昔共工氏……欲壅防百川，堕高埋庳，以害天下。"
>
> 《淮南子·本经篇》："共工振滔洪水，以薄空桑。"

《尧典》"滰洪滔天"即《淮南子》"振滔洪水"，已详上文。但这是说激动洪水，而没有说到如何激动的方法。"堕高埋庳"假定是共工时代可能的现象，大致没有什么问题。《尧典》"方鸠僝功"之僝应读为椿，《说文》训为"以柴木壅"，此即《周语》所谓"壅防百川"。如果上文我们判断的不错，壅泉之法，至春秋时代才开始盛行，那么传说中共工壅防百川的部分，可能也是春秋时产生的。本来《周语》"共工氏……欲壅防百川"的话就是太子晋口中的，而说到"共工方鸠僝功"的《尧典》，有人说是战国作品，虽未必对，但恐怕最早也不能超过春秋之前。总之，我们相信洪水传说尽可能很早，共工发动洪水，尤其以壅防百川的方法来发动洪水，却不必早。共工发动洪水的传说既不能太早，则在颛顼、共工的战争故事中，洪水部分是比较后加的，也就不言而喻了。

四　汉苗的种族关系

上文我们已经证明了伏羲、女娲确是苗族的祖先，我们又疑心那称为伏羲氏的氏族或是西周褒国后裔之南迁者。褒是姒姓国，夏禹之后，然则伏羲氏的族属与夏后氏相近了。伏羲与龙的关系是无可疑的事实。夏与龙的关系，以下面各事证之，似乎也不成问题。（一）《海内经》注引《归藏·启筮篇》曰："鲧死三岁不腐，剖之以吴刀，化为黄龙。"《初学记》二二，《路史后记》一二《注》引"化为黄龙"并作"是用出禹"。（二）《天问》："应龙何画？河海何历？"王注曰："禹治洪水时，有神龙以尾画地，导水所注当决者，因而治之也。"其实助禹治水的龙本即禹自己，后期传说始分为二。（三）古禹字作𧑙，从𧖸（虫）从彐（手）执之。虫古虺字，与龙同类。（四）夏王多乘龙的故事。A《御览》九六引《括地图》"夏后德盛，二龙降之，禹使范氏御之以行"。（《博物志》八，敦煌旧抄《瑞应图》引《神灵记》略同。）B《海外西经》"夏后启于此儛九代，乘两龙"，《大荒西经》"有人珥两青蛇，乘两龙，名曰夏后开"，《注》引《归藏郑母经》"夏后启筮御飞龙登于天，吉"。C《左传·昭公二十九年》"帝赐之（孔甲）乘龙，河汉各二"。（五）《史记·封禅书》"夏得木德，青龙止于郊"。伏羲氏与夏后氏既皆与龙有这样密切的关系，我疑心二者最初同属于一个龙图腾的团族。在后图腾社会变为氏族社会，这团族才分为若干氏族，伏羲氏与夏后氏便是其中之二。既为两个分离的氏族，所以各自有姓，伏羲氏姓风，夏后氏姓姒。褒亦姒姓国，本是龙图腾的支裔，所以也有先君二龙的传说。

汉族所传的共工，相当于苗族所传的雷神，也是上文证明过的。共工既相当于雷神，则共工的对手可能也相当于雷神的对手了。雷神的对手是伏羲。共工的对手，据汉籍所传，有以下各种说法：

（一）帝喾高辛氏

《淮南子·原道篇》："昔共工……与高辛争为帝。"

《史记·楚世家》："共工氏作乱，帝喾使重黎诛之而不尽。"

（二）颛顼

《淮南子·天文篇》："昔者共工与颛顼争为帝。"

同上《兵略篇》："颛顼尝与共工争矣。"

《史记·律书》："颛顼有共工之阵以平水土。"

《琐语》："昔者共工之卿浮游败于颛顼。"

（三）帝尧陶唐氏

《韩非子·外储说》左上篇："尧……又举兵而诛共工于幽州之都。"

《周书·史记篇》："昔有共工自贤……唐氏伐之，共工以亡。"

《大戴记·五帝德篇》："帝尧……流共工于幽州，以变北狄。"

（四）帝舜

《书·尧典》："舜……流共工于幽州。"

《淮南子·本经篇》："舜之时，共工振滔洪水，以薄空桑。"

及（五）禹

《荀子·议兵篇》："禹伐共工。"（《秦策》同）

《荀子·成相篇》："禹有功，抑下鸿，辟除民害逐共工。"

《大荒西经》："西北海之外……有禹攻共工之山。"

《海外北经》："共工之臣曰相柳氏……禹杀相柳。"（《大荒
北经》作相繇）

除帝喾外，其余各说都可以有法沟通。舜流共工，据《尧典》，本在舜受
禅后尧未死前，故共工也可说是尧流的。若依《韩非子》，尧禅位于舜，
共工以为不平，尧逐流之，则流共工正在唐、虞禅让之际，其负责的人更
是两说皆可了。《周书》的看法与韩非同，大概是比较近确的。流共工的
事既可以这样看，关于四凶中其余三凶，可以类推。讲到四凶，有一个极
有趣的现象，那便是不但如世人所习知的尧（或舜）诛四凶，颛顼与禹似
乎也有同样的事迹。试分别证之如下：

（一）三苗　《墨子·非攻》下篇曰：

昔者三苗大乱，天命殛之。……高阳乃命禹于玄官……以征
有苗。

然则诛三苗是颛顼的命令，而禹执行之。此外诸书单说禹伐有苗很多，不
具举。总之，对诛三苗这事，颛顼和禹都有分儿。

（二）鲧　经注引《纪年》曰：

颛顼产伯鲧，是维若阳。

《世本》及《大戴记·帝系篇》亦皆曰："颛顼产鲧。"《墨子·尚贤》中
篇曰：

昔者伯鲧，帝之元子，废帝之德庸，既乃刑之。

五 伏羲与葫芦

1. 洪水造人故事中的葫芦

在中国西南部（包括湘西、贵州、广西、云南、西康）诸少数民族中，乃至在域外，东及台湾，西及越南与印度中部，都流传着一种兄妹配偶型的洪水遗民再造人类的故事（下简称为洪水造人故事），其母题最典型的形式是：

> 一个家长（父或兄），家中有一对童男童女（家长的子女或弟妹）。被家长拘禁的仇家（往往是家长的弟兄），因童男女的搭救而逃脱后，发动洪水来向家长报仇，但对童男女，则已预先教以特殊手段，使之免于灾难。洪水退后，人类灭绝，只剩童男女二人，他们便以兄妹（或姊弟）结为夫妇，再造人类。

这是原始智慧的宝藏，原始生活经验的结晶，举凡与民族全体休戚相关，而足以加强他们团结意识的记忆，如人种来源，天灾经验，与夫民族仇恨等等，都被象征式的糅合在这里。它的内容是复杂的，包含着多样性而错综的主题，因为它的长成是通过了悠久时间的累积。主题中最重要的，无疑是人种来源，次之或许是天灾经验，再次是民族仇恨等等。本文便专以人种来源这个主题为研究对象，所有将被讨论的诸问题都以这一点为中心。

普通都称这些故事为"洪水故事"，实有斟酌余地。我们在上文已经提到故事的社会功能和教育意义，是在加强民族团结意识，所以在故事中那意在证实血族纽带的人种来源——即造人传说，实是故事最基本的主题，洪水只是造人事件的特殊环境，所以应居从属地位。依照这观点，最妥当的名称该是"造人故事"。如果再详细点，称之为"洪水造人故事"，那"洪水"二字也是带有几分限制词的意味的。我疑心普通只注意故事中的洪水部分而忽略了造人部分，是被洪水事件本身的戏剧性所迷误的。其实这纯是我们文明社会的观点，我们知道，原始人类从不为故事而讲故事，在他们任何行为都是具有一种实用的目的。

正如造人是整个故事的核心，葫芦又是造人故事的核心。但在讨论故事中作为造人素材的葫芦之前，我们得先谈谈作为避水工具的葫芦。

分析四十九个故事的内容（参看表一），我们发现故事情节与葫芦发生关系的有两处，一是避水工具，一是造人素材。本来在原始传说中，说法愈合理，照例是离原始形态愈远，因此在避水工具中（参看表二），葫芦和与它同类的瓜，我们疑心应该是较早期的说法，其余如鼓桶臼箱瓮床和舟，说得愈合理，反而是后来陆续修正的结果。这一点交代以后，我们再来研究造人素材（参看表三）。在那第一组（物中藏人，由物变人）的六种不同形式中：

一、男女从葫芦中出；

二、男女坐瓜花中，结实后，二人包在瓜中；

三、造就人种，放在鼓内；

四、瓜子变男，瓜瓤变女；

五、切瓜成片，瓜片变人；

六、播种瓜子，瓜子变人。

五种属于葫芦和与之同类的瓜，一种是鼓，看来鼓中容人，似比葫芦和瓜更合理，实则它的合理性适足以证明它的讹误性，说不定鼓中藏人种，正是受了那本身也是讹变的"鼓中避水说"的感染而变生的讹变。因此，我们主张在讨论问题时，这一条"造就人种，放在鼓内"，可以除外，要不就权将"鼓"字当作"瓜"字之讹也行。这一点辩明以后，我们可以进而讨论全部造人素材的问题，便是造人素材与葫芦的关系问题。

和避水工具一样，关于造人素材的说法，也可分为较怪诞与较平实的两组，前者我们称为第一组，后者称为第二组。第一组的六种形式上文已经列举过，现在再将第二组分作两类列举于下：

第一类像物形

一、像瓜　二、像鸡卵　三、磨石仔

第二类不成人形

一、肉球，肉团（陀），肉块　二、无手足（腿臂），无头尾，无耳目口鼻（面目）　三、怪胎　四、血盆

第一类的第三项与第二类的第二项，没有严格的界限。有时说到"磨石仔"，又说到"无手足"之类，在这种场合，我们便将它归入"无手足……"项下。依上述愈合理、愈失真的原则，我们疑心这第二组内离葫芦愈远，离人形愈近的各种形式，也是后起的合理化的观念形态。而最早的传说只是人种从葫芦中来，或由葫芦变成。八寨黑苗（7），短裙黑苗（8），说童男女自身是从石蛋出来的，生苗或说蛋（15），或说白蛋（17），或说飞蛾蛋（18），暗示最初的传说都认为人类是从自然物变来，而不是人生的。而且蛋与葫芦形状相近，或许蛋生还是葫芦生的变相说法。至于避水工具中的葫芦，也还是抄袭造人素材的葫芦的。可能造人和洪水根本是两个故事，《生苗起源歌》（16，17，18）只讲造人，不提洪水，似乎还保存着传说的原始形态（生苗是一个在演化进程中最落后的民族）。我们疑心造人故事应产生在前，洪水部分是后来黏合上去的，洪水故事中本无葫芦，葫芦是造人故事的有机部分，是在造人故事兼并洪水故事的过程中，葫芦才以它的渡船作用，巧妙的做了缀合两个故事的连锁。

总之，没有造人素材的葫芦，便没有避水工具的葫芦，造人的主题是比洪水来得重要，而葫芦则正做了造人故事的核心。

2. 伏羲女娲与匏瓠的语音关系

以上所论都是纯理论的假设，最后判断当然有待于更多更精密的民俗调查材料。这样的材料，可惜我们目前几乎一点也没有。然而说除了民俗调查材料，目前我们在这题目上，便没有一句话可说，那又不然。

总观以上各例，使我们想到伏羲、女娲莫不就是葫芦的化身。或仿民间故事的术语说，一对葫芦精。于是我注意到伏羲、女娲二名字的意义。我试探的结果，"伏羲"、"女娲"果然就是葫芦。

伏字《易·系辞传》下作包，包匏音近古通，《易·姤》九五"以杞包瓜"，《释文》引《子夏传》及《正义》包并作匏。《泰》九二："包荒，用冯河，不遐遗。"包亦当读为匏，可证。匏瓠《说文》互训，古书亦或通用，今语谓之葫芦。羲一作戏，《广雅·释器》："瓠，蠡，蓡，瓝，瓢也。"《一切经音义》十八引作瓝，音羲。王念孙云，瓝与瓝同，即樴字（《庄子·人间世篇》、《大宗师篇》、《田子方篇》，《管子·轻重戊篇》，《荀子·成相篇》，《赵策》四）。或作瓠（《月令释文》），其本字当即瓝。《集韵》瓝虚宜切，音犠，训"瓠，瓢也"。译为今语则为葫芦瓢。又有樴榹榹三字，当即瓝之别体。

> 《方言》二："蠡，陈、楚、宋、魏之间或谓之箪，或谓之樴，或谓之瓢。"郭《注》曰："瓠，勺也，今江东通呼为樴。樴音羲。"
>
> 《玉篇·木部》："樴，杓也。"《一切经音义》十八："南曰瓢樴，蜀人言蠡樴。"
>
> 《集韵·五支》："樴，蠡（蠡）也，或作犠。"
>
> 陆羽《茶经》引《神异记》："晋永嘉中，余姚人虞洪，入

瀑布山采茗，遇一道士。云，吾丹邱子，祁子他日瓯牺之余，乞相遗也。"（案《茶经》曰："牺，木杓也。"又曰："瓢一曰牺杓，剖瓠为之，或刊木为之。"）

《说文·木部》："栖，杓也。"（案《类篇》栖通作牺）

伏羲字亦有"羲"、"戲"、"希"三形。羲戲习见，希则见《路史后纪》二《注》引《风俗通》。（女娲一作女希，见《初学记》九引《帝王世纪》，及《史记·补三皇本纪》。）我以为包与戲都是较古的写法。包戲若读为匏瓟（牺牺栖），即今所谓葫芦瓢。但戲古读如乎，与匏音同。若读包戲为匏瓠，其义即为葫芦。既剖的葫芦谓之瓢，未剖的谓之葫芦，古人于二者恐不甚分，看瓠（葫芦）瓟（瓢）上古音全同便知。女娲之娲，《大荒西经》注、《汉书古今人表》注、《列子·黄帝篇》释文、《广韵》、《集韵》皆音瓜。《路史后纪》二注引《唐文集》称女娲为"庖娲"，以音求之，实即匏瓜。包戲与庖娲，匏瓠与匏瓜皆一语之转。（包戲转为伏希，女娲转为女希，亦可见戲娲二音有可转之道。）然则伏羲与女娲，名虽有二，义实只一。二人本皆谓葫芦的化身，所不同者，仅性别而已。称其阴性的曰"女娲"，犹言"女匏瓟"、"女伏羲"也。

　　苗族传说以南瓜为伏羲、女娲的第二代。汉族以葫芦（瓜）为伏羲、女娲本身，这类亲与子易位，是神话传说中常见的现象，并不足妨碍苗族的伏羲与伏羲妹即汉族的伏羲、女娲。至于为什么以始祖为葫芦的化身，我想是因为瓜类多子，是子孙繁殖的最妙象征，故取以相比拟。《开元占经》六五《石氏中官占篇》引《黄帝占》曰："匏瓜星主后宫。"又曰："瓠瓜星明，则……后宫多子孙，星不明，后失势。"同上引《星官制》曰："匏瓜，天瓜也。性内文明而有子，美尽在内。"《大雅·緜篇》以"緜緜瓜瓞"为"民之初生……"的起兴，有意与此正同。

　　根据上面的结论，有些零星问题，可以附带的得到解决。

（一）女娲作笙　古代的笙是葫芦做的。《白虎通·礼乐篇》："瓠曰笙。"苗人亦以葫芦为笙，见刘恂《岭表录异》，朱辅《溪蛮丛笑》。女娲本是葫芦的化身，故相传女娲作笙。《礼记·明堂位》"女娲之笙簧"，《注》引《世本》曰"女娲作笙簧"。

（二）伏羲以木德王　葫芦是草木之类，伏羲是葫芦的化身，故曰伏羲木德。曹值《庖犧画赞》"木德风姓"，宋均《春秋内事》"伏羲氏以木德王"。《御览》七八引《帝王世纪》："太昊庖犧氏……首德于木，为百王先。"

据上文伏羲与槃瓠诚属二系，然细加分析，两者仍出同源。"槃瓠"名字中有瓠字而《魏略》等述茧未化生时复有"妇人盛瓠中，覆之以槃"之语，可见瓠亦为此故事母题之一部分。实则槃即剖匏为之，"槃瓠"犹匏瓠，仍是一语。是"槃瓠"与"包羲"字异而声义同。在初本系一人为二民族共同之祖，同祖故同姓。旧说伏羲、女娲风姓，而《图书集成畲民调查记》及《狗皇歌》皆有姓槃之说。风从凡声，古作𠘳，槃从般，古作𠘧，亦从𠘳声，然则风槃亦一姓也。

卜辞𪇱或省鸟形，直作𠘳。古器物先有匏，而刳木，编织，陶埴，铸冶次之。𠘳横置作𠙶，一象剖匏之形，下有凵为基址。然则风姓、槃姓，其初皆即匏生耳。

表一

	流传地域与讲述人	童男	童女	家长	仇家	赠遗	洪水	避水	占婚	造人	采集者
1.	湘西苗人故事（一）湖南凤凰东乡苗人吴文祥述	兄	妹	Ay Pégy Koy Péiy	Koy Soy		雷公怒发洪水数十日	兄妹各人黄瓜避水	扔磨石东西分走	生下肉块割弃变人	芮逸夫
2.	湘西苗人故事（二）凤凰北乡苗人吴良佐述	儿	女	Koy Peny	Koy Soy		雷公发洪水七日七夜	共人葫芦	金鱼老道撮合		芮逸夫
3.	催父催母歌 吴良佐抄	兄（伏羲）	妹	张良	Koy Soy		玉皇上帝发洪水七日七夜	共人葫芦	分走东山南山焚香香烟结团	生肉块割发现十二童男女	芮逸夫
4.	催神起源歌 湖南乾县城北乡仙镇营苗人石启贵抄	儿	女	禾壁	禾篁		雷公发洪水七日七夜	兄妹共人仙瓜	扔竹片扔磨石	生下怪胎割弃变人	芮逸夫
5.	苗人故事	弟	姊		另一对男女			人木鼓	滚磨抛针抛线	生子如鸡卵切碎变人	Savina, F. M.
6.	黑苗洪水歌	弟（A-Zie）			兄（A-F'O）		雷发洪水	弟人葫芦避水	滚磨扔刀	生子无手足割弃变人	Clarke, Samuel, R.

续表

	名称	流传地域与讲述人	童男	童女	家长	仇家	赠遗	洪水	避水	占婚	造人	采集者
7.	八寨黑苗传说	贵州八寨	兄（邻）	妹（居）	老岩（九蛋中最幼者司地）	雷（九蛋中最长者司天）	雷劝兄妹种葫芦	雷发洪水	入葫芦	结婚	繁衍人类	吴泽霖
8.	短裙黑苗传说	贵州炉山麻江丹江八寨等县交界处	小弟	幼妹		石蛋中出十二弟兄长兄被害变成雷公上天		小弟害死诸兄雷公发洪水报仇	小弟作法上天	水退下地与妹相遇结婚	生子无眼形如球切碎变人	吴泽霖
9.	花苗故事		弟	妹	兄	老妇（从天下降）			弟妹入木鼓	扔磨石扔针线	生子无手足割弃变人	Hewitt, H. J.
10.	大花苗洪水谣天歌	贵州	二兄（智来）	妹（易明）		大兄（愚皇）		安乐世君发洪水	杉舟	滚磨	生三子	杨汉先
11.	大花苗洪水故事	贵州威宁	弟	妹	兄				木鼓	滚磨穿针雷公命乐世君指示	生子无腿无臂	

续表

	流传地域与讲述人	童男	童女	家长	仇家	赠遗	洪水	避水	占婚	造人	采集者
12. 雅雀苗故事	贵州南部	兄（Bu-i, Fu-hsi）	妹（Ku-eh）					人葫芦避水	扔磨石扔树	生二子无手足不哭割弃变人	Clarke
13. 生苗故事（一）	贵州	兄	妹			天上老奶种瓜结瓜王可答数十人	大雨成灾洪水灭尽人类	兄妹入瓜漂浮上天	天下人教二人下来结为夫妇	吃瓜生瓜儿剖瓜碎变人	陈国钧
14. 生苗故事（二）	贵州	长兄 居（恩-居 居地）	妹 居（明-地）		次兄（雷-居天）			乘船漂浮上天（以葫芦盛马蜂螫雷）	小虫教二人打伞在山坡相逢如迎来的表亲逐结为夫妇	生子无四肢如瓜形割弃变人	陈国钧
15. 生苗洪水造人歌	贵州	兄 居（恩-居 居地）	妹 居（媚-地）		长兄（雷-居天）	雷报媚以瓜子结实如仓大	雷发洪水	乘南瓜瓢浮上天	老奶指点	偷吃瓜被老奶责骂 生子无耳目如瓜所碎变人	陈国钧

续表

	流传地域与讲述人	童男	童女	家长	仇家	赠遗	洪水	避水	占婚	造人	采集者
16. 生苗起源歌（一）		兄	妹						结婚	生儿无手足割碎变人	陈国钧
17. 生苗起源歌（二）	贵州	兄 由白蛋生出	妹						结婚	生瓜儿切碎变人	陈国钧
18. 生苗起源歌（三）	贵州	兄 由飞蛾卵生出	妹 由飞蛾卵生出		雷公（另一飞蛾卵生出）				兄妹相爱结婚	生南瓜所割碎变人	陈国钧
19. 侗人洪水歌	贵州	兄（伏羲）	妹				洪水来时	将造就的人种放在鼓内			
20. 苗人谱本	广西北部	兄（张良一作姜良）	妹（张妹一作姜妹）	卷氏夫人（生七子女）	雷公雷母	雷公赠仙瓜子	铁雨成灾	兄妹躲葫芦避水	大白仙人金龟老道撮合	生肉陀（团）割碎变人	徐松石
21. 偏苗洪水横流歌	广西西隆	兄（伏羲）	妹				洪水	将造就的人种放在鼓内			雷雨

续表

	流传地域与讲述人	童男	童女	家长	仇家	赠遗	洪水	避水	占婚	造人	采集者
22. 瑶人洪水故事	广西融县罗城	女（伏羲）	儿	父	雷公	雷公赠牙种成葫芦	天发洪水	兄妹人葫芦避水	绕树相遭	生肉球割碎变人	常任侠
23. 葫芦晓歌		伏羲					黄卯二年发洪水	人葫芦避水			常任侠
24. 瑶人故事	广西武宣修仁之间	子		神人		赠牙种而生弧破弧为园船	洪水	神人率子人坐铁镜浮至天门			常任侠
25. 板瑶五谷歌	广西三江	兄（伏羲）	妹				黄卯二年发洪水	兄妹人葫芦避水	烧香礼拜结为夫妇	置人民	乐嗣炳
26. 板瑶盘王书	广西象县	兄（伏羲）	妹				洪水七日七夜	人葫芦避水	金龟撮合	生"团乙"	
27. 侬瑶盘瓠瑶王书中洪水歌	广西都安	兄（伏羲）	妹	蒋家			洪水七日七夜	人葫芦避水	烟火	生血盆玉女分之为三十六姓	
28. 盘瑶故事	镇边盘瓠有贵述	兄（伏羲）							人瓢瓜避水	滚磨石烧烟火看竹枝	撒出瓜子瓜瓢瓜子变男瓜瓢变女	

续表

	流传地域与讲述人	童男	童女	家长	仇家	赠遗	洪水	避水	占婚	造人	采集者
29.	盘瓠故事 灌阳布坪乡	男孩	女孩	盘王		盘王打落牙齿种瓜成瓜	下雨三年六个月	盘王将瓜穿眼命小孩坐人	生磨石仔盘王切碎变人		
30.	红瑶故事 广西龙胜三百坤红瑶张老老述	兄（姜良）	妹（姜妹）	姜氏太婆（生子女六人或说七人）	雷公雷婆	雷公雷婆赠白瓜子	大雨成灾	兄妹坐人瓜花结实二人包在瓜内	看烟柱种竹滚磨绕山走	继续人种	徐松石
31.	东陇瑶故事 上林东陇瑶蓝年述	伏羲		父别母别		雷公赠牙		乘瓜上浮		生磨石仔无头无尾切碎变人再变	陈志良
32.	蓝靛瑶故事 田西蓝靛瑶李秀文述				闪电仙人	仙人赠瓜子	大雨成灾	人瓢瓜避水	烧烟火种竹滚磨	生子无手足头无尾切碎变人	陈志良
33.	青笼瑶故事 凌云青笼瑶腊承良述	兄（伏 Iin）	妹（Cein）				久雨成灾	人瓢瓜避水	滚磨	生肉团无手足面目切碎变人	陈志良
34.	青笼瑶遗传歌 腊承良译	兄（伏羲）	妹			自种瓢瓜结实如仓大	皇天降大雨	人瓜内避水	结为夫妇	生磨石儿割碎变人	陈志良

续表

	流传地域与讲述人	童男	童女	家长	仇家	赠遗	洪水	避水	占婚	造人	采集者
35.	广西东二阑蛮徭侯玉宽述 蛮徭故事	兄(伏 dn)	妹(羲 Ce)				久雨成灾	人大瓮避水	烧烟火滚磨石	生子无手足面目	陈志良
36.	都安独侯徭蒙振彬述 独侯徭故事	兄(伏羲)	妹				雷电大雨成灾	人瓢瓜避水		生磨石儿劈碎变人	陈志良
37.	隆山西山徭袁秀林述 西山徭故事	特斗-跃豆 伏羲		卜白(居天上司雷雨)	雷王(居地下)	雷王赠牙	雷王下雨发洪水	人葫芦避水	烧烟火	生子无耳目口鼻如目磨石切碎变人	陈志良
38.	都安依人韦武夫述 依人故事			仙人	仙人赠牙作船发作桨						陈志良
39.	倮㑩故事	弟	妹		两兄		洪水发时	弟妹入木箱上浮			Vial, Paul
40.	云南寻甸凤仪乡黑夷李忠成直威普乡白夷田靖邦述 夷人故事	三弟	美女			白发老人教造木桶	洪水发时	人桶避水	遵老人命与女结婚	生三子是为乾夷黑夷汉人之祖	马学良

续表

	流传地域与讲述人	童男	童女	家长	仇家	赠遗	洪水	避水	占婚	造人	采集者
41. 汉河倮㑩故事	红河上游汉河丙冒寨夷人白成章述						洪水中人类灭绝	葫芦从天降下一男一女从中而出			邢庆兰
42. 老兀故事	云南西南边境耿马马土司地蚌隆寨	兄	妹				洪水发时	兄妹同人木床避水	结婚	生子砍碎变人	芮逸夫
43. 栗栗故事	耿马土司地大平石头寨	兄	妹				洪水发时	兄妹同人葫芦避水	结婚	生七子	芮逸夫
44. 大凉山倮㑩人祖传说（一）	西康宁族夷族	乔姆石奇（Gom-zazi）盐源一带称陶姆石烧（Dom-zanyo）	天女		天公		天公发洪水要灭人类	石奇作桶木舟避水	青蛙设计要求天女与石奇结婚	生三子	庄学本
45. 大凉山倮㑩人祖传说（二）		兄（乔姆石奇）	妹（天宫仙女）				洪水泛滥	石奇乘桶木舟得救	经众动物设法将妹请下滚磨成婚		庄学本

续表

	流传地域与讲述人	童男	童女	家长	仇家	赠遗	洪水	避水	占婚	造人	采集者
46. 东京蛮族故事		兄（Phu-Hay）	妹（Phu-Hay-Mui）	Chang Lô-Cô			洪水泛滥	兄妹同入南瓜瓜避水	结婚	生南瓜剖得瓜得子播种变人	de Laj-onquie-re, Lunet
47. 巴那（Bah-nars）故事	交趾支那	兄	妹				洪水泛滥	人大箱避水			Guerlack
48. 阿眉（Ami）故事	台湾	兄	妹				洪水泛滥	人木臼避水	结婚	生子传人类	Lshii, Shinji
49. 比尔（Bhils）故事	印度中部	兄	妹				洪水泛滥	人木箱避水	结婚	生七男七女	Luard, C. E.

表二

避水工具	故事号数	总计	百分比
葫芦（瓠　瓢瓜）	2. 3. 6. 7. 12. 20. 24. 25. 26.	17	自然物
	27. 28. 32. 33. 36. 37. 41. 43	9	占 57.2%
瓜（仙瓜　黄瓜　南瓜）	1. 4. 13. 15. 29. 30. 31. 34. 46	7	
鼓（木鼓）	5. 9. 11. 19. 21. 22. 23	1	
甕	25	5	人造器具
木桶　木臼　箱	39. 40. 47. 48. 49	1	占 41.8%
床	42	5	
舟（桐舟　杉舟）	10. 14. 38. 44. 45		

表三

	造人素材			故事号数	总计
第一组	物中藏人	葫芦	男女从葫芦中出	41	1
		瓜	男女坐瓜花中结实后二人包在瓜中	30	1 ⎫4
		鼓	造就人类放在鼓内	19. 21	2 ⎭
	物变人　瓜		瓜子变男瓜瓢变女	28	1　1
	人生物 物再变人 瓜		切瓜成片瓜片变人	13. 18. 42	3 ⎫4
			播种瓜子瓜子变人	46	1 ⎭
第二组	生子像物或不成人形割碎始变成人	像物形	像瓜	8. 14. 15. 16	4
			像鸡卵	5	1
			磨石仔	29. 34. 36	3
		不成人形	肉球肉团（陀）肉块	1. 3. 20. 26. 33	5
			无手足（腿臂）无头尾无耳目	6. 9. 11. 12. 16. 31. 32. 35. 37	9
			口鼻（面目）		1
			怪胎	4	1
			血盆	27	1

① 据开明版《闻一多全集·神话与诗》编入本卷。其中《从人首蛇身像谈到龙与图腾》一节，最初载《人文科学学报》。

作者原注：

② 原脱此雷字，今依文义补。

③《史记》作"蛟"，误。说详下注。

④ 下文说高祖"醉卧，武负王媪见其上常有龙"。高祖自己是龙，他母亲也当是龙。《正义》引《陈留风俗传》曰："沛公起兵野战，丧皇妣于黄乡，天下平定，使使者以梓宫招幽魂，于是丹蛇在水，自洒跃入梓宫。"可证刘媪也原是龙。这里刘媪一龙，神一龙，正是二龙。

⑤《庄子·天运篇》作"虫雄鸣于上风，雌鸣于下风而风化"。虫即螣之声转。螣从朕声，侵部，虫冬部，二部古音最近，故章炳麟合为一部。《韩非子·十过篇》"螣蛇伏地"，《事类赋》注十一引螣亦作虫。

⑥ 原缺"外"字，依《博物志》二补。

⑦ 今本"黑身手足乘两龙"作"珥两青蛇践两青蛇"，此从郭《注》引一本改。

⑧ 参看附图。

⑨ 王充、郑玄、许慎都以巳为蛇，不误。不但古字巳像蛇形，上古声母巳（＊dz-）蛇（＊dé-）亦相近。

⑩ "赞"原误作"被"，从王引之校改。

⑪ "循"原误作"修"。

⑫ "何"下原衍"故"字，从《御览》三六，《事类赋》注四引删。

⑬ "咨畴"二字原倒，从段玉裁乙正。

⑭ "怀"上原衍"荡荡"二字，从臧琳删。

⑮《广雅·释器》："漫，浟，栫也。"《天问》问鲧事曰："佥曰可（原误何）忧，何不课而行之？"忧即漫字。共工壅水曰栫，鲧壅水曰漫，栫漫字异而义同，可以互证。

⑯ 徐文靖已疑"滔天"即下文之"浩浩滔天"，但仍未解"象恭"二字。

⑰ "身长千里"原误作注文四字，从《类聚》七九《楚辞补注》一〇引补。

⑱《海内西经》"窫窳者蛇身人面贰负臣所杀也"，此"蛇身人面"四字形容贰负，非形容窫窳。《北山经》说窫窳"如牛而赤身人面马足"，《海内南经》说它"龙首"，《尔雅·释兽》作㺄貐，说是"似㺿虎爪"，可见窫窳不是蛇身。

龙　凤[①]

　　前些时接到一个新兴刊物负责人一封征稿的信，最使我发生兴味的是那刊物的新颖命名——"龙凤"，虽则照那篇《缘起》看，聪明的主编者自己似乎并未了解这两字中丰富而深邃的含义。无疑的他是被这两个字的奇异的光艳所吸引，他迷惑于那蛇皮的夺目的色彩，却没理会蛇齿中埋伏着的毒素，他全然不知道在玩弄色彩时，自己是在与毒素同谋。

　　就最早的意义说，龙与凤代表着我们古代民族中最基本的两个单元——夏民族与殷民族，因为在"鲧死……化为黄龙，是用出禹"和"天命玄鸟（即凤），降而生商"两个神话中，我们依稀看出，龙是原始夏人的图腾，凤是原始殷人的图腾（我说原始夏人和原始殷人，因为历史上夏殷两个朝代，已经离开图腾文化时期很远，而所谓图腾者，乃是远在夏代和殷代以前的夏人和殷人的一种制度兼信仰），因之把龙凤当作我们民族发祥和文化肇端的象征，可说是再恰当没有了。若有人愿意专就这点着眼，而想借"龙凤"二字来提高民族意识和情绪，那倒无可厚非。可惜这层历史社会学的意义在一般中国人心目中并不存在，而"龙凤"给一般人所引起的联想则分明是另一种东西。

　　图腾式的民族社会早已变成了国家，而封建王国又早已变成了大一统的帝国，这时一个图腾生物已经不是全体族员的共同祖先，而只是最高统治者一姓的祖先，所以我们记忆中的龙凤，只是帝王与后妃的符瑞，和他们及她们宫室舆服的装饰"母题"，一言以蔽之，它们只是"帝德"与"天威"的标记。有了一姓，便对待的产生了百姓，一姓的尊荣，便天然的决定了百姓的苦难。你记得复辟与龙旗的不可分离性，你便会原谅我看见"龙凤"二字而不禁触目惊心的苦衷了。我是不同意于"天王圣明，臣罪当诛"的。

《缘起》中也提到过"龙凤"二字在文化思想方面的象征意义，他指出了文献中以龙比老子的故事，却忘了一副天生巧对的下联，那便是以凤比孔子的故事。可巧故事都见于《庄子》一书里。《天运篇》说孔子见过老聃后，发呆了三天说不出话，弟子们问他给老聃讲了些什么，他说："吾乃今于是乎见龙——龙合而成体，散而成章，乘云气而养（翔）乎阴阳，予口张而不能嗋，舌举而不能讯②，予又何规老聃哉！"这是常用的典故。（也就是许多姓李的楹联中所谓"犹龙世泽"的来历。）至于以凤比孔子的典故，也近在眼前，不知为什么从未成为词章家"獭祭"的资料，孔子到了楚国，著名的疯子接舆所唱的那充满讽刺性的歌儿——

> 凤兮凤兮！何如（汝）德之衰也！来世不可待？往世不可追也！……

不但见于《庄子》（《人间世篇》），还见于《论语》（《微子篇》）。是以前读死书的人不大认识字，不知道"如"是"汝"的假借，因而没弄清话中的意思吗？可是汉石经《论语》"如"作"而"，"而"字本也训"汝"，那么歌辞的喻义，至少汉人是懂得。另一个也许更有趣的以凤比孔子的出典，见于唐宋《类书》③所引的一段《庄子》佚文：

> 老子见孔子从弟子五人，问曰："前④为谁？"对曰："子路，勇且力⑧。其次子贡为智，曾子为孝，颜回为仁，子张为武。"老

> 子叹曰："吾闻南方有鸟，其名为凤……凤鸟之文，戴圣婴仁，右智左贤……"

这里以凤比孔子，似乎更明显。尤其有趣的是，那次孔子称老子为龙，这次是老子回敬孔子，比他作凤，龙凤是天生的一对，孔老也是天生的一对，而话又出自彼此的口中，典则同见于《庄子》。你说这天生巧对是庄子巧思的创造，意匠的游戏——又是他老先生的"谬悠之说，荒唐之言，无端崖之辞"吗？也不尽然。前面说过原始殷人是以凤为图腾的，而孔子是殷人之后，我们尤其熟习。老子是楚人，向来无异词，楚是祝融六姓中芈姓季连之后，而祝融，据近人的说法，就是那"人面龙身而无足"的烛龙，然则原始楚人也当是一个龙图腾的团族。以老子为龙，孔子为凤，可能是庄子的寓言，但寓言的产生也该有着一种素地，民俗学的素地。（这可以《庄子》书中许多其他的寓言为证。）其实凤是殷人的象征，孔子是殷人的后裔。呼孔子为凤，无异称他为殷人；龙是夏人的，也是楚人的象征，说老子是龙，等于说他是楚人，或夏人的本家。中国最古的民族单元不外夏殷，最典型中国式而最有支配势力的思想家莫如孔老，刊物命名为"龙凤"，不仅象征了民族，也象征了最能代表民族气质的思想家，这从某种观点看，不能不说是中国有刊物以来最漂亮的名字了！

然而，还是庄子的道理，"腐臭复化为神奇，神奇复化为腐臭"，——从另一种观点看，最漂亮的说不定也就是最丑恶的。我们在上文说过，图腾式的民族社会早已变成了国家，而封建的王国又早已变成了大一统的帝国，在我们今天的记忆中，龙凤只是"帝德"与"天威"的标记而已。现在从这角度来打量孔老，恕我只能看见一位"申申如也，夭夭如也"而谄上骄下的司寇，和一位以"大巧若拙"的手段"助纣为虐"的柱下史（五千言本也是"君人南面之术"。），有时两个身影叠成一个，便又幻出忽而"内老外儒"，忽而"外老内儒"，种种的奇形怪状。要晓得这条

"见首不见尾"的阴谋家——龙，这只"戴圣婴仁"的伪君子——凤，或二者的混合体，和那象征着"帝德""天威"的龙凤，是不可须臾离的，有了主子，就用得着奴才，有了奴才，也必然会捧出一个主子；帝王与士大夫是相依为命的。主子的淫威和奴才的恶毒——暴发户与破落户双重势力的结合，压得人民半死不活。三千年惨痛的记忆，教我们面对这意味深长的"龙凤"二字，怎能不触目惊心呢！

　　事实上，生物界只有穷凶极恶而诡计多端的蛇，和受人豢养，替人帮闲，而终不免被人宰割的鸡，哪有什么龙和凤呢？科学来了，神话该退位了。办刊物的人也得当心，再不得要让"死的拉住活的"了！

　　要不然，万一非给这民族选定一个象征性的生物不可，那就还是狮子罢，我说还是那能够怒吼的狮子罢，如其他不再太贪睡的话。

---

　　① 据开明版《闻一多全集·神话与诗》编入本卷。

作者原注：

　　② 以上六字从江南古藏本补。

　　③《艺文类聚》九〇，《太平御览》九一五。

　　④《类聚》脱"前"字，依《御览》补。

　　⑤《类聚》作"子路为勇"，此从《御览》。

姜嫄履大人迹考①

周初人传其先祖感生之故事曰：

> 厥初生民，时维姜嫄，生民如何？克禋克祀，以弗无子，履
> 帝武敏歆，攸介攸止，载震载夙，载生载育，时维后稷。（《诗·
> 大雅·生民》）

武各家皆训迹，敏《尔雅》训拇，谓足大趾，然"武敏"双声，疑系连语，
总谓足迹耳。歆各家多读为欣，训喜②，疑字本作喜，祀子喜止四字为韵。
"克禋克祀，以弗无子"，弗读为祓，毛、郑皆以为祀郊禖之祭，《御览》一
三五引《春秋元命苞》："周本姜嫄，游閟宫，其地扶桑，履大迹，生后稷。"
閟宫即禖宫，说与毛、郑同。上云禋祀，下云履迹，是履迹乃祭祀仪式之一
部分，疑即一种象征的舞蹈。所谓"帝"实即代表上帝之神尸。神尸舞于
前，姜嫄尾随其后，践神尸之迹而舞，其事可乐，故曰"履帝武敏歆"，犹
言与尸伴舞而心甚悦喜也。"攸介攸止"，介林义光读为愒，息也，至确。盖
舞毕而相携止息于幽闲之处，因而有孕也。《论衡·吉验篇》：

> 后稷之时，履大人迹，或言衣帝嚳衣，坐息帝嚳之处，有
> 妊。

此说当有所本。帝喾与衣，说并详后，其云"坐息帝喾之处"，则与《诗》
"攸介攸止"合，此可证息为与帝同息，犹前此之舞亦与帝同舞也。

关于履迹事，汉人尚有一异说，亦可注意。《尔雅·释训》"履帝武
敏"，《释文》引舍人本敏作亩，注云：

> 古者姜嫄履天帝之迹于畎亩之中，而生后稷。

如舍人说，则"履帝武敏歆"为"践帝之迹于畎亩之中而欣喜"，于文略
嫌晦涩，似仍不若以"武敏"为连语，义较明畅。然畎亩与后稷之关系则
至明显，舍人此说，要亦不为无因。窃意履迹确系在畎亩中，但不必破敏
字为亩耳。此可以畤之沿革及形制证之。

《史记·封禅书》言"自禹兴而修社祀，后稷稼穑，故有稷祠"，下即
历叙秦以来所作诸畤，计有：

> 秦襄公作西畤，祭白帝；
>
> 文公作鄜畤，祭白帝（白当为青，详下）；
>
> 宣公作密畤，祭青帝；
>
> 灵公作吴阳上畤，祭黄帝，作下畤，祭炎帝；
>
> 献公作畦畤，祭白帝；
>
> 汉高祖作北畤，祭黑帝。

是畤本社稷之变相，盖稷出于社，畤又出于稷也。《史记》又曰：

> 自未作鄜畤也，而雍旁故有吴阳武畤，雍东有好畤，皆废无祠。
> 或曰自古雍州积高，神明之隩，故立畤郊上帝，诸神祠皆聚云。盖
> 黄帝时尝用事，虽晚周时亦郊焉。其语不经见，搢绅者不道。

云"其语不经见，搢绅者不道"，是史公审慎处。实则畤之起源甚早，了无可疑。既云"虽晚周时亦郊"，则武畤、好畤即周人所立。畤出于稷，本系周物，雍为周地，故群畤聚焉，非以其积高为神明隩故也。平王东迁，始封秦襄公为诸侯，赐之岐以西地，襄公始国而作西畤。畤本周人郊天配后稷之处，秦未列侯前，不得郊天，即不得有畤。秦之有畤，以有周地而修周故事，犹后此汉代秦祚，复因秦故事以立畤也。虽然，秦立国后，郊天则可，立畤则不可。何以言之？汉人传畦畤形"如种韭畦"[③]，然畤字从田，疑凡畤皆然，不但畦畤。"如种韭畦"即田畴之状，周祖后稷教稼穑，故祭之之坛如此；秦虽郊天，不当以周人之祖配食，焉用为坛如田畴之状哉？晚周礼乐废弛，立畤郊天，但存仪式，而意义全失，秦人不察，辄承其制，不为典要矣。要之，畤本周人旧俗。周人郊天，以后稷配享，而后稷始教稼穑者，故祭之之处，设畤以象田畴焉。汉人所传秦畤畤在人先祠下[④]，秦承周制，是周诸畤所在之祠宜亦有"人先"之名。坛状如田畴而祠名"人先"，非后稷而谁？故曰畤出于稷也。如周人郊天配稷，以畤为坛，则舍人说"履帝武敏"为"履天帝之迹于畎亩之中"，果不为无因，而余所疑履迹为祭礼中一种象征的舞蹈，其所象者殆亦即耕种之事矣。古耕以足踏耒，其更早无耒时，当直以足践土，所谓畯是也。《公羊传·宣六年》注："以足蹋曰踆。"《续汉书·郡国志》注引《博物志》："东阳县多麇，十千为群，掘食草根，其处成泥，名曰麇畯。"畯之言踆也，以足践而耕之曰畯，麇畯犹言麇耕耳。履帝迹于畎亩中，盖即象征畯田之舞，帝（神尸）导于前，姜嫄从后，相与践踏于畎亩之中，以象耕田也。

周祖后稷，字当作畟，稷乃谷之类名。《说文》："畟，治稼畟畟进也。"畟当从田从夋声，畟畯一声之转，本为一字。周人称其田神曰田畯，实即后稷也。传言弃为帝喾子，帝喾者一曰帝俊，俊亦与畯同。古周字从田，而周畴音复同，周盖即田畴本字。天神曰俊，田神曰畯，先祖曰后稷，氏曰有周，义皆一贯，然则郊祀而有象耕之舞，又何疑哉？

《论衡》云"衣帝喾衣"，帝喾即帝俊，为周人之上帝，说已详上。衣者，《周颂·丝衣》序："《丝衣》绎宾尸也，高子曰灵星之尸也。"《通典》礼四引刘向《五经通义》："灵星为立尸，故曰：'丝衣其纻，会弁俅俅。'传言王者祭灵星，公尸所服之衣也。"说者谓高子即《孟子》所载论《小弁》诗之高子，是其人生于战国，而灵星亦当为周时祀典，故《论衡·明雩篇》曰："今有灵星，古昔之礼也。"《史记·封禅书》曰：

> 汉兴八年，或曰周兴而邑郍，立后稷之祠，至今血食天下，于是高祖制诏御史，其令郡国县立灵星祠，当以岁时祠以牛。

《续汉书·礼仪志》曰："言祠后稷而谓之灵星者，以后稷又配食灵星也。"是灵星亦周郊祀之异名。祠灵星，公尸衣丝衣，载会弁，以象天帝，是姜嫄衣帝喾衣，即衣尸衣，衣尸衣而坐息于尸处，盖即"攸介攸止"时行夫妇事之象征，此或据晚世之制言之，其事虽与古异，其意则同也。

以上专就《生民》诗为说。诗所纪既为祭时所奏之象征舞，则其间情节，去其本事之真相已远，自不待言。以意逆之，当时实情，只是耕时与人野合而有身，后人讳言野合，则曰履人之迹，更欲神异其事，乃曰履帝迹耳。

"履帝武敏"之解释，既如上述，请进而论此事与姬姓之关系。

《左传·隐八年》众仲曰："天子建德，因生以赐姓，胙之土而命之氏。"此释姓氏二字之义最晰。考氏即古地字，如云"有周氏"即保有周地之人，故曰"胙之土而命之氏"；姓生一字，某姓即某所生，故曰"因生以赐姓"。传说修已吞薏苡而生禹，故禹为姒姓，简狄吞燕卵而生契，故契为子姓，姜嫄履大人迹而生弃，故弃为姬姓。苡姒例为同字，姒姓者犹言苡所生也，卵一曰子[⑤]，子姓者犹言卵所生也，此皆易晓。独迹姬字形字义，了不相涉，履大人迹而姬姓，其故难详，故王充疑其非实。其言曰：

> 失意之道，还反其字。苍颉作书，与事相连。姜嫄履大人
> 迹，迹者基也，姓当为"其"下"土"，乃其"女"旁"臣"，非
> 基迹之字，不合本事，疑非实也。（《论衡·奇怪篇》）

案王说非是。姬字从臣，臣古颐字。颚骨也。古语臣齿通称（详《说臣》），齿从止声，故臣声字或变从止。（一）《尔雅·释草》"斩茞，蘪芜"，樊光本茞作芷。《礼记·内则》"妇或赐之茞兰"，《释文》本茞又作芷，《名医别录》"白芷一名白茞"。（二）《玉篇》𪓑亦颐字。案《易·系辞上传》"圣人有以见天下之颐"，依文义，颐当为蹟，从足与从止同。（三）《字汇补》有𪗶字，音义与颐同，当即颐之别构。《隶释》汉碑颐作𪗶，从正亦与从止同。以上列三事例之，则姬亦可作姃。汉碑姬作姃，从正与从止同，是其确证。止为趾本字，古通称足为止，足迹亦为止。姬从臣犹从止，是姬姓犹言足迹所生矣。王氏拘于字形，不知求之于声，因疑乎周初以来所不以为疑者，而斥为"不合本事"，不亦诬乎？且王氏知迹训基，而不知姬基音同，音同则义同，故姬亦可训基。《广雅·释言》："姬，基也。"《史记·三代世家》褚先生曰："姬者，本也。"本亦基也。王氏训诂逊褚、张辈远远矣[6]。又《说文》𨸏古文作𠂤[7]，《书·顾命》"夹两阶𨸏"，《西京赋》"金阶玉𨸏"，𨸏基字。《公羊传·庄十三年》注"土基三尺土阶三等曰坛"，阶𨸏即阶基。墙之基址谓之𨸏，齿之基止谓之颐，足所基止处谓之蹟，其义一也。颐蹟一字，说具上文，而蹟于许书又为迹之重文，然则谓"姬之为言颐也，颐蹟迹一字，故履迹而生即得姬姓"，亦无不可。王氏必执女旁姬之字与迹无涉，岂其然乎？

复考旧传古帝王感生之事，由于履迹者，后稷而外，惟有伏羲。

《御览》七八引《孝经钩命决》："华胥履迹，怪生皇牺。"

同上引《诗含神雾》："大迹出雷泽，华胥履之，生宓牺。"

《山海经·海内东经》引《河图》："大迹出（各本误在）雷泽，华胥履之而生伏牺。"

《潜夫论·五德志篇》："大人迹出雷泽，华胥履之，生伏羲。"

余尝疑伏羲为犬戎之祖，犬戎与周或本同族，故传言伏羲画八卦，文王演之，而《易》称《周易》。今复得此证，益信前说之不谬。《乐记》疏引《孝经钩命决》曰：

伏羲乐为立基。

立大古字通，基者迹也，立基即大迹耳。立基为伏羲乐名，正"履帝武敏"为舞之比。《封禅书》"秦宣公作密畤于渭南，祭青帝"，伏羲字或作宓若虑，密宓虑一字，密畤即伏羲之畤，故曰青帝也。《封禅书》又曰："德公……用三百牢于鄜畤，作伏祠，磔狗邑四门以御蛊菑。"鄜伏音近，鄜畤亦伏羲之畤，伏祠即伏羲之祠，因知上文云文公作鄜畤，祭白帝，白实青之误。伏字从犬，伏羲、盘古、槃瓠本一人，传说槃瓠为犬，与此祭伏祠，磔狗以御蛊菑亦合。盖平王受逼于犬戎而东迁，秦襄公逐犬戎，收周故地，因受封焉，秦立伏羲之畤，因犬戎之神而祭之也。伏羲履迹而生，后稷亦履迹而生，事为同例，然则秦因犬戎之俗祭伏羲于畤，亦周祭后稷于畤之比矣[8]。

廿九年一月九日，晋宁。

① 原载昆明《中央日报·史学》第 72 期。据开明版《闻一多全集·神话与诗》编入本卷。

作者原注：

②《史记·周本纪》"心忻然悦欲践之"，《列女传》一《弃母姜传》"行见巨人迹，好而履之"，《吴越春秋》一"中心欢然喜其形象，因履而践之"，《诗》郑《笺》："履其拇指之处，心体歆歆然。"

③《史记·封禅书》"献公……作畦畤栎阳而祀白帝"，《集解》引晋灼曰："汉注，在陇西西县人先祠下，形如种韭畦，畦各一土封。"《索隐》引《汉旧仪》："祭人先于陇西西县人先山，山上皆有土人，山下有畤，如种韭畦，畤中各有二土封，故云畦畤。"

④ 同上。

⑤《白虎通·姓名篇》引《尚书·刑德放》"殷姓子氏，祖以玄鸟子生也"，《史记·五帝纪》索隐引《礼纬》"契姓子氏者，亦以其母吞乙子而生"（各本子生二字互倒，从《殷本纪正义》引乙正），《月令》疏引《郑志》焦乔答王权"娀简吞凤子之后，后王〔以〕（从段玉裁补）为媒官嘉祥"。凡此称子犹他书称卵也。今俗语犹曰鸡子鱼子。

⑥《字典》引《同文备考》"妠古姬字"，不知出何书。案《说文》"丌，下基也"，丌实基之本字。姬一作妠，此褚、张说之佳证。

⑦ 臣户金文二形相近，邔实熙之形误。许以邔为古文，清儒复疑从户从石之讹，皆非。

⑧ 关于伏羲与犬戎，犬戎与周之渊源，余将别为文论之，本篇姑发其凡，不能详也。

【附注一】

《续汉书·祭祀志》："汉兴八年，有言周兴而邑郜，立后稷之祀，于是高帝令天下立灵星祠，以后稷配食，旧说星谓天田星也，一曰龙左角为天田官，主谷，祀用壬辰位祠之，舞者用童男十六人，舞者象教田，初为芟除，次耕种、耘耨、驱爵及获刈、春簸之形，象其功也。"

【附注二】

　　或疑喾为殷人之上帝，周、殷异族不当同帝。案殷、周二族最初是否同源，尚为悬案，以见存文献论之，喾本似汉族称天帝之公名，书传喾、舜、俊三名互出通称，为今世学者公认之事实，故案实论之，同之中恐仍当有异。在殷称喾，在陈称舜，在周称俊，殷、周、陈盖异出同源之三族也。惟其同源，故喾、舜、俊有时而混称。就中陈、周关系似尤密。陈出于舜，舜为黄帝后，黄帝姬姓也，此其一。陈本称田，古周字亦从田，是陈周古同字，此其二。舜、俊音近，舜从舛，夋从夂，又皆为足形，舜俊恐亦本系一字。陈与周同，舜与俊同，在陈称舜，则在周当称俊矣。周之田神曰田畯，俊即畯矣。字变作舜，故传说舜耕于历山，又云象为舜耕。（畯畯为耕田之法，说已详上。）

高唐神女传说之分析^①

一 候人诗释义

要想明白这位神女的底蕴，唯一的捷径恐怕还是从一个较迂远的距离——《诗经·曹风》的《候人篇》出发。从《候人》诗到《高唐赋》是一个大弯子，然而这趟路程无法缩短。

《候人》是怎么一回事呢？《序》曰："刺近小人也，共公远君子而近小人焉。"朱子说："此诗但以'三百赤芾'合于左氏所记晋侯人曹之事，序遂以为共公，未知然否。"这句"未知然否"太客气了。我认为不但共公与诗无关，连那所谓"近小人"也是谎话。"远君子"则又是谎话中的废话。一个少女派人去迎接他所私恋的人，没有迎着。诗中大意如此而已。若要摹仿作序者的腔调，我们便应当说："《候人》刺淫女也。"理由可以分作三点来陈述。

《候人》三章曰：

> 维鹈在梁，不濡其咮——彼其之子，不遂其媾。

在《国风》里男女间往往用鱼来比输他或她的对方。例如：

> 岂其食鱼，必河之鲂？岂其取妻，必齐之姜？（《陈风·衡门》）

是以鱼比女人。又如：

> 鱼网之设，鸿[②]则罹之——燕婉之求，得此戚施。（《邶风·新台》）
>
> 九罭之鱼鳟鲂——我觏之子，衮衣绣裳。（《豳风·九罭》）
>
> 敝笱在梁，其鱼鲂鳏——齐子归止，其从如云。（《齐风·敝笱》）
>
> 鲂鱼赪尾，王室如毁。（《周南·汝坟》）

全是以鱼比男人，此外若：

> 籊籊竹竿，以钓于淇——岂不尔思？远莫致之。（《卫风·竹竿》）
>
> 其钓维何？维丝伊缗——齐侯之子，平王之孙。（《召南·何彼襛矣》）

虽不露出鱼字，而意中皆有鱼。《候人》的"维鹈在梁，不濡其咮"，正属于这一例。鹈即鹈鹕，是一种捕鱼的鸟[③]。鹈在梁上，不濡其咮，当然没有捕着鱼。诗的意思是以鹈不得鱼比女子没得着男人，所以下文说："彼其之子，不遂其媾。"

《候人》四章曰：

> 荟兮蔚兮，南山朝隮——婉兮娈兮，季女斯饥。

朝阼是后话。目前我们要检验的是这"饥"字。解诗者因为昧于古人的语言中照样的也有成语，往往把一句诗照字面硬讲去，因而闹出笑话来，这里的"季女斯饥"便是一个例。说遇着荒年，最遭殃的莫过于少女，因为女弱于男，禁不起挨饿，而少女尤甚。天下有这样奥妙的道理吗？其实称男女大欲不遂为"朝饥"，或简称"饥"，是古代的成语。在《国风》称"朝饥"的有

  未见君子，惄如调饥。（《周南·汝坟》）

"惄如"当读为惄然，"调饥"即朝饥。下文曰"鲂鱼赪尾"，鱼是比男子的，前面讲过了。《左传·哀十七年》："卫侯贞卜其繇曰：'如鱼窥尾，衡流而方羊。'"疏引郑众说曰："鱼肥④则尾赤，方羊游戏，喻卫侯淫纵。"拿郑众解《左传》的话来和《汝坟》相参证，则朝饥的饥自然指情欲，不指腹欲。称"饥"的则有

  泌之洋洋，可以乐饥。（《陈风·衡门》）

乐郑作瘵，鲁、韩并作疗。下文曰："岂其食鱼，必河之鲂？岂其取妻，必齐之姜？"洋洋的泌水，其中多鱼，故可以疗饥。但下文又以食鱼比取妻，则疗饥的真谛还是以疗情欲的饥为妥。既以"饥"或"朝饥"代表情欲未遂，则说到遂欲的行为，他们所用的术语，自然是对"饥"言之则曰"食"，对"朝饥"言之则曰"朝食"了。称"朝食"的例如

  乘我乘驹，朝食于株。（《陈风·株林》）

这诗的本事是灵公淫于夏姬，古今无异说。我以为"朝食"二字即指通

淫。《楚辞·天问》里有很好的证据。屈原问禹娶涂山事曰：

> 禹之力献功，降省下土四方，焉得彼嵞山女，而通之于台桑？闵妃匹合，厥身是继，胡维嗜欲同味，而快鼂饱？

饱与继不押韵，当为饲之误。朝鼂古今字，饲与食通，鼂饲即朝食⑤。上文曰"通之于台桑"，下文曰"快朝食"，语气一贯。王逸《注》曰："何特与众人同嗜欲，苟欲饱快一朝之情乎？"虽据误字为说，但不曰饱腹而曰饱情，却抓着屈原的意思了。屈原用"朝食"二字，意指通淫，则《诗》中"朝食"的意义可以类推了。正如朝饥可省为饥，朝食也可省为食。

> 彼狡童兮，不与我食兮，维子之故，使我不能息兮。（《郑风·狡童》）

息即《葛生》"予美亡此，谁与独息"，《北山》"或息偃在床"之息，所以"不能息"与一章的"不能餐"对举。"不能息"既是不能寝息，则上文"不与我食"便非认为一种隐语不可了。食字的这种用法到汉朝还流行着。

> 《汉书·外戚传》"房与宫对食"，《注》载应劭说曰："宫人自相与为夫妇名对食。"⑥

这是古人称性交为食的铁证。因而我想把男女的私事很天真的放在口头上讲，只有六朝乐府在这一点上，还保存着古风，所以《子夜歌》

> 谁能思不歌？谁能饥不食？日冥当户倚，惆怅底不忆？

的"饥""食"似乎也含有某种特殊意义，可与《诗经》《楚辞》《汉书》互证。总之，《候人》"季女斯饥"之饥，由上面各证例看来，当指情欲之饥，是无可疑的。

再把《诗经》中称"鱼"与称"饥"的例合起来看，《汝坟》曰"惄如朝饥"，又曰"鲂鱼赪尾"，《衡门》曰"可以乐饥"，又曰"岂其食鱼"。鱼既是男女互称其配偶的比喻，则为鱼而饥即等于为配偶而饥。试想这饥字若果指口腹之欲而言，那不吓坏人吗？不必追究了。这已经太不成话了。要紧的是记住《候人》也是提到"饥"，又变相的提到"鱼"的，因此那"饥"字也是断断不容有第二种解释的。

以上将本篇中鹈不得鱼的比喻及饥字的含义说明了，意在证明《候人》的曹女是在青春的成熟期中，为一种迫切的要求所驱使，不能自禁，因而犯着伦教的严限，派人去迎候了她所不当迎候的人。这从某种观点看来，是不妨称为淫女的。这是第一点。

《鄘风·蝃蝀》篇，《毛序》说是"刺奔女"。《诗》曰"朝隮于西，崇朝其雨"，这与《候人》的"荟兮蔚兮，南山朝隮"原是一回事，理由看下文自明。《蝃蝀》又曰："乃如之人兮，怀婚姻也，大无信也，不知命也。"《候人》曰："婉兮娈兮，季女斯饥。""怀昏姻"犹之乎《野有死麕》的"怀春"，也与上文所解的"饥"字义相合。由以上两点可以决定《候人》与《蝃蝀》二诗性质大致相同。因而《蝃蝀》的女子是奔女，《候人》的女子也必与她同类了。这是第二点。

《吕氏春秋·音初篇》曰：

> 禹行功，见涂山之女。禹未之遇而巡省南土。涂山氏之女乃命其妾待禹于涂山之阳，女乃作歌，歌曰："候人兮猗！"实始作为南音。

《楚辞·天问》述这故事颇有微词。原文上面已经引过。为对照的便利计，我们再录一遍。

> 禹之力献功，降省下土四方，焉得彼嵞山女，而通之于台桑？闵妃匹合，厥身是继，胡维嗜欲同味，而快鼌饱（饲）？

曰"通"曰"鼌饲"，都是带褒贬的字眼，这是上文已经证明过的。就全段文字的语气看，屈原的意思也是说禹与涂山氏的结合不大正经。这意见虽不合于传统观念中那位圣王的身份，但并不足怪，因为屈原是生在许多传统观念尚未凝固以前。《吕氏春秋·当务篇》曰："尧有不慈之名，舜有不孝之行，禹有淫湎之意，汤武有放杀之事。"《庄子·盗跖篇》曰："尧不慈，舜不孝，禹偏枯，汤放其主，武王伐纣。"马叙伦说"偏枯"是"淫湎"之误，是很对的[⑦]。《吕览》《庄子》与屈原的态度一致，确乎代表一部分较老实的，不负托古改制的使命的先秦人对于古事的观念。但是据《音初篇》，本是涂山氏追求禹，所以我想淫湎的罪名与其加在禹身上，不如加在涂山氏身上为较公允。明白了这一点，则《音初篇》所载的古《候人歌》和《曹风·候人》间的关系便很显著了。曹女因"饥"而候一个人，涂山氏为"快鼌饲"而候禹，候人的动机同，此其一。曹女派"三百赤芾"的"候人"去候他的男子，涂山氏令其妾去候禹，候的方法也同，此其二。曹女与涂山氏的情事如此的肖似，所以诗人即用旧传《候人歌》的典故来咏曹女，以古《候人歌》证曹《候人》诗。涂山氏的行为既有招物议的余地，则曹女的行为可以想见了。这是第三点。

以上用《候人》的本文，《鄘风·蝃蝀篇》，以及古《候人歌》的本事，分别的将《曹风·候人篇》的性质阐明了。现在我们才可以拿它和《高唐赋》比较。

二　候人诗与高唐赋

《文选》江文通《杂体诗》注引《宋玉集》曰：

> 楚襄王与宋玉游于云梦之野。望朝云之馆，有气焉，须臾之间，变化无穷，王问是何气也。玉对曰："昔先王游于高唐，怠而昼寝，梦见一妇人，自云：'我帝之季女，名曰瑶姬，未行而亡，封于巫山之台。闻王来游，愿荐枕席。'王因幸之。去乃言：'妾在巫山之阳，高邱之岨，旦为朝云，暮为行雨，朝朝暮暮，阳台之下。'旦而视之，果如其言。为之立馆，名曰朝云。"

这是《宋玉集》中的《高唐赋》所叙的情节，比《文选》上载的《高唐赋》较详[⑧]。拿这和《候人》诗相较，消息相通之处很多。举其荦荦大者：（一）诗曰季女，赋亦曰季女[⑨]。（二）诗曰"季女斯饥"，赋曰"愿荐枕席"。（三）诗曰朝隮，赋曰朝云，而《传》、《笺》皆训隮为云，则朝隮即朝去。（四）诗的朝隮在南山，赋的朝云在巫山。（五）据《蝃蝀》"朝隮于西，崇朝其雨"，知《候人》的朝隮也能致雨[⑩]；诗之朝隮既能致雨，则赋曰"朝为行云，暮为行雨"，亦与诗合。诗与赋相通之处这样多，我的解释如此。《候人》的"朝隮"与下文"季女"，是一而二，二而一，犹之乎《高唐赋》的朝云便是帝之季女；南山朝隮与巫山朝云都是神话的人物，赋中"须臾之间变化无穷"的朝云是一个女子的化身，诗中"荟兮蔚兮"[⑪]的朝隮也是一个女子的化身。因此《候人》末章四句全是用典，用一个古代神话的典故来咏那曹女。惟其是用典，所以乍看不大容易摸着头绪。但是，因为朝隮与朝云两个神话本是一个（起码也有着共同的来源），所以诗意义若嫌朦胧，拿赋来比照一下，便立刻明朗了，反之，赋中若有了疑滞，也可借诗来解决。

总之，朝陼与朝云的关系非常密切，密切到几乎融为一体，下面还有更详细的论证。

三 释 陼

《蝃蝀》《候人》两诗及《高唐赋》所提到的，有蝃蝀，有陼，有气，有云。这些名词不能不加以剖析。蝃蝀即虹，虹又名蜺，这是我们早晓得的。但古人每以"云蜺"连称，如《孟子·梁惠王下篇》"如大旱之望云霓"，《离骚》"帅云霓而来御"，"扬云霓之晻蔼兮"（霓与蜺同），可知他们认为云蜺是一物了。古人又以"虹气""云气"连称，如《蝃蝀》传"夫妇过礼则虹气盛"，《文选·高唐赋》"其上独有云气"及《庄子·逍遥游篇》"乘云气，负青天"，则对于虹与云与气之间，他们都不加区别了⑫。蝃蝀（虹）云气的问题已经解决了。然则陼是什么呢？有以为陼是气的：

> 《蝃蝀》传曰："陼，升〔气〕⑬也。"笺曰："朝有升气于西方。"
> 《周礼·眡祲》先郑《注》曰："陼，升气也。"
> 《古微书》引《春秋感精符》宋均《注》曰："陼谓晕气也。"

有以为是云的：

> 《候人》传曰："陼，升云也。"《笺》曰："荟蔚之小云升于南山。"李氏《易传》二引《需卦》荀爽《注》曰："云上升极

则降而为雨，故《诗》云：'朝陈于西，崇朝其雨。'"

又有以为是虹的：

《周礼·眡祲》后郑《注》曰："陈，虹也。"

陈可训气，可训云，又可训虹，这在一方面坐实了我前面所说的虹，云，气古人不分，在另一方面又证明了虹，云，气与陈原来也是互相通用的名词。

但是为什么叫"陈"呢？是因为陈之本义为升，而云气能上升，故称云气为陈吗？然而云气可曰升，虹亦可曰升吗？何以古人又称虹为陈呢？我以为诸家中，只有后郑训《周礼》的陈为虹，宋均训《春秋感精符》的陈为晕气，是切当的，其余或曰升气，或曰升云，都不免望文生义。原来这陈字是个假借字，所以它的意义和训升的陈绝对无关。何以知其然呢？《周礼》故书陈作资。作资，我想确乎比作陈近古些。因为资字从次，次字则无论在形或义上都可以与虹云气连贯得上，陈字便毫无这样的可能了。

《说文》次之古文作𣂴。朱骏声曰："本为茨之古文，象茅盖屋次第之形。"案𣂴确当为茨之古文，但字似当作𣂴，上半的艹是𣎵的讹变。茨盖义同[14]，古玺文"盖遂"字作𢆶[15]，从𣎵，似即茨之古文𣂴的微变。古文茨作𣂴，则古文次必有作𣂴的了[16]。𣂴正象虹蜺的彩色相比次之形，所以古人便称虹为次。《周礼》故书写作资，还不失命名之义，其他诸书均作陈，声虽没变，形义可远了去了。

再看次字的结体：

𣂴卜辞[17] 𣂴次炉王子婴 𣂴（反文）其次句镯 𣂴（眥字偏

旁）陈侯因胥镈 ⚞ 小篆

卜辞象人张口吐气之形，右面的 ⚞（即反旡字）象人张口，左面的 丷 即代表气。次字的本意既如此，所以小篆改象张口形之 ⟩ 为象气形，亦即反 ⚞（气）字之 ⟫，旡与气义既相通，则气之别构作炁，实与金甲文相符合，不得认为俗体了。次字依金甲文从反旡，则与炁相通，依小篆从 ⚞，则与气（氣）相通，可知次字本来就有气的意思。《周礼》故书陑作资，而资所从的次有气义，则毛公、二郑及宋均皆以气释陑字，必是有来历的。但毛公、郑众承用古训，知其然未必知其所以然，因为看他们都训陑为升气，大概是一壁沿用了古训，一壁又读陑如字而训为升，合拢来便成为升气了。

总之，陑之本字当作资，资又是次的借字。次字若依古文作 ⚙，则正象虹之形，若依金甲文及小篆，则含有气义。由前说，陑即虹，由后说，陑即气，而云也是气之一种，则陑也可以说即是云了。陑之与云，名异而实同，则毛公、郑玄、荀爽等皆释陑为云，固然不错，而我说诗之朝陑即赋之朝云，也就更有根据了。

以上就字的形义说，资（陑）与虹的关系已经够密切的了。若就字音说，关系还要密切。因为虹蜺是一物，而资与蜺古音同，资是蜺的假借字。

《说文》霓从兒声，次从二声，兒与二同音，则霓与次古音亦同。霓与次音理可通，还可从与这两字声类相近的字中找到不少的旁证。属于谐声的，例如：（一）痴从疑声，（二）耻从耳声，（三）茸从耳声，（四）耴从耳声，（五）尼从匕声。以上疑耳尼与兒声近；痴耻茸耴匕与次声相近。属于名物训诂的，例如：（一）《书·舜典》郑注"能，咨也"；（二）《说文》"姿，态也"，态从能声；（三）《说文》"佴，伲也"；（四）《说文》资之重文作饻，《广雅·释器》"饻，饵也"，（五）《尔雅·释宫》"楣谓之梁"；（六）玄应《一切经音义》十一引《通俗文》"肭，再生也"，《说文》"凡战死而复生曰欻"。以上能耳而内皆与兒声近，而皆与从次声之字同义。其实霓古读如次，在霓的音符兒字上还可以找到更直接的理由。

甼卜辞[18]　甼小臣兒卣　甼易兒鼎　甼寰兒鼎　甼小篆

甼甼即《说文》齿之古文甼。兒字从甼，在意义上，本象小儿张口露齿之形，所以俗呼小儿为牙（《说文》牙之古文作甼），在声音上是从甼得声，所以兒一曰子，子与齿音近。兒字既有齿音，则霓与次自然可以因为音近而相通假了[19]。

总之，霓与资，无论在形义或声音上都相合，所以《周礼》故书以资代霓。资与陜又是同声通用的字[20]，所以《毛诗》《周礼》及《春秋感精符》又以陜代资。陜既是霓的二重假借字，所以《周礼》郑《注》训为虹。但虹霓云气古人不分，所以《候人》传、笺及荀爽《易注》皆训陜为云，而《蝃蝀》传、笺，先郑《周礼注》宋均《春秋纬注》又皆训为气。陜即霓，霓云又可以不分，所以我们说诗的朝陜即赋的朝云。

四　虹与美人

《周礼·眡祲》之职"掌十辉之灋，以观妖祥，辨吉凶"。陜是十辉之一，在古人心目中必有所象征，才可以为"观妖祥，辨吉凶"之用。陜所象征的是什么，经典中未曾明言。但陜即虹，上文已经说过，而虹这东西据汉以来一般的意见，正是有着一种象征的意义的。有以虹为阴阳二气交接之象者：

《淮南子·说山篇》曰："天二气则成虹。"高诱《注》："阴阳二气㉑相干也。"

《吕氏春秋·节丧篇》高诱《注》曰："虹，阴阳交气也。"

《汉书·天文志》曰："虹霓者，阴阳之精也。"

《初学记》一引《春秋元命苞》曰："阴阳交为虹蜺，虹蜺者阴阳之精。"

《易通卦验》郑玄《注》曰："虹者阴阳交接之气。"

《艺文类聚》二引蔡邕《月令章句》曰："虹，螮蝀也，阴阳交接著于形色者也。"

因之，虹即为淫邪之象：

《逸周书·时训篇》曰："虹不见，妇人苞乱……虹不藏，妇不专一。"

《诗·螮蝀》毛诗曰："夫妇礼过则虹气盛。"

《后汉书·杨赐传》引《易稽览图中孚经》曰："蜺之比无德，以色亲。"

《开元占经》九八引《春秋潜潭巴》曰："虹蜺主内淫。"

也有单说虹为阴性者：

《说文·雨部》曰："霓，屈虹青赤，或白色，阴气也。"

《后汉书·杨赐传》注引《春秋文耀钩》宋均《注》曰："虹蜺，阴气也。"

《开元占经》九八引《春秋感精符》曰："九虹俱出，五色纵横，或头衔尾，或尾绕头，失节，九女并讹，正妃悉黜。"

或又以为虹是阴淫于阳的象征：

京房《易传》曰："蜺，日旁气也，其占云，妻乘夫则见之，阴胜阳之表也。"

《易是类谋》曰："二日离气不效，赤帝世属轶之名曾之，候在坎，女讹诬，虹蜺数兴。"郑玄《注》曰："……亦又候其冲，出在南方，为太阳征，阴类灾也，故女子为讹诬。虹蜺，日旁气也。皆阴，故蔽阳。"

《释名·释天》曰："虹，攻也，纯阴攻阳气也。"[22]

以上所引的虽然几乎全是汉人的论调，但他们必是根据在他们以前早已存在着的一种观念而加以理论化[23]。

《太平御览》一四引张璠《汉纪》曰："灵帝光和元年，虹昼见御座殿庭前，色青赤。上引蔡邕问之。对曰：'虹霓，小女子之神……。'"

另一种说法是：

《释名·释天》曰："虹……又曰美人。"

《尔雅·释天》："蝃蝀，虹也。"郭璞《注》曰："俗名为美人虹。"

《异苑》一曰："古语有之曰：古者有夫妻荒年食菜而死，俱化成青虹㉔，故俗呼美人虹。"

我认为这便是汉儒所据以推衍成他们那些灾异论的核心。虽然刘熙、郭璞、刘敬叔是三国至刘宋间的人，但他们所记的俗语，比起在他们以前的那灾异论，实在还要古些。因为凡是一种民间流行的俗语，决不能产生于短促的时间里，这是不易的通例。不但《高唐赋》所传的虹的化身是一位美人，而且在《诗经》中就已经屡次以虹比淫奔的女子，那很分明的显示着美人虹的传说，当时已经有了。因此你想刘敬叔所谓古语，不是可以一直古到《诗经》的时代吗？

美人虹故事绵亘的期间，往前推，可以到《诗经》时代，往后推，可以到隋唐朝。《穷怪录》载㉕：

> 后魏明帝正光二年夏六月，首阳山中有晚虹下饮于溪泉。有樵人阳万于岭下见之。良久化为女子，年十六七。异之，问不言。乃告蒲津戍将宇文显取之以闻。明帝召入宫，幸未央宫视之，见其容貌姝美。问云："我天帝女也，暂降人间。"帝欲逼幸，而色甚难。复令左右拥抱，声如钟磬，化为虹而上天。

这和《高唐赋》的故事相合的地方很多，而最可注意的是那边说"我帝之季女"，这边也说"我天帝女也"。何以凑巧到这样？有人或许要抓住这一点来断定《穷怪录》的作者是剿袭《高唐赋》的故事，或最少也受了它的暗示。但是不然。《高唐赋》只说神女的原身是云是气，并没有说是虹，而在《穷怪录》的作者的时代，虹与云气之间应当已经有了明晰的界限，恐怕他不能知道云即是虹罢。即使退一百步来讲，他真知道古人曾经云虹通称过，但是倘若依照《高唐赋》的字面，说那女子是一朵彩云化的，就不说意象更加美了的话，单就故事的机构讲，那样又有什么违碍，而非把云改为虹不可呢?《穷怪录》的作者,在事实上既不会是像我这样多事的一个人,花上九牛二虎之力去推敲云虹的关系,因而得到如同我所得到的结论;而在艺术的选择中,他更不会无缘无故舍弃了一个顶好的"云化为女子"的意象,换上"虹化为女子"。既然如此,所以我说《穷怪录》所同于《高唐赋》之处并非剿袭,而只是偶合,惟其二者同出于一个来源,所以偶合是应当而且不可避免的。

由《蝃蝀》《候人》二诗而《高唐赋》,而汉人的灾异论,而刘熙、郭璞、刘敬叔等所记的方俗语,而《穷怪录》中的故事,这显然是一脉相承的。虽然有的是较完整的故事,有的是些片段(虽零星而尚可补缀的片段),有的又只是投映在学说或俗语中的一些荡动的影子——虽然神话存在的证件有不同的方式,可是揣想起来,神话仍当是很久远的存在过,亘千有余年的而未曾间断的存在过。

五　曹卫与楚

朝隮即朝云,而朝云的神话在《诗经》时代已经产生了,这些前面都已交代清楚了。《诗经》的朝隮一见于《鄘风·蝃蝀》,一见于《曹风·候人》,《鄘风》即《卫风》,而曹、魏是邻国,所以流传着同样的神话,这也是容易明白的。至于高唐在楚的境内,离曹、卫那样辽远,却也有着同样的神话,那又怎么解答呢? 问题其实也简单,只要你记得在古代,一个民族不是老守着一个地域的。近来许多人都主张最初的楚民族是在黄河下游,这是可信的。胡厚宣的《楚民族源于东方考》[26]举了许多证据,其中有一项尤其能和我们的问题互相发明。他据春秋时曹、卫皆有地名楚丘,楚丘即楚的故墟,证明最初的楚民族是在曹、卫地带住过的。对了,楚国的神话发见于曹、卫的民歌中,不也是绝妙的证据吗? 此外我想曹还有鄝邑,而在古代地名上加邑旁是汉人的惯例,则鄝邑字本作"梦",与楚地云梦之梦同字。楚高唐神女所在的巫山是在云梦中，而曹亦有地名梦，这一来，朝隮与朝云间的瓜葛岂不更加密一层，而二者原是出于一个来源，不也更可靠了吗？总之，曹、卫曾经一度是楚民族的老家，所以二国的民歌中还保留楚民族神话的余痕，所以楚神话人物所居的地名，在曹国也有，这道理是极明显的。

六　高唐与高阳

《墨子·明鬼篇》曰：

> 燕之有祖，当齐之社稷，宋之桑林，楚之云梦也。此男女之所属而观也。

郭沫若先生以为这和祀高禖的情形相合，因而说祖、社稷、桑林和云梦即诸国的高禖[㉗]。这见解是很对的。《礼记·月令》曰：

> 仲春之月：是月也，玄鸟至。至之日，以太牢祠于高禖。天子亲往，后妃帅九嫔御，乃礼天子所御，带以弓韣，授以弓矢于高禖之前。

《春秋·庄公三十三年》"公如齐观社"，三传皆以为非礼，而《谷梁》解释非礼之故曰"是以为尸女也"。郭先生据《说文》"尸，陈也，象卧之形"，说尸女即通淫之意，这也极是。社祭尸女，与祠高禖时天子御后妃九嫔的情事相合，故知社稷即齐的高禖。桑林与《诗·鄘风·桑中》所咏的大概是一事，《鄘风》即《卫风》，而卫、宋皆殷之后，故知桑林即宋的高禖。云梦即高唐神女之所在，而楚先王幸神女，与祠高禖的情事也相似，故知云梦即楚的高禖。燕之祖虽无事实可征，但《墨子》分明说它等于齐之社稷，宋之桑林，楚之云梦，则祖是燕的高禖也就无问题了。

云梦的神是楚的高禖，而云梦又有高唐观，看来高唐与高禖的关系非常密切，莫非是一回事吗？郭沫若先生便是这样主张的一个人。他说高唐是高禖之音变。但我觉得说二者之间有着密切的关系是可以的，说高唐即高禖的音变则欠圆满㉘。禖与唐的声音上相隔究嫌太远。与其说高唐即高禖，不如说即高阳，因为唐阳确乎是同音而通用的字，卜辞成汤字作唐，《说文》唐之古文作旸，都是例证。

《路史余论》二引束晳曰："皋禖者，人之先也。"古代各民族所记的高禖全是各该民族的先妣。夏人的先妣是涂山氏，《史记·夏本记》索隐引《世本》曰："涂山氏名女娲。"㉙而《路史后纪》二以女娲为神禖㉚，《余论》二又曰："皋禖古祀女娲。"这是夏人的高禖祀其先妣之证㉛。《礼记·月令》郑《注》曰："高辛氏之出㉜，玄鸟遗卵，娀简吞之而生契，后王以为媒官嘉祥而立其祠焉。"㉝《疏》引《郑志》焦乔答王权曰："娀简狄吞凤子之后，后王以㉞为媒官嘉祥，祀之以配帝，谓之高禖。"这是殷人的高禖亦祀其先妣之证。《鲁颂·閟宫》传说閟宫是妣姜嫄的庙，又引孟仲子说曰："是禖宫也。"禖宫即高禖之宫。閟宫是高禖之宫，又是姜嫄的庙，这是周人的高禖亦祀其先妣之证。夏、殷、周三民族都以其先妣为高禖，想来楚民族不会是例外。因为我以为楚人所祀为高禖的那位高唐神，必定也就是他们那"厥初生民"的始祖高阳，而高阳则本是女性，与夏的始祖女娲，殷的始祖简狄，周的始祖姜嫄同例。既然如此，则楚的先祖（毋宁称为先妣）按规矩说，不是帝颛顼，而是他的妻女禄㉟。本来所谓高阳氏应该是女禄的氏族名，不是颛顼的，因为在母系社会中，是男子出嫁给女子，以女家的氏为氏㊱。许是因为母系变为父系之后，人们的记忆随着悠久的时间渐渐消逝了，于是他们只知道一个事实，那便是一切主权只许操在男人手里，因而在过信了以今证古的逻辑之下，他们便闹出这样滑稽的错来，把那"生民"的主权也移归给男人了——许是因为这个缘故，楚人的先妣女禄才化为一位丈夫了。与这同类的例子似乎还有。《史记·夏本纪》索隐引《世本》，《吴越春秋·越王无余外传》：都称禹为高密。我常常怀疑禹从哪里得来这样一个怪名字。如今才恍然大悟，高密即高禖（禖通作密，犹之乎禖宫通作閟宫），高密本是女娲的称号，却变成禹的名字，这不和高阳本指女禄，后人指为颛顼相仿佛吗？

高阳在始祖的资格之下，虽变成了男性，但在神禖的资格之下，却仍然不得不是个女子。一方面变，一方面不变，而彼此之间谁又不能迁就谁，于是一人只好分化为二人了。再为避免纠纷起见，索兴把名字也区别一下：性别不变的，当然名字也可以照旧写他的"高唐"，性别变了的，名字最好也变一下，就写作《高阳》罢。于是名实相符了。于是一男一女，一先祖一神禖，一高阳一高唐，各行其是，永远不得回头了。

至于高唐这名称是怎么发生的呢？郭沫若先生说它是郊社的音变，是很对的。高禖即郊禖，高郊可通，是不成问题的。唐社在音理上可通，郭先生已经说明了，但没有举出实例来。今案古有唐杜氏，孙诒让说："杜本唐之别名，若楚一言荆也，纍言之，楚曰荆楚，故唐亦曰唐杜。"唐一曰杜，而杜社皆从土声，这是唐可与社通的一个证例[30]。《尔雅·释木》："杜，甘棠。"棠唐声同，所以唐棣一作棠棣。杜一曰棠，而杜与社，棠与唐皆同声而通用。这是唐与社可通的又一个证例。这样看来，高唐是郊社的音变，毫无问题了。郊社变为高唐，是由共名变为专名，高唐又变为高阳，由是女人变为男人，这和高禖变为高密，高密又由涂山变为禹，完全一致了。

七　高唐神女与涂山氏

方才我们讲到楚民族的高唐（阳）以先妣而兼神媒，与夏民族的涂山氏同类。其实二者不但同类，而且关系密切。这道理假如我们把前面的文章

温一遍，自然就明了了。在前面我们讲到《候人》诗的朝阱即《高唐赋》
的朝云，那么朝阱便是高唐神女的前身了。我们又讲到古《候人歌》与曹
《候人》诗有着很深的关系，那么朝阱又像就是古《候人歌》的中心人物涂
山氏了。朝阱一面关联着高唐神女，一面又关联着涂山氏，高唐神女岂不与
涂山氏也有了关系吗？果然，我们又讲到高唐神女与涂山氏的行为极相似。
因为，涂山氏迎候禹，是以女追求男，再证以先秦人说禹"通之于台桑"，
又目禹为淫湎，而我们觉得禹既是被动者，则假如他的行为是失德的话，责
任还该由涂山氏负，——把这几点综合起来，则涂山氏的举止太像奔女了。
与那"闻王来游，愿荐枕席"的神女生涯几乎没有区别了。这样看来，高唐
神女与涂山氏不但有关系，而且关系密切。但是高唐神女不仅在行为的性质
上与涂山氏相同。她们另有两点相同之处，我们得赶快补充上。

　　《艺文类聚》一一引《礼含文嘉》曰："禹卑宫室，垂意于
　　沟洫，百穀用成，神龙至，灵龟服，玉女敬养，天赐妾。"㊳
　　《□□□□》引《乐动声仪》曰："禹治水，昊天赐神女圣姑。"㊴

禹娶涂山氏，而纬书一则曰"玉女敬养，天赐妾"，再则曰"昊天赐神女
圣姑"，这与高唐神女是天帝之女而又名曰瑶姬，不是一样的吗㊵？还有涂
山氏所奔的禹，高唐神女所侍宿的楚之先王，都是帝王，这又何其相似！
不，从这种种方面看，高唐神女与涂山氏，不仅相似，简直是雷同。这是
大可注意的。按神话传说的分合无常的诡变性说，二者莫非本是一人罢？
对了，我有证据，是从地理中得来的。

　　《左传·哀公七年》："禹和诸侯于涂山。"杜《注》曰："涂
　　山在寿春东北。"

寿春东北的涂山，即《苏氏演义》所谓四涂山中的濠州涂山，在今安徽怀远县东南八里。《元和郡县志》九：濠州钟离县有涂山，在县西九十五里。又说："当涂县故城，本涂山氏国，在县西南一百一十七里，禹娶于涂山，即此也。"但《南部新书》庚[41]曰：

> 濠州西有高唐馆[42]，附近淮水。御史阎钦授[43]宿此馆，题诗曰："借问襄王安在哉？山川此地胜阳台。今朝寓宿高唐馆，神女何曾入梦来？"轺轩来往，莫不吟讽，以为警绝。有李和风者至此，又题诗曰："高唐不是这高唐，淮畔江南各异方[44]，若向此中求荐枕，参差笑杀楚襄王。"

近来钱宾四先生据《方舆纪要》"霍邱县西北六十里有高唐店，亦曰高唐市，宋绍兴初，金人舐颍寿渡淮，败宋军于高唐市，进攻固始"，说："依此言之，淮上固有高唐。襄王既东迁，都于陈城，岂遽游江南？则求神女之荐枕者，与其在江南不如在淮上。参差之笑，恐在彼不在此也。"[45]钱先生驳李和风的话，可谓中肯极了[46]。安徽有涂山又有高唐馆，这是很有趣的。但更加有趣的，是有涂山又有高唐的还不仅安徽一处。

> 《华阳国志·巴志》曰："禹娶于涂山……今江州涂山是也。"
>
> 《水经注·江水注》曰："江之北岸有涂山，南有夏禹庙、涂君祠。庙铭存焉。"

这座涂山在今四川巴县东一里。离此不远，便是《高唐赋》中的巫山[47]，而据赋说古高堂观便坐落在那附近。然则四川也是有涂山又有高唐的。有这样凑巧的事！几乎不可思议了。这两个人——涂山氏与高唐神女，家世一样，行为一样，在各自的民族里，同是人类的第一位母亲，同是主管婚姻与胤嗣的神道，并且无论漂流到那里，总会碰到一起，这其间必有缘故。

八　云梦与桑林

我们在上文根据墨子以桑林与云梦并举的话，又以《鄘风》桑中为参证，于是断定桑林即宋的高禖与楚之高禖云梦同类。不过有一个极有趣的证据在那边我们也不及提出，现在有了机会可以补充了。

> 《吕氏春秋·顺民篇》："天大旱，五年不收，汤乃以身祷于桑林。"高《注》曰："桑林，桑山之林，能兴云作雨也。"
>
> 《淮南子·脩务篇》："汤苦[48]旱，以身祷于桑山之林。"高《注》曰："桑山之林能为云雨，故祷之。"
>
> 《吕氏春秋·慎大篇》："武王胜殷立成汤后于宋，以奉桑林。"高《注》曰："桑山之林，汤所祷也，故所奉也。"

桑林本是桑山之林的省称，这是很有关系的一点。桑林之神是住在桑山[49]上，与云梦之神住在巫山上同类，拿这一点来证明楚之云梦相当于宋之桑林，已经够了[50]。何况桑林之神能兴云作雨，与云梦之神"朝为行云，暮为行雨"[51]又是不约而同呢？

汤祷雨，据《艺文类聚》一二引《帝王世纪》又说是

> 祷于桑林之社。

这一个社字很要紧。我们先将社的制度说明一下。

《论语·八佾篇》曰："哀公问社于宰我，宰我对曰：'夏后氏以松，殷人以柏，周人以栗。'"

《白虎通义·社稷篇》引《尚书·逸篇》曰："大社为松，东社为柏，西社为栗，北社为槐。"

《周礼·大司徒》曰："设其社稷之壝，而树之田主，各以其野之所宜木，遂名其社与其野。"

凡社必有木，所以《说文》社之古文作祏，从示从木从土。不过诸书所说的，似乎是后世在都邑之内，封土种树以为之的仿造的变相的社。原始时期的社，想必是在高山上一座茂密的林子里立上神主，设上祭坛而已。社一名丛，便是很好的证据。

《墨子·明鬼篇》曰："建国营都……必择木之修茂者立以为丛位。"

《六韬·略地篇》曰："社丛勿伐。"

《战国策·秦策》三曰："亦闻恒思有神丛与？"

《汉书·陈余传》曰："又间令广之次所旁丛祠中。"（《注》引张晏说曰："丛，鬼所凭也。"）

《太玄·聚篇》曰："示于丛社。"

《急就篇》曰："祠祀社稷丛腊奉。"

《华阳国志·蜀志》曰："迄今巴蜀民农时先祀杜主君（案社杜古通，杜主即社主）开明位，号曰丛帝。"

《淮南子·俶真篇》"兽走丛薄之中"，《注》曰："聚木曰丛。"丛与林同义，社可曰丛则亦可曰林。桑林即桑社，所以墨子以宋之桑林与齐之社稷并称，而皇甫谧又称之为桑林之社^②。因而《尔雅·释诂》"林烝天帝"并训为君的意义也可以洞澈了。丛从取声，字一作菆。（《礼记·丧大记》："横犹菆也。"《释文》："菆本亦作丛。"）《说文》："菆，麻蒸也。"《文选·西征赋》"感市闾之菆井"，《注》曰："菆井，即渭城卖蒸之市也。"烝与蒸通。林烝之义皆与丛通，丛即社，所以林烝与天帝同类。总之，社必在林中，所以社一曰林。林与社同，所以桑林即桑社了。

我们在前面说桑林是宋的高禖，现在又知道桑林是宋的社，这又给前面的推测加了一个强有力的证据。因为《周礼·禖氏》曰：

> 中秋之月，令会男女。于是时也，奔者不禁。若无故而不用令者罚之。司男女之无夫家者而会之。……凡男女之阴讼。听之于胜国之社。

我们先讲听阴讼一层。胜国之社，郑《注》说是"奄（掩）其上而栈其下"的亡国之社。有人疑心这和普通有树木的社不同，似乎不然。《诗·召南·甘棠》传曰："召伯听男女之讼。"试看《甘棠》后紧接着《行露》，毛公这一说确乎是可靠的。召伯听男女之讼，在甘棠下，甘棠即社木（详下），可知古时媒氏听阴讼的地方——胜国之社，依然是有树木的。总之，媒氏的听阴讼的职务是在社中履行的。这是媒氏与社有关系的佐证。

讲到媒氏的另一项职务，即"令会男女……奔者不禁"一层，你定会联想起《诗经》的桑中。你如果又由桑中那地名（或称桑间）联想到桑林之社，那也极其合理。宋、卫皆殷之后，所以二国的风俗相同，都在桑林之中立社，而在名称上，一曰桑林，一曰桑中或桑间，相差也实在太有限了。媒氏所主管的"会男女"的事务同听阴讼一般，也在社中举行，则媒氏与社的关系又加深一层。因此我们说社神即禖神，而桑林之神即宋之高禖不也加了一重证据吗？

话谈得稍远点，现在可以回到本题了。桑林之神是宋的高禖，而宋是殷后，则宋的高禖实即殷的高禖，亦即他们的先妣简狄。这一层说明白了，我们可将楚云梦之神高唐（阳）氏女禄和宋桑林之神有娀氏简狄比比了。前者住在巫山上，能为云雨，后者住在桑山上，也能为云雨。前者以先妣而兼神禖，后者亦以先妣㉝而兼神禖。前者在《高唐赋》所代表的神话中，后者如玄鸟遗卵的神话所暗示，又都是有着淫乱嫌疑的行为。高唐与简狄相同之处也是如此之多。这其间不能没有缘故。

九 结 论

高唐与涂山、简狄都那样相似，我们屡次讲那必有缘故。读者或许想我的意思是说他们本是一个人。这话是对的，却又不对。若说涂山即简狄，简狄即高唐，那显然是错误。若说这几个民族最初出于一个共同的远祖（当然是女性），涂山、简狄、高唐，都是那位远祖的化身，那便对了。因此，我们若说姜嫄（或古代其他民族的先妣）也是她的化身，那亦无不可，虽则关于姜嫄的事迹与传说。我们知道的不多，不能和其余几位先妣作更细密的比较。反正几位先妣既然是从某一位先妣分化出来的，我们就不妨将她们各人的许多故事合起来，当作一个人的故事看，至少为讨论的方便计，不妨这样办。这一层说明了，我们可以开始下总结论了。

在农业时代，神能赐予人类最大的恩惠莫过于雨——能长养百谷的雨。大概因为先妣是天神的配偶㊴，要想神降雨，惟一的方法是走先妣的门路（汤祷雨于桑林不就是这么回事？）㉟，后来因先妣与雨常常连想起，渐渐便以为降雨的是先妣本人了。先妣能致雨，而虹与雨是有因果关系的，于是便以虹为先妣之灵㊱，因而虹便成为一个女子。朝隮（霓）朝云以及美人虹一类的概念便是这样产生的。

　　但是先妣也就是高禖。齐国祀高禖有"尸女"的仪式，《月令》所载高禖的祀典也有"天子亲往，后妃率九嫔御"一节，而在民间，则《周礼·媒氏》"仲春之月，令会男女"，与夫《桑中》《溱洧》等诗所昭示的风俗，也都是祀高禖的故事。这些事实可以证明高禖这祀典，确乎是十足的代表着那以生殖机能为宗教的原始时代的一种礼俗[57]。文明的进步把羞耻心培植出来了，虔诚一变而为淫欲，惊畏一变而为玩狎，于是那以先妣而兼高禖的高唐，在宋玉的赋中，便不能不堕落成一个奔女了。

---

　　① 原载《清华学报》第 10 卷第 4 期，1935 年。据开明版《闻一多全集·神话与诗》编入本卷。

　　作者原注：

　　② 参看拙著《诗新台鸿字说》（见本卷）。

　　③ 陆《疏》："鹈，水鸟，形如鸮，极大。喙长尺余，直而广。口中正赤，领下胡大如数升囊。若小泽中有鱼，便群共抒水满其胡而弃之，令水竭尽，鱼在陆地，乃共食之，故曰淘河。"

　　④ 本《疏》引作"鱼劳则尾赤"，《诗·汝坟》《疏》引作"鱼肥则尾赤"。刘文湛、李贻德并云劳字误，当作肥，今据改。

　　⑤ 详拙著《楚辞斠补》，见武汉大学《文哲季刊》第五卷第一期。

　　⑥ 此文脱稿后，吴景超先生告诉我这点材料。我得深深的谢他，因为有了他这条证据，我前面的话便可成为铁案了。

　　⑦《庄子义证》卷二九。

　　⑧《文选》上载的《高唐赋》录之如下，以资比较。

　　昔者楚襄王与宋玉游于云梦之台，望高唐之观。其上独有云气，崪兮直上，忽兮改容，须臾之间变化无穷。王问玉曰："此何气也？"玉对曰："所谓朝云者也。"王曰："何谓朝云？"玉曰："昔者先王尝游高唐，怠而昼寝。梦见一妇人曰：'妾巫山之女也，为高唐之客。闻君游高唐，愿荐枕席。'王因幸之。去而辞曰：'妾在巫山之岨，旦为朝云，暮为行雨，朝朝暮暮，阳台之下。'旦朝视之，如言，故为立庙，号曰朝云。……"

此与《杂体诗》注所引《宋玉集》最大的区别，在诗注所引"我帝季女"数语，此作"巫山之女"，又无以下数语。考同书《别赋》注引《高唐赋》及《襄阳耆旧传》并与《杂体诗》注引略同。知《文选》所载，乃经昭明删节，非宋赋之旧，故不从之。《别赋》注引《高唐赋》文如下：

我帝之季女，名曰瑶姬，未行而亡，封于巫山之台，精魂为草，实为灵芝。《渚官旧事》三引《襄阳耆旧传》如下：

> 襄王与宋玉游于云梦之台。望朝云之馆，其上有云气，变化无穷。王曰："何气也？"玉曰："昔者先王游于高唐，怠而昼寝。梦见一妇人，暧乎若云，皎乎若星，将行未止，如浮忽停，详而观之，西施之形。王悦而问之。曰：'我夏帝（《文选·高唐赋》注引作赤帝）之季女也，名曰瑶姬，未行而亡，封乎巫山之台。精魂为草，摘而为芝，媚而服焉，则与梦期。所谓巫山之女，高唐之姬。闻君游于高唐，愿荐枕席。'王因幸之。既而言曰：'妾处之瀚，尚莫可言也。今遇君之灵，幸妾之搴。将抚君苗裔，藩乎江汉之间。'王谢之。辞去曰：'妾在巫山之阳，高邱之岨，旦为朝云，暮为行雨，朝朝暮暮，阳台之下。'王朝视之，如言，乃为立馆，号曰朝云。"王曰："愿子赋之，以为楚志。"

又《水经注·江水注》曰："巫山，帝女居焉；宋玉所谓天帝之季女，名曰瑶姬，未行而亡，封于巫山之阳，精魂为草，实为灵芝。"与《别赋》注同。

⑨《召南·采蘋》"谁其尸之，有齐季女"，《传》曰："古之将嫁女者，必先礼之于宗室。"《小雅·车舝》曰"思娈季女逝兮"，又曰"觏尔新昏，以慰我心"；《候人》曰"彼其之子，不遂其媾"，又曰"季女斯饥"。凡《诗》言季女将嫁而未嫁之女，赋曰"我帝季女，未行而亡"，行亦嫁也。是赋之季女与《诗》之季女，不惟字面相同，义亦相应也。

⑩《易林·履之恒》曰："潼溶蔚荟，肤寸来会，津液下降，流潦滂霈。"此据《候人》诗为说，可证汉人亦以《候人》之朝隮即《蝃蝀》"崇朝其雨"之朝隮。

⑪荟之言绘也，《说文》曰："桧，会五采绣也。"蔚者，《易·象传》曰："其文蔚也。"《汉书·叙传》下注曰蔚，文盛绿也。荟蔚连绵词，故二字一义。《诗》以荟蔚形容朝隮，犹《神女赋》形容朝云曰"晔兮如华，温乎如莹，五色并驰，不可殚形"也。传释

荟蔚为云兴貌，失之笼统。

⑫ 古籍中有谓霓为云者：

《楚辞天问》注："蜺，云之有色似龙者也。"

有谓虹为气者：

《古微书》引《尚书璇机钤》："日旁气白者为虹。"

《后汉书·郎颉传》："凡日旁气色白而纯者名为虹。"

有谓霓为气者：

《汉书·五行志》下之上："蜺，日旁气也。"

《文选·东京赋》薛《注》："霓，天边气也。"

有谓虹霓为气者：

《太平御览》一四引《河图稽耀钩》："虹霓者气也，起在日侧，其色青赤白黄。"

《列子·天瑞篇》："虹蜺也，积气之存乎天者也。"

其以云为气者，尤数见不鲜，略举数例：

《说文》："云，山川气也。""气，云气也。"

《论衡·艺增篇》："山气为云。"

《素问·阴阳应象大论》："地气上为云。"

以上皆魏、晋以前人之说，亦古人虹霓云气不分之确证。又《说文》氛之重文作雰（从云省，许云从雨，是非），尤为云气不分之明验。

⑬ 原作"陟，升也"，脱气字，据郑《笺》及诸书补。

⑭《说文》："茨，以茅苇盖屋也。"《释名·释宫室》："屋以草盖曰茨。"

⑮《说文古籀补》。

⑯ 小篆次作， 许书曰："不前不精也，从欠二声。"不前不精，义本难明，而从欠与次第义尤无涉。窃疑次第本字当以作为正。

⑰《殷虚书契后编》卷下，第四十二叶，第六片。

⑱《殷虚书契前编》卷七，第十六叶，第二片。

⑲《说文》以为"象小儿头囟未合"，形既不似，理亦迂阔。《系传通论》云："与古文齿相类。"所见与余合，惟未质言即齿耳。

⑳《说文》斋重文作粢，齍重文作饎，郑子婴齐金文《王子婴次炉》齐作次，齐威王

因齐金文《陈侯因𬤇敦》齐作𬤇。

㉑ 原作"阴阳相干二气也"，不成文义，今以意改之如此。

㉒ 今本阴阳二字互倒，从王先谦校改。

㉓《周礼》出于汉人之手，故不尽可靠。所说十辉之瀓盖亦汉人之观念，故与以上所引汉人之说相合。

㉔ 虹原作绛，从《太平御览》一四引改。

㉕ 见《图书集成》虹霓部外编之二。《穷怪录》著者姓氏未详，疑为隋唐间人。《太平广记》三九六引《八朝穷怪录》同。

㉖ 见北京大学潜社《史学论丛》第一册。

㉗《释祖妣》（《甲骨文字研究》上）。

㉘ 郭又谓高唐为郊社之音变，则确不可易，详下。

㉙ 这位女娲即炼石补天，断鳌立极，始作笙簧，抟土作人而一日七十化之女娲，我另有考证。

㉚《路史后纪》二："少佐太昊祷于神祇，而为女妇正姓氏，职昏姻，通行媒，以重万民之则，是曰神媒。"《注》曰："《风俗通》云，女娲祷祠神祇而为女媒，因置昏姻，行媒始此明矣。"《后记》又曰："以其载媒，是以后世有国是祀为皋禖之神，因典祠焉。"

㉛《隋书·礼仪志》二："晋惠帝元康六年，禖坛石中破为二。诏问石毁，今应复不。……束皙议以石在坛上，盖主道也，祭器敝则埋而置新。今宜埋而更造，不宜遂废。时此议不用。后得高堂隆故事；魏青龙中造立此石，诏更镌石如旧制高禖坛上；埋破石入地一丈。据梁太庙北门内道西，有石，文如竹叶，小屋覆之，宋元嘉中修庙所得，陆澄以为孝武时郊禖之石。然则江左亦有此礼矣。"案此，则古之高禖以石为主。《汉书·武帝纪》元封元年，登礼中岳，见夏后启母石，《注》引《淮南子》说涂山氏化为石，石破生启。窃疑涂山氏本古之高禖，而高禖以石为主，故后世有涂山氏化为石之传说。此亦夏之高禖祀其先妣之证。

㉜ 出疑为世之讹。

㉝《正义》误会郑意，以高禖为高辛氏。观下文引《郑志》焦乔答王权语，其谬可知。

㉞ 以字从段玉裁校增。

㉟ 帝颛顼的妻是女禄，见《大戴礼记·帝系篇》。

㊱ 参看吕振羽《史前期中国社会研究》页 136～146。

㊲《史记·秦本纪》宁公二年遣兵伐荡社。孙诒让云荡社即唐杜。

㊳ 原脱妾字，从《太平御览》八二引补。"敬养"《御览》八七二引作"降"，《开元占经》作"敬降养"，《古微书》一云"神农女降"。

㊴ 见马辑本，不云出何书。黄辑《乐纬》无《动声仪》，故亦无从取证。古阙之以待博识。

㊵《御览》四七引《会稽记》："东海圣姑从海中乘舟张石帆至，二物见在庙中。"此圣姑亦谓涂山氏。

㊶ 此事首见《封氏闻见记》七，又见《南部新书》庚，《诗话总龟》三五。《闻见记》前半缺脱。今从《南部新书》校证。

㊷ 唐原作塘，改从《诗话总龟》。下"高唐馆"及"这高唐"两唐字亦并作塘，今并从《闻见记》及《诗话》改。

㊸ 钦授原作敬爱，改从《诗话》。

㊹ 异原作一，从《闻见记》及《诗话》改。

㊺《楚辞地名考》，载《清华学报》第九卷三期。

㊻《水经注》谓此即《高唐赋》中之巫山，历来无异说。

㊼《御览》四三引《寿春图经》"濠塘山在县南六十里，有濠水出焉。"案《庄子·秋水篇》之濠梁即此濠水。《释文》濠水亦作豪。豪从高声，豪塘即今高塘之讹变。

㊽ 原脱苦字，从王念孙增。

㊾《左传·昭公十六年》："郑大旱，使屠击祝疑竖柎有事于桑山，斩其木，不雨。子产曰：'有事于山，蓺山林也，而斩其木，其罪大矣。'夺之官邑。"案郑、宋地近，风俗相同，故宋有桑山，郑亦有桑山，且皆为祷雨之所。然据此则郑民族（指郑地居民，非郑之统治者）似为殷之支裔，容更详之。

㊿《说苑·普说篇》："齐宣日猎于社山。"齐社稷之神似亦在山上，亦与桑林、云梦同类。

51《路史余论》二引《尸子》："神农之理天下，欲雨则雨，五日为行雨，旬日为谷雨，旬五日为时雨，万物载利，故曰神雨。"此"行雨"之义也。

52 桑林为社，宋人罗泌犹如之。《路史余论》六曰："桑林者，社也。"

53《周礼·大司乐》"舞《大濩》以享先妣"，《注》谓先妣为姜嫄，其庙为閟宫。

《大濩》即桑林之乐。周人以《大濩》享其先妣，盖沿殷之旧俗。此亦桑林之神即殷先妣之证。

(54) 契与稷皆感天而生，即基于此种观念而产生之传说。

(55) 请雨祷于先妣，止雨亦祷于先妣。《春秋繁露》有《请雨篇》、《止雨篇》。其《止雨篇》中，据《论衡》似有祭女娲一法，今本脱之。《论衡·顺鼓篇》曰："俗图画女娲之象为妇人之形，又其号曰女，仲舒之意殆谓古妇人帝王者也。男阳而女阴，阴气为害，故祭女娲求福祐也。"

(56) 古人谓神之光气曰灵。《离骚》："皇剡剡其扬灵。"注："剡剡，光貌。"汉《郊祀歌》十九"灵殷殷，烂扬光"是也。神不可见，见有光气即以为神至，《汉书·郊祀志》曰"是夜有美光"，曰"神光兴于殿旁"，曰"陈宝祠汉世世常来，光色赤黄，长四五丈"，皆为神降也。虹亦光气也，故先民以为神之表征，其为光气，采色眴熳，动人美感，故又以为女性之神。

(57)《鲁颂·閟宫》曰"《万舞》洋洋"，閟宫为高媒之宫，是祀高禖时用《万舞》。《万舞》盖即《大濩》(《大濩》又名《汤乐》，故祀成汤的《商颂·那篇》亦曰"《万舞》有奕")，故《周礼·大司乐》曰"舞《大濩》以享先妣"，《注》以先妣为姜嫄，其庙谓之閟宫。《左传·隐公五年》："考仲子之宫，将《万》焉。"仲子者，公之祖母，考其庙，用《万舞》，可知《万舞》与妇人有特殊关系。然而《左传·庄公二十八年》又曰："楚令尹子元欲蛊文夫人，为馆于其宫侧而振《万》焉。"《注》："蛊惑以淫事。"《邶风·简兮》曰"方将《万舞》"，"公庭《万舞》"，又曰"云谁之思，西方美人"，似亦男女爱慕之诗。爱慕之情，生于观《万舞》，此则舞之富于诱惑性，可知。夫《万舞》为即高禖时所用之舞，而其舞富于诱惑性，则高禖之祀，颇涉邪淫，亦可想见矣。

高唐神女传说之分析补记

杜光庭《墉城集仙录》里有这样一个故事：

云华夫人，王母第二十三女，太真王夫人之妹也。名瑶姬。受徊风混合万景炼神飞化之道。尝东海游还，过江上，有巫山焉，峰岩挺拔，林壑幽丽，巨石如坛，流连久之。时大禹理水，驻山下，大风卒至，崖振谷陨，不可制。因与夫人相值，拜而求助。即敕侍女授禹策召鬼神之书，因命其神狂章、虞余、黄魔、大翳、庚辰、童律等（案庚辰、童律二名又见唐人李公佐伪撰《古岳渎经》第八卷，《岳渎经》亦说禹治水之故事。《路史余论》九云："虞余、庚辰，案《楚词》，乃益稷之字。"今《楚辞》无此语）。助禹鄞石疏波，决塞导阨，以循其流。禹拜而谢焉。禹尝诣之崇巘之巅。顾盼之际，化而为石，或倏然飞腾，散为轻云，油然而止，聚为夕雨，或化游龙。或为翔鹤，千态万状，不可亲也。禹疑其狡狯怪诞，非真仙也。问诸童律。律言：……云华夫人，金母之女也，昔师三元道君，受《上清宝经》，受书于紫清关下，为云华上官夫人，主领教童真之士，理在玉英之台。隐见变化，盖其常也，亦由凝气成真，与道合体，非寙胎禀化之形，是西华少阴之气也。且气之弥纶天地，经营动植，大包造化，细入毫发，在人为人，在物为物，岂止于云雨龙鹤飞鸿腾凤哉？禹然之。后往诣焉。勿见云楼玉台瑶宫琼阙森然，灵官侍卫，不可名识，狮子抱关，天马启途，毒龙电兽，八威备轩，夫人宴坐于瑶台之上。禹稽首问道。召禹使坐而言曰："……"因命侍女陵容华出丹玉之笈，开上清宝文以授禹。〔禹〕受而去，又得庚辰、虞余之助，遂能导波决川，以成其功，奠五岳，别九州，而天锡玄圭，以为紫庭真人。其后楚大夫宋玉以其事言于襄王。王不能访道要以求长生，筑台于高唐之馆，作阳台之宫以祀之。宋玉作《神女赋》（女原误仙）以寄情，荒淫秽芜。高真上仙，岂可诬而降之也？有祠在山下，世谓之大仙。隔岸有神女之石，即所化也。复有石天尊神女坛，侧有竹垂之若彗。有槁叶飞物著坛上者，竹则因风扫之，终滢洁不为所污。楚人世祀焉。

这里高唐神女简直就是涂山氏。这给上文第七段的推测完全证实了。此外有几个细节似乎得说明一下。（一）所谓"东海游还"，盖指会稽。禹娶妻及会诸侯的涂山，旧传也有说是在会稽的。从东海来的云华夫人本是禹自己的发妻，到了巫山，却成陌生人，神话演变中之矛盾性，往往如此，并不足怪。（二）童律说云华夫人"凝气成真"，又说他是"西华少阴之气"。（西华似乎是与太华玉女相混了，张衡《思玄赋》云："载太华之玉女兮。"）云华夫人是气所变，则朝云即朝隮（气）又得到一个证据了。（三）我在附注三〇（案即㉛）中转引《汉书》注引《淮南子》称涂山氏化石，而这里说云华夫人化石，这也是很要紧的一点。（四）《隋书·礼仪志》称梁太庙有石，"文如竹叶"，据陆澄说是孝武时郊禖之石（引见同注）。这里说"石天尊神女坛侧有竹垂之若彗"，与《隋志》所载颇有相似之处，大概石天尊之石亦即效禖之石。果然如此，则我说高唐神女即楚之高禖，更愈加可以成立了。（五）我又说涂山氏即女娲，全部的论证因篇幅的关系，不能拿出，现在还是不能，不过就云华夫人的故事中可以先提出一点来谈谈。《淮南子·览冥篇》有女娲积芦灰以止淫水的话，可知古来相传女娲是助禹治水的。云华夫人助禹治水的方法虽神怪化了，但治水这主干的事实并没变。云华夫人即涂山氏，则女娲亦即涂山氏了。

《集仙录》虽把高唐神女与涂山氏合为一人，但我仍然不主张她们本是一人。我仍然相信她们以及旁的中国古代民族的先妣，都是从某一位总先妣分化出来的，这位总先妣，我从前想许就是西王母。《集仙录》上说云华夫人是王母第二十三女，当然是后世道家捏造的谱系，但说不定这个谎给他们撒得几分对了。最后有一件事，也是前次想到而未敢说出的，现在得了《集仙录》这点新材料，我才感觉把握较多点。我想涂社古音近，涂或即社的音变，而涂山实即社山。高唐即郊社，上文已经说过。现在我们又可以说涂唐社都是一声之转了。

说　鱼^①

一　什么是隐语

　　我们这里是把"鱼"当作一个典型的隐语的例子来研究的。所以最好先谈谈什么是隐语。

　　隐语古人只称作隐（讔），它的手段和喻一样，而目的完全相反，喻训晓，是借另一事物来把本来说不明白的说得明白点；隐训藏，是借另一事物来把本来可以说得明白的说得不明白点。喻与隐是对立的，只因二者的手段都是拐着弯儿，借另一件事物来说明一事物，所以常常被人混淆起来。但是混淆的原因尚不止此，纯粹的喻和纯粹的隐，只占喻和隐中的一部分，喻有所谓"隐喻"，它的目的似乎是一壁在喻，一壁在隐；而在多数的隐中，作为隐藏工具的（谜面）和被隐藏的（谜底），常常是两个不同量的质，而前者（谜面）的量多于后者（谜底），以量多的代替量少的，表面上虽是隐藏（隐藏的只是名），实质上反而让后者的质更突出了。这一来，隐岂不变成喻了吗？这便是说，喻与隐，目的虽不同，效果常常是相同的。手段和效果皆同，不同的只是目的，同的占了三分之二，所以毕竟喻与隐之被混淆，还是有道理的。

　　隐在《六经》中，相当于《易》的"象"和《诗》的"兴"（喻不用讲，是《诗》的"比"），预言必须有神秘性（天机不可泄露），所以占卜家的语言中少不了象。《诗》——作为社会诗、政治诗的雅，和作为风情诗的风，在各种性质的沓布（taboo）的监视下，必须带着伪装，秘密活动，所以诗人的语言中，尤其不能没有兴。象与兴实际都是隐，有话不能明说的隐，所以《易》有《诗》的效果，《诗》亦兼《易》的功能，而二者在形式上往往不能分别。下文所引的《剥》六五《爻辞》和卫侯贞卜的《繇辞》，便是明证。

隐语的作用，不仅是消极的解决困难，而且是积极的增加兴趣，困难愈大，活动愈秘密，兴趣愈浓厚，这里便是隐语的，也便是《易》与《诗》的魔力的泉源。但，如果根本没有隐藏的必要，纯粹的为隐藏而隐藏，那便是兴趣的游戏，魔力的滥用，结果便成了谜语。谜语是要把戏的语言，它的魔力是廉价的，因为它不是必需品。

隐语应用的范围，在古人生活中，几乎是难以想象的广泛。那是因为它有着一种选择作用的社会功能，在外交场中（尤其是青年男女间的社交），它就是智力测验的尺度。国家靠它甄拔贤才，个人靠它选择配偶，甚至就集体的观点说，敌国间还靠它伺探对方的实力。一般说来，隐语的艺术价值，并没超过谜语，然而它的地位却在谜语之上，那正是为了它的这种社会价值。不用讲，我们之所以重视隐语，也就因为它是这样一种充沛着现实性的艺术。

《易》中的象与《诗》中的兴，上文说过，本是一回事，所以后世批评家也称《诗》中的兴为"兴象"。西洋人所谓意象，象征，都是同类的东西，而用中国术语说来，实在都是隐。

二 鱼

在中国语言中，尤其在民歌中，隐语的例子很多，以鱼来代替"匹偶"或"情侣"的隐语，不过是其间之一②。时代至少从东周到今天，地域从黄河流域到珠江流域，民族至少包括汉、苗、傜、僮，作品的种类有筮辞、故事、民间的歌曲和文人的诗词——这是它出现的领域，现在我们依照不太严格的时代顺序，举例如下：

　　贯鱼，以宫人宠，无不利。（《易·剥》六五爻）③

　　以犹于也，"以宫人宠"犹言"于宫人有宠"。贯鱼是一连串的鱼群，宫人是个集体名词，包括后、夫人、嫔妇、御女等整群的女性，"贯鱼"是宫人之象，因为鱼是代替匹偶的隐语。依《易经》体例说"以宫人宠"是解释"贯鱼"的象义的。李后主《木兰花词》"晚妆初了明肌雪，春殿嫔娥鱼贯列"，第二句可以作本爻很好的注脚。它即令不是用《易经》的典，我们也不妨这样利用它。

　　卫侯贞卜，其繇曰："如鱼窥尾，衡流而方洋……。"（《左传·哀公十七年》）

　　疏引郑众说曰："鱼劳④则尾赤，方羊游戏，喻卫侯淫纵。"以鱼的游戏喻卫侯的淫纵，则鱼是象征男性情偶的隐语。

　　遵彼汝坟，伐其条枚，未见君子，怒如调（朝）饥。
　　遵彼汝坟，伐其条肄，既见君子，不我遐弃。
　　鲂鱼赪尾，王室如燬，虽则如燬，父母孔迩。（《周南·汝坟》）

　　窥赪一字，根据上条，本条鱼字的隐语的性能，是够明显的，所应补充的是，上文"未见君子，惄如调（朝）饥"的调饥也是同样性质的隐语⑤。王室指王室的成员，有如"公子"、"公族"、"公姓"等称呼，或如后世称"宗室"、"王孙"之类，燬即火字，"如火"极言王孙情绪之热烈。"父母孔迩"一句是带着惊慌的神气讲的。这和《将仲子篇》"仲可怀也，父母之言，亦可畏也"表示着同样的顾虑。

> 敝笱在梁，其鱼鲂鳏——齐子归止，其从如云。
> 敝笱在梁，其鱼鲂鱮——齐子归止，其从如雨。
> 敝笱在梁，其鱼鲂鲤——齐子归止，其从如水。（《齐风·敝笱》）

旧说以为笱是收鱼的器具，笱坏了，鱼留不住，便摇摇摆摆自由出进，毫无阻碍，好比失去夫权的鲁桓公管不住文姜，听凭她和齐襄公鬼混一样⑥。

另一说：敝笱象征没有节操的女性，唯唯然自由出进的各色鱼类，象征她所接触的众男子。这一说似乎更好，因为通例是以第三句应第一句，第四句应第二句，并且我们也不要忘记，云与水也都是性的象征。但无论如何，鱼是隐语，是不成问题的。

> 桓公使管仲求宁戚，宁戚应之曰："浩浩乎！育育乎！"⑦管仲不知，至中食而虑之。婢子曰："公何虑？"管仲曰："……公使我求宁戚，宁戚应我曰：'浩浩乎！育育乎！'吾不识。"婢子曰："《诗》有之：'浩浩者水，育育者鱼，未有家室，而安召我居？'宁子其欲室乎！"（《管子》）

最后几句的意义，经过尹注的解释，尤其清楚，注曰："水浩浩然盛大，鱼育育然相与而游其中，喻时人皆得配偶，以居其室中，宁子有伉俪之思，故陈此诗以见意。"⑧

> 江南可采莲，莲叶何田田，鱼戏莲叶间，鱼戏莲叶东，鱼戏莲叶西，鱼戏莲叶南，鱼戏莲叶北。（《江南》）

"莲"谐"怜"声，这也是隐语的一种，这里是鱼喻男，莲喻女，说鱼与莲戏，实等于说男与女戏，上引郑众解《左传》语："鱼……方羊游戏，喻卫侯淫纵。"可供参证。唐代女诗人们还是此诗的解人，鱼玄机《寓言诗》曰："芙蓉叶下鱼戏，蟏蛸天边雀声，人世悲欢一梦，如何得作双成？"薛涛得罪了元稹后，献给稹的《十杂诗》之一，《鱼离池》曰："戏跃莲池四五秋，常摇朱尾弄银钩，无端摆断芙蓉朵，不得清波更一游。"

> ……当复思东流之水，必有西上之鱼，不在大小，但有朝于复来！（《前缓歌行》）

"不在大小"是以鱼之大小喻人之美丑，和龙阳君说的"后得又益大"（详下）之意相同。上文"但有意气，不能自前"，意气即情义，《白头吟》"男儿重意气，何用钱刀为"可证。

> 枯鱼过河泣，何时悔复及！作书与鲂鲤，相教慎出入。（《枯鱼过河泣》）

这是失恋的哀歌，下引《子夜歌》便是佐证。

……客从远方来，遗我双鲤鱼，呼儿烹鲤鱼，中有尺素书，长跪读素书，书中竟何如？上言加飧饭，下言长相忆。(《饮马长城窟行》)

这鲤鱼指书函，书函刻成鱼的形状. 所以烹鱼而"中有尺素书"（详拙著《乐府诗笺》）。但书函何以要刻成鱼形呢，我从前没有说明，现在才恍然大悟，那是象征爱情的。唐代女道士李治《结素鱼贻友人诗》："尺素如残雪，结为双鲤鱼，欲知心里事，看取腹中书。"元稹《鱼中素诗》："重叠鱼中素，幽缄手自开，斜红馀泪渍，知著脸边来。"用意也都一样。

开门枕流水，三刀治一鱼，历乱伤杀汝。(《华山畿》)

"开门枕流水"——与《安南情歌》"妹家门前有条沟"，《黑苗情歌》"姐家门前有条沟"，是同类的隐语。

常虑有贰意，欢今果不齐，枯鱼就浊水，长与清流平。(《子夜歌》)

回望高城落晓河，长亭窗户压微波，水仙欲上鲤鱼去，一夜芙蓉红泪多。(李商隐《板桥晓别》)

小小鱼儿粉红腮，上江游到下江来，头动尾巴摆。……(《扬州小调》)

天上星多月不明，河里鱼多水不清，朝中官多要造反，小大姊郎多要花心。(《靖江情歌》，都安《侬偌情歌》略同。)

妹娇娥，怜兄一个莫怜多，己娘莫学鲤兄子，那河游到别条河。(《粤风》)

行桥便行桥，船仔细细载双娘，鲤鱼细细会游水，郎君细细会睇娘。(《海丰峷歌》)

青铜缠在金杆上，花鱼退下江水滩，二人林里交情意，得道团圆去会央。

四（使）得有仪连着妇，无茶吃水尚甘心，东海鲤鱼身代宝，西海鲤鱼身代珠。

（以上榴江《板傜情游歌》）

气死为兄命一条，有病得来无人晓，鱼在江边晒日死，少个媒人在里头。

塘里闹鱼气死虾，慢慢来把妹庚查，如今世界大不对，白盐出卖有掺沙。

（以上榴江《板傜情歌》）

流落安南化媚洞，脚踏娥媚殿上飞，望情新年八未岁，滩鱼下水好忧鳃。

自从离天隔万丈，难比士英抛绣球，揽元无恩难靠水，莲塘无水也无鱼。

（以上贺县《盘傜情歌》）

天上七星配七星，地下狮子配麒麟，山中禽兽皆有配，水里无鱼是配谁！(陵云《背笼傜恋爱歌》)

妹是鲤鱼不食钩，哄哥食饭不成食，一条河水去悠悠，好是仙花水上浮。

有情有意跟花去，看花落在那滩头，一条河水去悠悠，金鱼鲜鱼水上浮。

（以上镇边《黑衣恋爱歌》）

妹讲信伴不信伴，好比鲤鱼心事多，妹今话语说得好，妹的心事是如何？(三江《僮人情歌》)

壁上画马求麒麟，漂亮情妹邪死人，好似鲤鱼浮水面，邪死一河两岸人。（桂平《板徭情歌》）

鲤鱼在水鱼尾摆，大树风吹尾摇摇，我俩有情当天拜，何用拿香进庙烧？（平治《白徭恋爱歌》）

火烧南京八过（角）楼，哥今无妻也要游，老虎想吃走夜路，鲤鱼想水望滩头。

哥为妹来哥为妹，鸟为青山鱼为河，哥不成人因为妹，粮田丢荒为娇娥。

（以上上东《陇徭合情歌》）

哥是画眉同一行，哥是鲤鱼同一郡，哥是牡丹同一树，哥是×村来的人。

山羊食草在小坡，今晒（金色）鲤鱼在黄河，哥有真心来连妹，说妹二人莫丢哥。

（以上都安《陇徭对歌》）

因为乾坤愁忧忆，困在学堂难过秋，两步合成心欢喜，同如春水配鲤鱼。（荔浦《板徭寄情歌》）

重留姐妹二单身，破守清平受世亏，盛（胜）比鲤鱼塘里困，不有那日得欢时。

人亮胜比西洋镜，地图四国看清时，小肚胜如大（地？）中海，千鱼衔选那分亏？

（以上修仁《板徭苦情歌》）

好股凉水出岩脚。太阳出来照不着，郎变犀牛来吃水，妹变鲤鱼来会合。（《贵阳民歌》，《仲家情歌》略同）

妹家门前有条沟，金盆打水喂鱼鳅，鱼鳅不吃金盆水，郎打单身不害羞？（《安南民歌》[⑨]）

大风打动田坎塘，鲤鱼打动水中央，唱个山歌打动妹，明明打动我同娘。

从没到过这个山，鲤鱼没在这条江，丢久没见这个表，哥们回家睡不安。

吃了早饭爬大山，抓把木叶丢下滩，大鱼小鱼都死了，不得情哥心不甘。

（以上《黑苗情歌》）

初会娘，燕子初会高楼房，鲤鱼初会大江水，我郎初会有钱娘。

哥哥送我到河中，对对金鱼水上浮，鱼儿也知风流事，可笑哥哥好朦胧。

十字街头哥爱坐，跌水滩头鱼爱游，鲤鱼就爱滩头水，情哥就爱妹风流。

一蓬慈姑开白花，那时得你坐一家，那时得你同床睡，犹如鲤鱼看龙虾。

大河涨水水登坡，鲤鱼衔花顺水梭，青年时候不玩婊，腊月梅花枉自多。

鱼在河中鱼显鳃，花在平河两岸开，鱼在水中望水涨，哥在床上望妹来。

鱼在埧脚听水响，哥在花园看花香，听说表乡花儿好。特意来看花朝阳。

枉自偷来枉自偷，好比鲤鱼跳干沟，干沟无水枉自跳，姐姐无心枉自偷。

（以上《仲家情歌》）

大河涨水白浪翻，一对鲤鱼两分散，只要少郎心不死，那怕云南隔四川。（《昆明民歌》）

大河涨水沙浪沙，一对鲤鱼一对虾，只见鲤鱼来摆子，不见小妹来探花。

新来秧雀奔大山，新来鲤鱼奔龙潭，新来小妹无奔处，奔给小郎做靠山。

（以上《寻甸民歌》）

河中有鱼郎来寻，河中无鱼郎无影，有鱼之时郎来赴，无鱼之时郎费心。（《会泽民歌》）

依封建时代的观念，君臣的关系等于夫妻的关系，所以象征两性的隐语，扩大而象征君臣，蜀先帝得到诸葛亮，自称"如鱼得水"便是一例。

三 打鱼 钓鱼

正如鱼是匹偶的隐语，打鱼，钓鱼等行为是求偶的隐语。

1. 打鱼

新台有泚，河水渳渳，燕婉之求，籧篨不鲜。新台有洒，河水浼浼，燕婉之求，籧篨不殄。鱼网之设，鸿则离之——燕婉之求，得此戚施！（《邶风·新台》）

旧说这是刺卫宣公强占太子伋的新妇——齐女的诗[10]，则鱼喻太子（少男），鸿喻公（老公）。"鸿""公"谐声，"鸿"是双关语。我从前把这鸿字解释为虾蟆的异名，虽然证据也够确凿的，但与《九罭篇》的鸿字对照了看，似乎仍以训为鸟名为妥。

九罭之鱼鳟鲂："我觏之子，衮衣绣裳。鸿飞遵渚：公归无所，于（与）女（汝）信处。鸿飞遵陆：公归不复，于（与）

女（汝）信宿。是以有衮衣兮，无以我公归兮，无使我心悲兮。"
（《豳风·九罭》）

这首诗相当麻烦，除非破一个字，读"于"为"与"是没有办法的，扮演着诗中情节的角色，除诗人自身外，还有两个，一个是公，一个是"之子"，似乎就是公的儿子，这从他的服装"衮衣绣裳"可以证明。鱼喻公子，鸿喻公（此"鸿"字也是谐"公"声的双关语）。再宿曰信。以，与也。故事是：公和公子因事来到她（诗人）这里，她和公子发生了爱情。现在公该走了，为了不许她所心爱的人跟公走掉，她把他的衮衣藏起了，并且对他说道：咱们公一走掉，就不知去向，也不知道何年何月再回来，万一你也跟他走掉，还不是一样吗？得了，让我跟你再住一夜吧！为了这桩心事，所以我把你的衮衣藏起。是呀！请不要跟公走掉了；白叫我心里难过！九罭是密网，鳟鲂是大鱼，用密网来拦大鱼，鱼必然逃不掉，好比用截留衮衣的手段来留公子，公子也必然走不脱一样。

　　登白蘋兮骋望，与佳期兮夕张（帐）。鸟何萃兮蘋中，罾何
　为兮木上？（《九歌·湘夫人》）

"鸟何萃"二句是隐语，喻所求失宜，必不可得。罾在木上即缘木求鱼之意。

　　张罾不得鱼，不（？）橹空罾归。（《欢闻恋歌》）
　　手上无罾又无网，两手空拍看鱼浮，平地有柴妹不砍，镇山
英雄砍山峰。
　　不长不短尽好看，好比白马配金鞍，好汉打鱼来下水，那个
贫汉不讲笑！

　　　　　　　　　　　　　　（以上镇边《黑水恋爱歌》）

天上无风燕子飞，江河无水现沙磊，鱼在深塘空得见，哄哥空把网来围。（三江《僮人情重歌》）

半边月亮两头钩，照见云南连贵州，塘水无风空起浪，哄哥拿网撒江头。（榴江《板傜情歌》）

一条河水清又清，两边绕有打鱼人，打鱼不得不收网，连妹不得不放心。

哥讲唱歌就唱歌，哥讲打鱼就下河，打鱼不怕滩头水，唱歌不怕歌人多。

（以上平治《白傜恋爱歌》）

大河里涨水小河分，两边只见打鱼人，我郎打鱼不到不收网，恋姐不到不放心。（《安化民歌》）

久不唱歌忘记歌，久不打鱼忘记河，久不打鱼河忘记，久不连姐脸皮薄。（《安南民歌》，《仲家情歌》略同）

砍柴要靠这边山，打鱼还靠这边潭，玩娘要玩这一个，拿当别人不稀罕。（《仲家情歌》）

急水打鱼尽网丢，有鱼无鱼慢慢收，食禄天注定，姻缘前世修。（未详）

2. 钓鱼

其钓维何？维丝伊缗——齐侯之子，平王之孙。（《召南·何彼秾矣》）

籊籊竹竿，以钓于淇——岂不尔思？远莫致之。（《卫风·竹竿》）

魏王与龙阳君共船而钓，龙阳君得十余鱼而涕下，王曰："有所不安乎？如是，何不相告也？"对曰："臣无敢不安也。"王曰："然则何为涕出？"曰："臣为臣⑪之所得鱼也。"王曰："何谓也？"对曰："臣之始得鱼也，臣甚喜，后得又益大，今臣直欲弃臣前之所得矣。今以臣之凶恶，而得为王拂枕席，今臣爵至人君，走人于庭，辟人于途，四海之内，美人亦甚多矣，闻臣之得幸于王也，必褰裳而趋王，臣亦犹曩臣之前所得鱼也，臣亦将弃矣，臣安能无涕出乎？"（《魏策》四）

龙阳君显然是因为在魏王跟前，按照自己当时的身份，用习惯的象征语言说，正当被呼作"鱼"，所以就很自然的从鱼的命运中看出了自己的命运。换言之，由于语言的魔术性的暗示，他早已将自己和鱼同体化了，他看到鱼，便看到了自己。因此忽然有所感触，便本能地自悲起来，这和普通的比喻，无疑是不一样的。

芳树日月，君乱如（挐）于风。芳树不上无心温，而鹄三而为行。临兰池，心中怀我怅，心不可匡，目不可顾，妒人之子愁杀人，君有他心，乐不可禁，王将何似？如孙（苏）如（伽）鱼乎？悲矣！（《铙歌·芳树》）

这诗里有很多字句不好懂，但是一首情诗则无问题。兰池是池名，"孙"读为"苏"，"苏"即"荎"字，是一种饵鱼的香草。下"如"字读为"伽"，《诗·民劳》"柔远能迩"，笺："能犹伽也。"伽是怀徕招致之意，苏喻王，鱼是妇人自喻，"如苏伽鱼乎？"是说："你将香草钩引鱼一样的收取我吗？"⑫

凄凄复凄凄，嫁娶不须啼，愿得一心人，白头不相离，竹竿何嫋嫋，鱼尾何簁簁！男儿重意气，何用钱刀为！（《白头吟》）

钓竿何珊珊！鱼尾何簁簁！行路之好者，劳饵欲何为！（魏文帝《钓竿篇》）

钓鱼钓到正午后，鱼未食饵心早操，收起钓竿回去室，打隔无还此路头。（男唱）

钓鱼钓到正午后，鱼未食饵心勿操，日头钓鱼鱼见影，有心钓鱼夜昏头。（女唱）

（《琼崖民歌》）

七文溪水七文深，七个鲤鱼头带金，七条丝线钓不起，钓鱼阿哥空费心。（《潮州民歌》）

太阳落坡坡背阴，坡背有个钓鱼坑，有心钓鱼用双线，有心连妹放宽心。

筋竹林头砍钓竿，闲着无事钓鱼玩，河中鱼儿翻白肚，不上金钓也枉然。

（以上《安顺民歌》）

姐家门口有条沟，有对金鸡在里头，哥打金钓来下钓，好对鲤鱼莫吃钩。

山歌好唱难起头，木匠难造吊角楼，瓦匠难烧透明瓦，铁匠难打细鱼钩。

（以上《黑苗情歌》）

一林竹子砍一棵，不钓深滩钓黄河，深滩黄河哥不钓，单钓城里小么婆。（《青苗情歌》）

大河涨水滩对滩，沿河两岸紫竹山，别人说他没有用，我说拿做钓鱼竿。（《寻甸情歌》）

池中游红鱼，劝郎携钓竿。（《云龙小调》）

四　烹鱼　吃鱼

以烹鱼或吃鱼喻合欢或结配。

匪风发兮，匪车揭兮，顾瞻周道，中心怛兮！

匪风飘兮，匪车嘌兮，顾瞻周道，中心吊兮！

谁能烹鱼，溉（摡）之釜鬵——谁将西归，怀（遗）之好

音！（《桧风·匪风》）

溉，《释文》本作摡，《说文·手部》亦引作摡，这里当读为乞，今字作给，"摡之釜鬵"就是"给他一口锅"，釜鬵是受鱼之器，象征女性，也是隐语，看上文"顾瞻周道"和下文"谁将西归"，本篇定是一首望夫词，这是最直截了当的解释⑬。

衡门之下，可以栖迟，泌之洋洋，可以乐（疗）饥。

岂其食鱼，必河之鲂？——岂其娶妻，必齐之姜？

岂其食鱼，必河之鲤？——岂其娶妻，必宋之子？（《陈风·

衡门》）

前人说"衡门"是横木为门，言其浅陋，并用这和下文"乐饥"之语，来证明本篇是一位隐士作的诗，这未免太可笑了。"衡"读为"横"，是对的，但不当释为横木，《南山篇》"衡从其畮"，《韩诗》作横，曰："东西曰横。"（《一切经音义》三又六引）横门当是陈国都城东西头之门，如他篇言东门、北门之类，汉代长安也有横门（《汉书·西域传》），据《三辅黄图》，是"长安城北出西头第一门"，陈国横门命名之义，想必一样，《国风》中讲到男女相约之地，或曰城隅，或曰城阙，或曰某门，即国城

的某门，本篇的衡门也还是这一类的场所，栖迟于衡门之下，和《静女篇》的"俟我于城隅"，《子衿篇》的"在城阙兮"，也都是一类的故事，并且古代作为男女幽会之所的高禖，其所在地，必依山傍水，因为那是行秘密之事的地方（《左传·庄公三十二年》："初公筑台临党氏，见孟妊，从之闳，而以夫人言许之，割臂盟公，生子般焉。"闳密同，即行秘密之事），所以山和水，都叫作密，或分别字体，山名作密，水名作泌。本篇之泌水便是这样一般的水，因为水边有山，而山名也叫密，所以有人说本篇的泌字是丘名（蔡邕《郭有道碑》"栖迟泌丘"，《周巨胜碑》"洋洋泌丘，于以逍遥"），《广雅·释丘》："丘下有水为泌丘。"大概是调停二说的，其实要紧的是弄清这种山和这种水在民俗学中的性质，倒不必斤斤于山名水名的争执，诗人这回显然是和女友相约，在衡门之下会面，然后同往泌水之上。《释文》引郑本乐作瘵，即疗字，《韩诗外传》二，《列女传·老莱子妻传》，《文选·郭有道碑》注引《诗》并作疗。"饥"是隐语，已见上文，泌之言秘密也，"疗饥"是秘密之事，所以说"泌之洋洋，可以疗饥"。

　　一条江水白涟涟，两个鳒鱼在两边，鳒鱼没鳞正好吃，小弟单身正好怜。（《粤风》）

　　妹不吃鱼哥不信，鱼头又有鲤鱼鳞，妹讲不吃塘中水，何必甘心去连人？（忻城《盘俫风流歌》）

　　山歌好唱口难开，仙桃好吃树难栽，秘密痛苦实难说，鳒鱼好吃网难抬。（《贵阳民歌》，淮南略同）

　　天上下雨地下滑，池中鱼儿摆尾巴，那天得鱼来下酒，那天得妹来当家！（《安南民歌》）

　　大河涨水小河翻，两边两岸杨梅山，要吃杨梅上树采，要吃鲤鱼下水捉。（《黑苗情歌》）

　　吃鱼要吃大头鱼，不吃细鱼满嘴流，连娘要连十八岁，不连
小小背名偷。

　　大河涨水淹半岩，两边修起钓鱼台，有心吃鱼放双线，有心
玩姐忠心来。

（以上《仲家情歌》）

　　要吃辣子种辣秧，要吃鲤鱼走长江，要吃鲤鱼长江走，要玩
小妹走四方。（《宣威民歌》，《仲家情歌》略同）

　　一对鲤鱼活鲜鲜，小妹来在大河边，要吃小鱼随郎检，要吃
大鱼要添钱。（《晋宁民歌》）

五　吃鱼的鸟兽

　　另一种更复杂的形式，是除将被动方面比作鱼外，又将主动方面比作
一种吃鱼的鸟类，如鸬鹚、白鹭和雁，或兽类，如獭和野猫。

　　维鹈在梁，不濡其味——彼其之子，不遂其媾。
　　荟兮蔚兮，南山朝隮——婉兮娈兮，季女斯饥。（《曹风·
候人》）

　　鹈即鹈鹕，是一种捕鱼的鸟，又名鸬鹚，俗名水老鸦，伫立在鱼梁上，
连嘴都没浸湿的鹈鹕，当然是没捕着鱼的。这是拿鹈鹕捕不着鱼，比女子见
不着她所焦心期待的男人。和同类的篇章一样，这也是上二句是隐语，下二
句点出正意。朝隮即朝云，这和饥字都是隐语，说已详上。

　　朱鹭！鱼以（已）鸟（敫），路訾（鹭鸶）邪！鹭何食？食

茄（荷）下，不之食，不以吐，将以问诛（姝）者？（《铙歌·
朱鹭》）

欹，吐也，"诛"疑读为"姝"，《诗·干旄》："彼姝者子。"大意是
说：鹭鹚捕到了鱼，又把它吐出来了，那么，鹭鹚呀！你吃什么呢？现在
你站在荷叶底下，把它含在嘴里，既不吃下去，又不吐出来，这是干什么
的？末句的意思不大懂，全篇大意，是讽刺男子和他的女友，老维持着藕
断丝连的关系，既不甘心放弃，又不肯娶她的⑭。

张罾不得鱼，不（？）橹空罾归，君非鸬鹚鸟，底为守空池？
（《欢闻恋歌》）
第一龙宫女，相怜是阿谁？好鱼输獭尽，白鹭镇长饥。（李
群玉《龙安寺佳人阿最歌》）

鱼喻阿最，獭喻恶少们，白鹭诗人自喻。

王彦龄妻舒氏，工篇翰，彦龄失礼于妇翁，妇翁怒，邀其女
归，竟至离绝，女在父家，偶独行池上，怀其夫，作《点绛唇
词》云："独自临池，闷来强把阑干凭，旧愁新恨，耗却年时兴。
鹭散鱼潜，烟敛风初定，波心静，照人如镜，少个年时影。"
（《夷坚支志》）

"鹭散鱼潜"，写景兼寄兴，是双关语。

高季迪年十八未娶，妇翁周建仲出《芦雁图》命题，季迪赋
曰："西风吹折荻花枝，好鸟飞来羽翮垂，沙阔水寒鱼不见，满

身风露立多时。"翁曰："是将求室也。"择吉日以女妻焉。(《篷轩杂记》)

这酷似《管子》所载宁戚的故事，不知是否从那里脱胎的。

> 远望乖姐靠门旁，寒脸凸腮不理郎，鹭鹚飞到井沿站，看你不像养鱼塘——小小年纪梳洋妆。(《淮南情歌》)

"洋妆"谐"佯装"。

> 年年有个七月七，鹭鹚下田嘴衔泥，不是哥们巴结你，鱼养你来水养鱼。(《曲靖民歌》)

> 大河涨长满河身，一对野猫顺水跟，野猫吃鱼不吃刺，小妹偷嘴不偷身。(《陆良民歌》)

六　探　源

为什么用鱼来象征配偶呢？这除了它的繁殖功能，似乎没有更好的解释，大家都知道，在原始人类的观念里，婚姻是人生第一大事，而传种是婚姻的唯一目的，这在我国古代的礼俗中，表现得非常清楚，不必赘述。种族的繁殖既如此被重视，而鱼是繁殖力最强的一种生物，所以在古代，把一个人比作鱼，在某一意义上，差不多就等于恭维他是最好的人，而在青年男女间，若称其对方为鱼，那就等于说："你是我最理想的配偶！"现在浙东婚俗，新妇出轿门时，以铜钱撒地，谓之"鲤鱼撒子"，便是这观念最好的说明，上引《寻甸民歌》"只见鲤鱼来摆子"，也暴露了同样的意识。

文化发展的结果，是婚姻渐渐失去保存种族的社会意义，因此也就渐渐失去繁殖种族的生物意义，代之而兴的，是个人享乐主义，于是作为配偶象征的词汇，不是鱼而是鸳鸯，蝴蝶和花之类了。幸亏害这种"文化病"的，只是上层社会，生活态度比较健康的下层社会，则还固执着旧日的生物意识。这是何等鲜明的对照。

城里的琼花城外的鱼，花谢鱼老可奈何！（《扬州民歌》）

让不事生产的城里人去作装饰品，乡下人是要讲实用的。

最后，一个有趣的事实，是以鱼为象征的观念，不限于中国人，现在的许多野蛮民族都有着同样的观念，而古代埃及，西部亚洲以及希腊等民族亦然。崇拜鱼神的风俗，在西部亚洲，尤其普遍，他们以为鱼和神的生殖能力有着密切的关系。至今闪族人还以鱼为男性器官的象征，他们常佩的厌胜物，有一种用神鱼作装饰的波伊欧式的（Boeotian）尖底瓶，这神鱼便是他们媒神赫米斯（Hermes）的象征⑮，任何人都是生物，都有着生物的本能，也都摆不脱生物的意识，我们发现在世界的别处，这生物的意识，特别发达于各野蛮民族和古代民族间，正如在中国，看前面所举各例，汉族中，古代的多于近代的，少数民族的又多于汉族的。这里揭露了在思想上，"文化的人"和"生物的人"的区别。

本文中所引的近代民歌，除作者自己采辑的一小部分外，大部出自下列各书刊：陈志良著《广西特种民族歌谣集》，陈国钧著《贵州苗夷歌谣》，《民俗》和北京大学研究所《国学门月刊》，两种《歌谣集》都是承陈志良先生赠送的，谨此志谢。

朱佩弦先生指出：这个古老的隐语，用到后世，本意渐渐模糊，而变成近似空套的话头。他这意见是对的，附志于此。

一九四五，五，二五，昆明。

① 原载《边疆人文》第 2 卷第 3、4 期。据开明版《闻一多全集·神话与诗》编入本卷。

作者原注：

② 作者十年前在一篇题名《高唐神女传说之分析》的文章里（《清华学报》第十卷第四期。编者案：见本卷），曾经讨论过这个问题。十年来相关的材料搜集得更多（尤其在近代民歌方面），对于问题的看法似乎更深入，所牵涉到的方面也更广泛，所以现在觉得有把它作为专题，单独提出，重新讨论一次的必要。

③《注》曰："贯鱼，谓比众阴也，骈头相次，似贯鱼也。"《正义》曰："贯鱼者谓众阴也，骈头相次，似若贯穿之鱼。此六五若能处待众阴，但以宫人之宠相似。宫人被宠，不害正事，则终无尤过，无所不利，故云无不利。"《集解》引何晏曰："夫剥之为卦，下比五阴，骈头相次，似贯鱼也。鱼为阴物，以喻众阴也。夫宫人者，后夫人嫔妾各有次序，不相渎乱，此则贵贱有章，宠御有序，六五既为众阴之主，能有贯鱼之次第，故得无不利矣。"又引崔憬曰："鱼贯与宫人皆阴类，以比小人焉，鱼大小一贯，若后夫人嫔妇御女，大小虽殊，宠御则一，故终无尤也。"

④《诗·汝坟》疏引劳作肥。

⑤ 饥字是性的象征，详《高唐神女传说之分析》，《毛传》以朝释调，朝是通用的本字，其真正的本字，似乎当依《广韵》作豚，是两性的生殖器官和排泄器官的共名。在古书中，字或作州（《尔雅·释畜》"白州，骟"），或作丑（《内则》"鳖去丑"），或作烛（《淮南子·精神篇》"烛营指天"高注），或作涿（《蜀志·周群传》"诸毛绕涿居乎"），皆声近通用。但普通都用朝字，所以《株林篇》的"朝食"，本篇的"调（朝）饥"，《天问》的"鼂（朝）饱"，《蜉蝣篇》和《候人篇》的"朝隮"，《高唐赋》的"朝云"，涵义都颇为猥亵，乃至邑名"朝歌"，为了同字同音，犯着嫌疑，据说圣人之徒颜渊、曾子辈都得回避。

⑥《序》曰："刺文姜也。齐人恶鲁桓公微弱，不能防闲文姜，使至淫乱，为二国患焉。"《笺》曰："鲂也，鳏也，鱼之易制者，然而敝败之笱不能制……喻鲁桓微弱，不能防闲文姜，终其初时之婉顺。"

⑦ 从元刻本补，下同。

⑧《乐府诗集》载《宁戚歌》："沧浪之水白石粲，中有鲤鱼长尺半……"无疑是后

人根据《管子》这故事伪托的。

⑨ 贵州安南县，今改晴隆县。

⑩《序》曰："刺卫宣公也，纳伋之妻，作新台于河上而要之。……"《笺》曰："设鱼网者宜得鱼，鸿乃鸟也，反离焉，犹齐女以礼来求世子，而得宣公。"

⑪ 下臣字本作王，从鲍改。

⑫ 余详《乐府诗笺》。

⑬《笺》曰："'谁能'者，言人偶能割亨者。"《正义》曰："'人偶'者，谓以人意尊偶之也。……亨鱼小技，谁或不能？而云'谁能'者，人偶此能割亨者尊贵之，若言人皆未能，故云'谁能'也。"案：《正义》以"人偶"为成语，是对的，但释为"尊贵之"之意却错了。马瑞辰指出"人偶"又有相亲之义，所举证例中，《贾子·匈奴篇》"胡婴儿得近侍侧，胡贵人更进，得佐酒上前，上时人偶之"一条，尤其确切，这里"人偶"一词，正是亲昵之意，大概三家旧说有知道这篇是情诗的，康成笺《诗》，兼采众说，不知不觉受了他的暗示，所以就将"谁能"二字解释为那情人间"相人偶"的撒娇似的口气。这对于我们认烹鱼为隐语的主张，直接的当然没有证明什么，但间接的却未尝不能给我们增加些力量。

⑭ 作者前著《乐府诗笺》，解释此诗，大致还是沿用旧说，那是错的。

⑮ Robert Briffault：Sex in Religion（V. F. Calverton and Schmalhausen：Sex in Civilization P. 42）

司 命 考①

一 从空桑说起

从《大司命》"逾空桑兮从女"一语，我们猜着司命就是帝颛顼之佐，玄冥。

考颛顼的统治地区是空桑。《吕氏春秋·古乐篇》："帝颛顼生自若水，实处空桑。"这是明证。又《淮南子·本经篇》"共工振滔洪水，以薄空桑"，和《史记·律书》"颛顼有共工之陈（阵）以平水害"，所讲的都是颛顼与共工争帝的故事，《淮南子》所谓薄空桑即伐颛顼，因为空桑是颛顼的居地。空桑一作穷桑，《路史·后纪》八引《尚书大传》："穷桑，颛顼所居。"玄冥是颛顼之佐，所以他的居地也是空桑或穷桑。《左传·昭二十九年》蔡墨曰："脩及熙为玄冥，世不失职，遂济穷桑。"《九叹·远逝》："考玄冥于空桑。"这些又是玄冥居空桑的确证。歌曰："逾空桑兮从女。"又曰："导帝之兮九坑。"我们疑心司命即玄冥，所导之帝即帝颛顼。

二 虚北二星

《史记·天官书》曰："北宫玄武：虚，危。"这是五行说应用到天文学上，将虚危二星派作北方帝的分星。虚既是北方帝的分星，而北方帝是颛顼，所以虚又名颛顼之虚。（《尔雅·释天》："颛顼之虚，虚也。"）但我们猜想，在天上既有星代表着颛顼，可能也就有星代表着作为颛顼之佐的玄冥。经过研究，我们才知道，这星有是有的，不过它不是以玄冥的名字出现，而是以司命的名字出现的。《月令》疏引熊氏转引石氏《星经》，和《开元占经·甘氏中宫占篇》引甘氏《星经》都说"司命二星在虚北"，这靠近虚，即靠近颛顼的司命二星，无疑就是玄冥。

虚北的司命二星。和另外的司禄二星，司危二星，司非二星，共总称为四司。《开元占经·甘氏中宫占篇》引《甘氏赞》曰："四司续功，采麻襄鹿。"四司的采麻和《大司命》的"折疏麻兮瑶华"，应该是一回事，虽则关于司命与麻的关系的详情，我们还没获得充分的资料来予以说明。

三　冬与阴阳

五行系统中，北方帝主冬，《淮南子·天文篇》："北方，水也，其帝颛顼，其佐玄冥，执权而治冬。"冬的特征，据《月令》仲冬之月，说是"日短至，阴阳争，诸生荡。"所以"君子斋戒，处必掩，身欲宁……以待阴阳之所定。"这是说：冬至后，时而阴盛，时而阳盛，动荡不定，所以要"待阴阳之所定"。《大司命》的"一阴兮一阳"是以冬日的时阴时晴，变化无常，来象征阴阳二气动荡不定的状态。他说这现象是他"所为"的，正因为他是颛顼之佐，而颛顼是治冬的。

因为颛顼所主治的节季是冬，地区是属于虚星的分野的北方，所以虚星和冬，在五行家的概念中便发生了联系。《史记·律书》："虚者，能实能虚，言阳气冬则宛藏于虚，日冬至，则一阳下藏，一阴上舒，故曰虚。"这样解释虚字的意义，是否正确，是另一问题，但以阴阳变化来说明颛顼的星名，虚字的涵义，这和佐颛顼的大司命（玄冥）自称其行为为"壹阴兮壹阳"，倒是十分吻合的。

四　由空桑到九冈

《大司命》曰："逾空桑兮从女"，又曰"导帝之兮九院"，旧校引《文苑》，阬作冈，冈是正字。空桑与九冈都是山名。这两座山究竟在那里呢？

古代地名空桑的不止一处，但最初颛顼所统治的空桑当在北方。《北山经》："空桑之山，无草木，冬夏有雪，空桑之水出焉，东流注于虖沱。"郝懿行说它当在赵代间，大概是对的。我们以为颛顼所居的就是这个空桑。

《左传·昭十一年》："楚子灭蔡，用隐太子于冈山。"冈山，杜预《释例》只说它"必是楚地山"，而不能确指其地处。我们以为就是九冈山，王逸《机赋》"逾五岭，越九冈。"《古今图书集成》、《方舆汇编》、《职方典》、《荆州府部》、《山川考》二之五，松滋县"九冈山，去县治九十里，秀色如黛，婉蜒虬曲"。《舆地□□》"荆州松滋县有九冈山，郢都之望也"。我们猜想楚祖颛顼的庙就在这山上，所以他们灭了敌国之后，就到这里来，用那最隆重的人祭的典礼，告庙献俘。本篇的九冈就是《左传》的冈山，"导帝之兮九冈"，帝即颛顼，前面已经证明过。

近代学者们早就疑心楚人是从北方迁徙到南方来的。大司命"逾（越了）空桑"之后，又"导帝之兮九冈"，这不只反映了颛顼的族人由北而南的移殖的事实，而且明确的指出了那趟路程。

---

① 据开明版《闻一多全集·神话与诗》编入本卷。

道教的精神[①]

自东汉以来，中国历史上一直流行着一种实质是巫术的宗教，但它却有极卓越的，精深的老庄一派的思想做它理论的根据，并奉老子为其祖师，所以能自称为道教。后人爱护老庄的，便说道教与道家实质上全无关系，道教生生的拉着道家思想来做自己的护身符，那是道教的卑劣手段，不足以伤道家的清白。另一派守着儒家的立场而隐隐以道家为异端的人，直认道教便是堕落了的道家。这两派论者，前一派是有意袒护道家，但没有完全把握着道家思想的真谛，后一派，虽对道家多少怀有恶意，却比较了解道家，但仍然不免于"皮相"。这种人可说是缺少了点历史眼光。一个东西由一个较高的阶段退化到较低的，固然是常见的现象，但那较高的阶段是否也得有个来历呢？较高的阶段没有达到以前，似乎不能没有一个较低的阶段，我常疑心这哲学或玄学的道家思想必有一个前身，而这个前身很可能是某种富有神秘思想的原始宗教，或更具体点讲，一种巫教。这种宗教，在基本性质上恐怕与后来的道教无大差别，虽则在形式上与组织上尽可截然不同。这个不知名的古代宗教，我们可暂称为古道教，因之自东汉以来道教即可称之为新道教。我以为如其说新道教是堕落了的道家，不如说它是古道教的复活。不，古道教也许本来就没有死过，新道教只是古道教正常的、自然的组织而已。这里我们应把宗教和哲学分开，作为两笔帐来清算。从古道教到新道教是一个系统的发展，所以应排在一条线上。哲学中的道家是从古道教中分泌出来的一种质素。精华既已分泌出来了，那所遗下的渣滓，不管它起什么发酵作用，精华是不能负责的。古道教经过一个时期的酝酿，后来发酵成天师道一类的形态，这是宗教自己的事，与那已经和宗教脱离了关系的道家思想何干？道家不但对新道教堕落了的行为可告无罪，它并且对古道教还有替它提炼出一些精华来的功绩。道教只有应该感谢道家的。但道家是出身于道教，恐怕是千真万确的事实，它若嫌这出身微贱，而想避讳或抵赖，那却是不应当的。

我所谓古道教究竟是什么样的东西呢？详细的说明，不是本文篇幅所许的，我现在只能絜要提出几点来谈谈。

后世的新道教虽奉老子为祖师，但真正接近道教的宗教精神的还是庄子。《庄子》书里实在充满了神秘思想，这种思想很明显的是一种古宗教的反映。《老子》书中虽也带有很浓的神秘色彩，但比起《庄子》似乎还淡得多。从这方面看，我们也不能不同意于多数近代学者的看法，以为至少《老子》这部书的时代，当在《庄子》后。像下录这些《庄子》书中的片段，不是一向被"得意忘言"的读者们认为庄子的"寓言"，甚或行文的词藻一类的东西吗？

> 藐姑射之山有神人居焉，肌肤若冰雪，淖约若处子，不食五谷，吸风饮露，乘云气，御飞龙，而游乎四海之外；其神凝，使物不疵疬，而年谷熟。……之人也，物莫之伤，大浸稽天而不溺，大旱金石流，土山焦而不热。（《逍遥游》）

> 夫道有情有信，无为无形，可传而不可受，可得而不可见，自本自根，未有天地，自古以固存，神鬼神帝，生天生地，在太极之先而不为高，在六极之下而不为深，先天地生而不为久，长于上古而不为老。豨韦氏得之，以挈天地，伏戏氏得之，以袭气

母，维斗得之，终古不忒，日月得之，终古不息，堪坏得之，以
袭昆仑，冯夷得之，以游大川，肩吾得之，以处大山，黄帝得
之，以登云天，颛顼得之，以处玄宫，禺强得之，立乎北极，西
王母得之，坐乎少广，莫知其始，莫知其终，彭祖得之，上及有
虞，下及五伯，傅说得之，以相武丁奄有天下，乘东维，骑箕尾
而比于列星。（《大宗师》）

至人神矣，大泽焚而不能热，河汉沍而不能寒，疾雷破山，
飘风振海而不能惊。若然者，乘云气，骑日月，而游乎四海之
外，死生无变于己。（《齐物论》）

以上只是从《内篇》中抽出的数例，其余《外杂篇》中类似的话还
不少。这些决不能说是寓言，（庄子所谓"寓言"有它特殊的涵义，这里
暂不讨论。）即是寓言，作者自己必先对于其中的可能性及真实性毫不怀
疑，然后才肯信任它有阐明或证实一个真理的效用。你是决不会用"假"
以证明"真"或用"不可能"以证明"可能"的，庄子想也不会采用这
样的辩证法。其实庄子所谓"神人"、"真人"之类，在他自己是真心相信
确有其"人"的。他并且相信本然的"人"就是那样具有超越性，现在的
人之所以不能那样，乃是被后天的道德仁义之类所斫丧的结果。他称这本
然的"人"为"真人"或"神人"或"天"，理由便在于此。

我们只要记得灵魂不死的信念，是宗教的一个最基本的出发点，对庄
子这套思想，便不觉得离奇了。他所谓"神人"或"真人"，实即人格化
了的灵魂。所谓"道"或"天"实即"灵魂"的代替字。灵魂是不生不
灭的，是生命的本体，所以是真的，因之，反过来这肉体的存在便是假
的。真的是"天"，假的是"人"。全套的庄子思想可说从这点出发。其他
多多少少与庄子接近的，以贵己重生为宗旨的道家中各支派，又可说是从

庄子推衍下来的情绪。把这些支派次第的排列下来，我们可以发现神秘色彩愈浅，愈切近实际，陈义也愈低，低到一个极端，便是神仙家，房中家（此依《汉志》分类）等低级的，变态的养形技术了。冯芝生先生曾经说，杨朱一派的贵生重己说仅仅是不伤生之道，而对于应付他人伤我的办法只有一避字诀。然人事万变无穷，害尽有不能避者。老子之学，乃发现宇宙间事物变化之通则，知之者能应用之，则可希望"没身不殆"。庄子之《人间世》亦研究在人世中，吾人如何可入其中而不受其害。然此等方法，皆不能保吾人以万全。盖人事万变无穷，其中不可见之因素太多故也。于是老学乃为打穿后壁之言曰：

吾所以有大患者，为吾有身。及吾无身，吾有何患？

此真大彻大悟之言。庄学继此而讲"齐死去，同人我"。不以害为害，于是害乃真不能伤。由上面的分析，冯先生下了一个结论："老子之学，盖就杨朱之学更进一层，庄子之学，则更进二层也。"冯先生就哲学思想的立场，把杨老庄三家所陈之义，排列成如上的由粗而精的次第，是对的。我们现在也可就宗教思想的立场，说庄子的神秘色彩最重，与宗教最接近，老子次之，杨朱最切近现实，离宗教也最远。由杨朱进一步，变为神仙房中诸养形的方技，再进一步，连用"渐"的方式来"养"形都不肯干，最好有种一服而"顿"即"变"形的方药，那便到了秦皇汉武辈派人求"不死药"的勾当了。庄和老是养神，杨朱可谓养生，神仙家中一派是养形，另一派是变形——这样由求灵魂不死变到求肉体不死，其手段由内功变到外功，外功中又由渐以至顿——这便包括了战国、秦、汉间大部分的道术和方技，而溯其最初的根源，却是一种宗教的信仰。

除道家神仙家外，当时还有两派"显学"，便是阴阳与墨家了。这两家与宗教的关系，早已被学者们注意到了，这里无须申论。我们现在应考核的，是二家所与发生关系的是种什么样的宗教——即上文所谓古道教，还是另一种或数种宗教。关于这一点，我们首先可以回答，他们是不属于儒家的宗教。由古代民族复杂的情形看去，古代的宗教应当不止一种。儒家虽不甘以宗教自命，其实也是从宗教衍化或解脱出来的，而这种宗教和古道教截然是两回事。什么是儒家的宗教呢？胡适之先生列举过古代宗教迷信的三个要点：

　　一　一个有意志知觉，能赏善罚恶的天帝；

　　二　崇拜自然界种种质力的迷信如祭天地日月山川之类；

　　三　鬼神的迷信，以为人死有知，能作祸福。故必须祭祀供养他们。

胡先生认为这三种迷信"可算得是古中国的国教，这个国教的教主是'天子'"，并说"天子之名，乃是古时有此国教的铁证。"胡先生以这三点为古中国"国教"的中心信仰是对的，但他所谓"古中国"似乎是包括西起秦陇，东至齐鲁的整个黄河流域的古代北方民族，这一点似有斟酌的余地。傅孟真先生曾将中国古代民族分为东西两大系，是一个很重要的观察。（不过所谓东西当指他们远古时的原住地而言，后来东西互相迁徙，情形则较为复杂。）我以为胡先生所谓"国教"，只可说是东方民族的宗教，也便是儒家思想的策源地。至于他所举的三点，其实只能算作一点，因为前二点可归并到第三点中去。所谓"以人死有知，能作祸福"的"鬼神迷信"确乎是宗教信仰的核心。其实说"鬼神迷信"不如单说"鬼的迷信"，因为在儒家的心目中，神只是较高级的鬼，二者只有程度的悬殊，而无种类的差异。所谓鬼者，即人死而又似未死，能饮食，能行动。他能作善作恶，所以必须以祭祀的手段去贿赂或报答他。总之事鬼及高级鬼——神之道，一如事人，因为他即生活在一种不同状态中的人，他和生人同样，是一种物质，不是一种幻想的存在。明白了这一层，再看胡先生所举的第一点。既然那作为教主的人是"天子"——天之子，则"天"即天子之父，天子是"人"，则天子之父按理也必须是"人"了。由那些古代帝王感天而生的传说，也可以推到同样的结论。我们从东方民族的即儒家的经典中所认识的天，是个人格的天，那是毫不足怪的。这个天神能歆飨饮食，能作威作福，原来他只是由人死去的鬼中之最高级者罢了，天神即鬼，则胡先生的第一点便归入第三点了。

《鲁语》载着一个故事，说吴伐越，凿开会稽山，得到一块其大无比的骨头，碰巧吴使聘鲁，顺便就在宴会席上请教孔子。孔子以为那便是从前一位防风氏的诸侯的遗骸。他说：

> 山川之灵石足以纪纲天下者，其守为神，社稷之守为公侯，皆属于王者。

吴使又问："防风所守的是什么？"他又答道：

> 汪芒氏之君也，守封嵎之山者也，为漆姓，在虞、夏、商、周为汪芒氏，于周为长狄，今为大人。

这证明了古代东方民族所谓山川之神乃是从前死去了的管领那山川的人，而并非山川本身。依胡先生所说祭山川之类是"崇拜自然界种种质力的迷信"，那便等于说儒家是泛神论者了。其实他们的信仰中毫无这种意味。胡先生所举的第二点也可以归入第三点的。

儒家鬼神观念的真相弄明白了，我们现在可以转回去讨论道家了。上文我们已经说过道家的全部思想是从灵魂不死的观念推衍出来的，以儒道二家对照了看，似乎儒家所谓死人不死，是形骸不死，道家则是灵魂不死。形骸不死，所以要厚葬，要长期甚至于永远的祭祀。所谓"祭如在，祭神如神在"之在，乃是物质的存在。惟怕其不能"如在"，所以要设尸，以保证那"如在"的最高度的真实性。这态度可算执着到万分，实际到万分，也平庸到万分了。反之，道家相信形骸可死而灵魂不死，而灵魂又是一种非物质的存在，所以他对于丧葬祭祀处处与儒家立于相反的地位。《庄子·列御寇篇》载有庄子自己反对厚葬的一段话，但陈义甚浅，无疑是出于庄子后学的手笔。倒是汉朝"学黄老之术"而主张"赢葬以反真"的杨王孙发了一篇理论，真能代表道家的观念。

> 且夫死者终身之化，而物之归者也。归者得至，化者得变，是物各反其真也。反真冥冥，亡声亡形，乃合道情。夫饰外以华众，厚葬以隔真，使归者不得至，化者不得变，是使物各失其所也。且吾闻之：精神者天之有也，形骸者地之有也。精神离形，各归其真，故谓之鬼，鬼之言归也，其尸块然独处，岂有知哉？裹以币帛，隔以棺椁，支体络束，口含玉石，欲化不得，郁为枯腊，千载之后，棺椁腐朽，乃得归土，就其真宅，繇是言之，焉用久客？

这完全是形骸死去，灵魂永生的道理，灵魂既是一种"无形无声"超自然的存在，自然也用不着祭祀的供养了。所以儒家的重祀祭祀，又因祭祀而重视礼文，在道家看来，真是太可笑了。总之儒家是重形骸的，以为死后，生命还继续存在于形骸，他们不承认脱离形骸后灵魂的独立存在。道家是重视灵魂的，以为活时生命暂寓于形骸中，一旦形骸死去，灵魂便被解放出来，而得到这种绝对自由的存在，那才是真的生命。这对于灵魂的承认与否，便是产生儒道二家思想的两个宗教的分水岭。因此二派哲学思想中的宇宙论，人生论，或知识论，以至于政治思想等，无不随着这宗教信仰上先天的差别背道而驰了。

作为儒道二家的前身的宗教信仰既经判明了，我们现在可以回到阴阳家与墨家了。阴阳家的学说本身是一种宇宙论，就其性质讲，与儒家远而与道家近，是一望而知的。至于他们那天人相应的理论，则与庄子返人于天之说极相似，所以尽可以假定阴阳家与道家是同出于一个原始的宗教的，司马谈论道家曰：

> 其为精也，因阴阳之大顺，采儒墨之善，撮名法之要。

这里分明是以阴阳家思想为道家思想的主体或间架，而认儒墨名法等只有补充修正的附加作用。这也许要受阴阳家影响之后的道家的看法。然即此也可见阴阳家与道家的血缘，本来极近，所以他们的结合特别容易。钱宾四先生曾说"墨氏之称墨，由于薄葬"，我认为称墨与薄葬的关系如何还难确定，薄葬为墨家思想的最基本的核心，却是可能的，若谓"薄葬"之义生于"节用"，那未免把墨家看得太浅薄了。何况节用很多，墨子乃专在丧葬上大做文章，岂不可怪？我疑心节葬的理论是受了重灵魂轻形骸的传统宗教思想的影响，把节葬与节用连起来讲，不如把它和墨家重义轻生的态度看作一贯的发展。斤斤于"身体发肤，受之父母，不敢毁伤"的儒家，虽也讲"杀身成仁"，但那究竟是出于不得已。墨家本有轻形骸的宗教传统，所以他们蹈汤赴火的姿态是自然的，情绪是热烈的，与儒家真不可同日而语。墨家在其功利主义上虽与儒家极近，但这也可说是墨子住在东方，接受了儒家的影响，在骨子里墨与道要调和得多，宋钘、尹文不明明是这两派间的桥梁吗？我疑心墨家也是与道家出于那古道教的。《庄子·天下篇》的作者把墨翟、禽滑厘也算作曾经闻过古之道术者，与宋钘、尹文、彭蒙、田骈、慎到、关尹、老聃、庄周等一齐都算作知"本数"的，而认"邹鲁之士，搢绅先生"所谈的只是"末度"，《天下篇》

的作者显然认为墨家等都在道家的圈子里，只有儒家当除外。他又说"道术将为天下裂"，然则百家（对儒而言）本是从一个共同的道分裂出来的，这个未分裂以前的"道"是什么？莫非就是所谓古道教吧！这古道教如果真正存在的话，我疑心它原是中国古代西方某民族的宗教，与那儒家所从导源的东方宗教比起来，这宗教实在超卓多了，伟大多了，美丽多了，姑无论它的流裔是如何没出息！

---

① 原载昆明《中央日报》副刊《人文科学》第二期（1941 年 1 月 13 日）、第三期（1941 年 1 月 20 日）。据开明版《闻一多全集·神话与诗》编入本卷。

神 仙 考①

一 神仙思想之发展

最大多数铜器铭文的最大共同点，除了一套表示虔敬态度的成语外，就是祈眉寿一类的嘏辞②。典型的儒家道德观念的核心也是个"敬"字，而《洪范》五福第一便是寿。这表明以"寿"为目的，以"敬"为手段，是古代人生观最大特色。这观念的背景是什么？原来"敬"、"警"、"儆"最初只是一字，而"祈眉寿"归根无非是"救命"的呼声。在人类支配环境的技术尚未熟练时，一个人能不死于非命，便是大幸，所以嘏辞又曰"霝冬"，《诗》曰"令终"③，五福之五曰"考终命"，皆以善终为福。曰"眉寿"，曰"令终"，可见那时的人只求缓死，求正死，不作任何非分之想。《诗》及嘏辞又曰"祈黄发"、"祈黄耇"④，这又表明人为求缓死而准备接受缓死的条件。他说：既然死可缓而老不可却，那就宁老而勿速死。横竖人是牵就天的。大概当时一般中国人都这样想。惟独春秋时齐国及其邻近地带的人有些两样，而提出了"难老"的要求：

　　以旂眉寿，霝命，难老（《齐盅盘》）；
　　用旂眉寿，霝命，难老（《齐叔夷镈》）；

> 用旂匄眉寿，其万年，霝冬，难老（《殳季良父壶》）⑤；
>
> 永锡难老（《鲁颂·泮水》）。

然而曰"难老"而不曰"不老"，措词总算有些分寸，这样事实上也还相对的可能。若想到"不死"，如：

> 齐侯（景公）至自田，晏子侍于遄台……饮酒乐，公曰：
> "古而无死，其氏若何？"（昭二十年《左传》）
>
> 用旂寿老毋死。（《齐鎛铸》）

那就近乎荒唐了。景公酒酣耳热，一时失言，犹可原谅。《鎛铸》则是宗庙的祭器，何等严重，何以铭词中也载着这样的怪话？怪话何以又专出自齐人之口呢？学者必联想到战国时齐国的方士，以及一般人所深信的神仙说出于齐地的观念，因而断定这不死观念即神仙说之滥觞。至于神仙说何以产生在齐，则大家似乎已经默认了，是由于齐地滨海，海上岛屿及蜃气都是刺激幻想的对象。这两说都有相当的是处，但都不免把问题看得太简单了。实则春秋时的不死观念不曾直接产生战国时的神仙说，齐国（山东半岛）也并非神仙的发祥地，因之海与神仙亦无因果关系。齐之所以前有不死观念，后有神仙说，当于其种族来源中求解答。

齐姜姓，四岳之后，春秋有姜戎，自称亦四岳之后⑥，看来齐与姜戎本是同种。同姓之国，或在诸夏，或在四夷，这种情形在春秋时太寻常了。但遇到这种情形时，有一问题不易回答，即此种氏族的共同祖先，本属诸夏集团呢，还是夷狄集团？以姜姓为例，也许姜戎是夷化了的诸夏，也许齐、吕、申、许、向、纪、州、郭、厉等是华化了的夷狄。按普通的想法，似乎倾向前说者居多。实际上后说的可能性一样大。周人所谓戎，本是诸异族的大名。以血族言，一部分西戎是羌族。姜羌一字，或从女，或从人，只性别不同。

因之种名从人，姓氏从女，实质上也没有分别。周与羌族世为婚姻，弃母姜嫄，太王娶太姜，武王娶邑姜，皆姜族女。参与牧野之战的"西土之人"中的羌，大概就是武王的外家，而太公很可能就是他们的君长。太公以宗亲，兼伐纣有大功，受封于吕，这是这支羌人内徙与华化的开端，后来太公的儿子丁公，又以平蒲姑有功，领着一部分子姓就地受封，都于营邱，是为齐国⑦。蒲姑是商世大国，东方文化的一个中心，丁公的子孙世居其地，华化的机会更多了。齐之内迁与华化，其事和他同姓的申同类。《周书·王会篇》有西申，次在氐羌之前，应该也是羌族，南阳的申国即其种人之内徙而华化者。《大荒北经》"有北齐之国，姜姓，使虎豹熊罴"，此齐人之留在夷狄者。齐有北齐，申有西申，可证其先皆自夷狄迁来，本不属于诸夏集团。至于姜戎之逼处华夏而迟迟未被华化，则又似与莱人同类。莱亦姜姓，大概是和丁公同搬到东方的一支羌族，不知为什么和丁公决裂了，被屏弃在海滨，许久未受诸夏同化。同一种姓，或同化，或不同化，这许多原因中，婚姻许是一个最重要的因子。齐、申皆周室的宗亲，故同化的时期早而程度深，莱、姜戎不与诸夏通婚，故终春秋之世未被同化⑧。

由上观之，齐人本为西方的羌族，大致不成问题，现在我们就根据这点来探寻他们那不死观念的来源。

《墨子·节葬》下篇曰：

> 秦之西有仪渠之国者，其亲戚死，聚柴薪而焚之，燻上，谓之登遐。

仪渠即义渠，当是羌族，《吕氏春秋·义赏篇》曰：

> 氐、羌之民，其虏也，不忧其系累，而忧其死不焚也。

并可证。以上所说都是火葬，火葬的意义是灵魂因乘火上天而得永生，故古书所载火葬俗流行的地方，也是"不死"传说发生的地方。今甘肃、新疆一带，正是古代羌族的居地，而传说中的不死民，不死之野，不死山，不死树，不死药等[9]也都在这里。很可能齐人的不死观念是当初从西方带进来的。

但火葬所代表的不死，与不死民等传说的不死，大有分别。火葬是求灵魂不死。灵魂不死的先决条件，是"未来世界"的存在，一个远较这现实世界为圆满的第二世界，人死后，灵魂将在那里永恒的生存着，享乐着。又基于一种先决的事物对立观念，认为灵魂与肉体是相反相妨的，所以他们又想到非毁尽肉体，不足以解放灵魂，于是便产生了焚尸火葬的礼俗。《后汉书·西羌传》称其人

> 以战死为吉利，病终为不祥。

这也是很重要的材料。吉利大概即灵魂能升天之意。这可见他们因为急于要灵魂上天，甚至等不及老死，就要乘机教人杀死自己，好把躯体割断，让灵魂早早放出来。这与后来不死民等传说的灵肉合一，肉体不死即灵魂不死的观念相差太远了。但这种不死论，比起齐人的不死论，已经算玄虚的了。齐人所谓不死，当然是纯粹的肉体不死，灵魂的死不死，甚至灵魂的有无诸问题，他们似乎不曾注意。然而比较起那以殷民族为代表的东方诸土著民族来，这自西方移来的客籍齐人，又太嫌古怪了。依东方人说，人那有不死的道理？齐人真是妄想。至于肉体可随着灵魂而不死，或肉体必须毁尽而后灵魂乃能永生一类观念，那更是不可思议了。土著东方人与齐人之间是一条鸿沟。齐人与其老家的西方人比较的是相近。同是奢望，是痴想，是浪漫的人性不甘屈服于现实的表示，西方人前后两种不死观，以及齐人的不死观，只是程度深浅不同而已。非肉体死不足使灵魂生这种

说法，本是违反人性的，其不能行通而卒变为肉体与灵魂同生，乃是必然的趋势。肉死灵生的极端派一旦让步而变为灵肉同生的中和派，便根本失了唯灵论的立场，唯灵论的立场既经失去，便不难再让一步而成为齐人的纯肉不死论。加上内徙后的齐人，受了土著东方人的同化，其放弃灵魂观念的可能自然更大了。

上文我们说明了齐人本是西方迁来的羌族，其不死观念也是从西方带来的。但西方所谓不死本专指灵魂，并主张肉体毁尽，灵魂才得永生。这观念后来又演变为肉体与灵魂并生。齐人将这观念带到东方以后，特别因为当地土著思想的影响，渐渐放弃了灵魂观念，于是又演变为纯粹的肉体不死。齐人内徙日久，受同化的程度应当愈深，按理没有回到唯灵原则下的各种不死论的可能。然而事实上，战国初年燕、齐一带突然出现了神仙传说，所谓神仙者，实即因灵魂不死观念逐渐具体化而产生出来的想象的或半想象的人物（解释详下）。这现象也很怪。灵魂不死论本产生在西方，难道这回神仙传说之出现于燕、齐，也是从西方来的吗？对了，这回是西方思想第二度访问中国。神仙的老家是在西方，他的习惯都是西方的，这些在下文讨论神仙说及其理论与技术时，随时随地都是证据，现在我们只举一个最鲜明的例来作个引子。据后来汉武帝求神仙时屡见大人迹⑩，及司马相如《大人赋》推之，秦始皇时因临洮见大人而铸的"金人十二"，实在是十二位仙人的造像，难怪唐诗人李贺误秦皇的金人为汉武承露盘的仙人，而作《金铜仙人辞汉歌》⑪。这十二位仙人，据《汉书·五行志》说"皆夷狄服"⑫，可见始皇时还知道真正老牌的仙人是西域籍。我们不但知道神仙来自西方，并且知道他是从那条道路来的。六国、秦时传播神仙学说，及主持求仙运动的方士，据现在可考的，韩、赵、魏各一人，燕六人，齐二人⑬。这不是分明指出了神仙说东渐的路线吗？那时方士的先头部队刚到齐，大队人马则在燕，到汉武时全体都到达齐了，所以当时的方士几乎全是齐人。由此我们可以推想，在较早的时候，大队恐怕还在三晋，并且时代愈早，大队的行踪愈偏西。《晋语》九："赵简子叹曰：'雀入于海为蛤，雉入于淮为蜃，鼋鼍鱼鳖，莫不能化，唯人不能，哀夫！'窦犨侍曰：'臣闻之，君子哀无人，不哀无贿，哀无德，不哀无宠，哀名之不令，不哀年之不登。'"《注》："登，高也。"至于神仙思想所以终于在齐地生根了，那自然因为这里的不死思想与他原是一家人，所以他一来到便感着分外融洽，亲热，而乐于住下了。这与齐之地势滨海毫无关系。神仙并不特别好海。反之，他们最终的归宿是山——西方的昆仑山。他们后来与海发生关系，还是为了那海上的三山。其实连这也是偶然的，即使没有那海上三山，他们还是要在这里住下的。总之，神仙思想是从西方来的，他只是流寓在齐地因而在那里长大的，并非生在齐地。齐地的不死思想并没有直接产生神仙思想，虽则他是使神仙思想落籍在齐地的最大吸引力。因此，海与神仙并无因果关系，三山与神仙只是偶然的结合而已。

二 神仙说及其理论与技术

上文讲神仙是随灵魂不死观念逐渐具体化而产生的一种想象的或半想象的人物，这可从火葬得到证明。上引《墨子·节葬》下篇说义渠风俗"亲戚死，聚柴薪而焚之，燻上，谓之登遐"，登遐刘昼《新论·风俗篇》作"升霞"，《太平广记》引《博物志》作"登霞"。据此，则遐当读为煆，本训火焰，因日旁赤光，或赤云之似火者谓之霞，故又或借霞为之。登霞的本意是火化时灵魂乘火上升于天，这名词传到中国后，有两种用法。一是帝王死谓之登霞，二是仙人飞升谓之登霞。帝王死后有升天的资格，是中国自古相传的观念，现在借用西方登霞的名词以称帝王之死，倒顶合适。至于仙人飞升称登霞，则无所谓借用，因为飞升与火化本是一回事，仙人飞升是西方传来的故事，"登霞"当然也是用的西方的名词。《远游》曰：

載营魄而登霞兮，掩浮云而上征，

营魄即魂魄，既曰"载魂魄"，又曰"登霞"，与火葬的意义全合。《列仙传》称啸父既传其"作火法"于梁母，"临上三亮山，与梁母别，列数十火而升"，又师门"亦能使火"，死后，"一旦风雨迎之。讫则山木皆焚"。这些仙人的故事，都暗示着火化的意味。又云赤松子

能入火自烧，往往至昆仑山上……随风雨上下，

证以《远游》亦称赤松子"化去而不见"，这其间火化的痕迹也颇鲜明。至于宁封子的传说，则几乎明白承认是火葬了：

宁封子者……世传为黄帝陶正，有〔神〕人过之，为其掌火，能出五色烟，久则以教封子。封子积火自烧，而随烟气上下。视其灰烬，犹有其骨，时人共葬于宁北山中，故谓之宁封子焉。

又《史记·封禅书》称燕人宋毋忌等

为方僊道，形解销化，依于鬼神之事。

形解销化，据服虔说即"尸解"，而索隐曰："《白泽图》云'火之精曰宋毋忌'，盖其人火仙也。"尸解而成火仙，大概也是火化的变相的说法。又张晏曰："人老，如解去故骨，则变化也，今山中有龙骨，世人谓之龙解骨化去也。"如张说，则宋毋忌之"形解销化"，是形化而骨留，与宁封子

之烧后灰烬中有遗骨正合，无疑的这就是仙家尸解中之"火解法"的来源。尸解的另一种方法是"兵解"。上引《后汉书》称西羌人"以战死为吉利，病终为不祥"，大概战死者躯体破碎，灵魂得以立时逃出而升天，所以吉利，病死者躯体完整，灵魂被困在内，迟久不得自由，所以不祥。如此说来"兵解"乃是由战死吉利的观念蜕化来的一种飞升的手段。火解兵解，总共谓之"尸解"，正是解开尸体，放出灵魂的意思，然则所谓"神仙"不过是升天了的灵魂而已。仙字本作僊，《说文》"僊，升高也"，僊即僊字⑭。僊字本是动词，先秦典籍中皆如此用。升去谓之僊，动词名化，则升去了的人亦谓之僊。西方人相信天就在他们那昆仑山上⑮，升天也就是升山，所以僊字别体作仙⑯，正是依照西方人的观念所造的字。人能升天，则与神一样，长生，万能，享尽一切快乐，所以仙又曰"神仙"。升天后既有那些好处，则活着不如死去，因以活着为手段，死去为目的，活着的肉体是暂时的，死去所余的灵魂是永久的，暂时是假的，永久是真的，故仙人又谓之"真人"。这样看来，神仙乃是一种宗教的理想。凡是肉体能死，死而能毁的人，灵魂便能升天而成仙。仙在最初并不是一种特殊的人，只是人生活中的一个理想的阶段而已。既然人人皆可成仙，则神仙思想基本原则是平等。因此我们知道为什么春秋时代的齐国，虽有不死观念，而不能发展为神仙思想，只因封建阶级社会下，是不容平等思想存在的。到战国时封建制度渐渐崩溃，所以建筑在平等原则上的神仙思想可以乘机而入，以至逐渐繁盛起来。

上文已说过，登霞是由火化时灵魂乘烟霞上天而得来的观念，故《远游》曰："载营魄而登霞兮。"（营与魂通）魂的特性是游动不定，故一曰游魂。《易·系辞上传》"游魂为变"，韩康伯《注》曰："游魂，言其游散也。"《白虎通·性情篇》曰："魂犹伝伝也，行不休也。"行不休即游魂之义⑰。仙人登霞，本是从灵魂上天而游行不休产生的观念，所以仙人飞升后最主要的活动是周流游览。游是愈远愈妙，《楚辞》所载著名的咏仙人的文章以"远游"名篇，固是很明显的例子，而最具体最有趣的莫如《淮南子·道应篇》所述卢敖的故事：

> 卢敖游乎北海，经乎太阴，入乎玄阙，至于蒙穀之上，见一士焉，深目而玄鬓，渠颈⑰而鸢肩，丰上而杀下，轩轩然方迎风而舞，顾见卢敖，慢然下其臂，逖逃乎碑（峠）〔下〕⑲。卢敖就而视之，方倦（踡）龟壳而食蛤梨。卢敖与之语，曰："唯！敖为背群离党，穷观于六合之外者，非敖而已乎？敖幼而好道，至长而不渝〔解〕（懈）⑳，周行四极，唯北阴之未阅。今卒睹夫子于是，子殆可与敖为友乎？"若士謷然而笑曰："嘻！子中州之民，宁冒而远至此。此犹光乎日月而载列星，阴阳之所行，四时之所生，其比夫不名之地，犹突奥也。若我南游乎冈㝢之野，北息乎沈墨之乡，西穷窅冥之党，东关（贯）㉑鸿濛之光，此其下无地而上无天，听焉无闻，视焉则㉒眒。此其外犹有汰沃之汜，其余一举而千万里，吾犹未之能在。今子游始于此，乃语穷观，岂不亦远哉？然子处矣！吾与汗漫期于九垓之上㉓，吾不可以久㉔。"若士举臂而竦身，遂入云中。卢敖仰而视之，弗见。乃止驾，〔心〕㉕杶治（怡），悖若有丧也，曰："吾比夫子，犹黄鹄与壤虫也，终日行不离咫尺，而自以为远，岂不悲哉？"

此外《庄子》书中每讲到至人、神人、真人、大人（皆仙人的别名）如何游于六合之外，无何有之乡㉖，《淮南子》也是如此，并且说得更有声有色㉗，汉以来关于仙人的辞赋诗歌，几乎全是讲他们漫游的生活，晋、唐人咏仙人诗多称"游仙诗"。游必需舆驾，所游的地方是天空，所以，以龙为马，以云霓彗星之类为旌旗㉘。有舆驾，还得有仪卫，这是由风雨雷电以及其他种种神灵鬼怪组成的㉙，此之谓"役使鬼神"㉚。

神仙思想之产生，本是人类几种基本欲望之无限度的伸张，所以仙家如果有什么戒条，都只是一种手段，暂时节制，以便成仙后得到更大的满足。在原始人生观中，酒食，音乐，女色，可谓人生最高的三种享乐。其中酒食一项，在神仙本无大需要，只少许琼浆玉液，或露珠霞片便可解决。其余两项，则似乎是他们那无穷而闲散的岁月中惟一的课业。试看几篇典型的描写仙人的文学作品，在他们那云游生活中，除了不重要的饮食外，实在只做了闻乐与求女两件具体的事。有时女与乐分为二事，如《惜誓》既

　　　　载玉女于后车，

"以侍栖宿"（据王逸说），又

　　　　……至少原之壄兮，赤松、王乔皆在旁，二子拥瑟而调均兮，余因称乎清商。但往往是二者合为一事，如《远游》：
　　　　祝融戒而还衡兮，腾告鸾鸟迎宓妃，使湘灵鼓瑟兮，令海若舞冯夷。张《咸池》奏《承云》兮，二女御《九韶》歌。玄螭虫象并出进兮，形蟉虬而逶蛇，雌蜺便娟以增挠兮，鸾鸟轩翥而翔飞。音乐博衍无终极兮，焉乃逝以俳佪佪[31]。

这便叫作"快活神仙"！

　　现实生活既只有暂时的，不得已的过渡作用，过渡的期程自然能愈缩短愈好，所以性急的人，不免要设法自动的解决这肉体的障碍，好叫灵魂马上得到自由。手段大概还是火解与兵解，方法却与以前不同。以前火解是死后尸体被人焚掉，兵解也是躯体被人砍断。现在则是自焚自砍，合共可以称为"自解"。有了这种实行自解的人以后，仙的含义便为之大变，

从人生活过程上的一个理想阶段的名称，变而为采取一种超绝的生活形态的人的名称。这新含义就是现在通用的仙字的意义。

不知何时，人们又改变了态度，不大喜欢那单凭一场火一把剑送灵魂上升的办法了。他们大概对目前肉体的苦痛，渐渐感着真实起来，虽则对未来灵魂的快乐，并未减少信心，于是渐渐放弃了那自解的"顿"的办法，而采用了种种修炼的"渐"的办法。肉体是重浊的，灵魂是轻清的。但未始不可以设法去浊存清以变重为轻，这样肉体不就改造成灵魂了吗？在这假定的原则之下，便产生了各种神仙的方术，从事于这些方术的人便谓之方士。

最低级的方术，是符咒祠醮一类的感召巫术，无疑的这些很早就被采用了。这可称为感召派。比感召高一等的是服食派。凡是药物，本都具有，或被想象为具有清洁作用。尤其植物（如菊、术等）的臭味，矿物（如玉、黄金、丹砂）等的色泽都极容易联想到清洁，而被赋予以销毒除秽诸功能㉜。少见而难得与形状诡异的自然物品（如芝菌、石乳等），都具有神秘性，也往往被认为有同样效验。由于早就假定了浊与重为同一物质的两种德性，因之除秽便等于轻身，所以这些东西都成为仙药了。加之这些东西多生于深山中，山据说为神灵之所在，这些说不定就是神的食品，人吃了，自然也能乘空而游，与神一样了。最初是于日常饮食之外，加服方药。后来许是有人追究过肉体所以浊重的原因，而归咎于肉体所赖以长成的谷类㉝，恰巧被排泄出来谷类的渣滓，分明足以为其本质浊秽的证验，于是这人便提倡只食药，不食谷的办法，即所谓"避谷法"。

但是最好的轻身剂恐怕还是气——本质轻浮的气。并且据说万物皆待气以生存㉞，如果药物可以使人身轻，与其食药物，何如食药物所待以生存的气，岂不更为直捷，更为精要？所以在神仙方术中，行气派实是服食派进一步的发展。观他们屡言"食气"，可见气在他们心目中，本是食粮的代替品，甚至即食粮本身㉟。气的含义在古时甚广，除了今语所谓空气之外，还包括比空气具体些的几种物质。以前本有六气的说法——阴，阳，风，雨，晦，明[38]，现在他们又加以整齐化、神秘化，而排列为这样的方式：

> 春食朝霞，朝霞者，日始欲出赤黄气也[37]。秋食沦阴，沦阴者，日没以后赤黄气也。冬饮沆瀣，沆瀣者，北方夜半气也。夏食正阳，正阳者，南方日中气也。并天地玄黄之气，是为六气也。（《楚辞·远游》注引《陵阳子明经》）

玄与黄是近天与近地的空气，正阳即日光，依他们的说法可称光气，沆瀣即露水[38]，可称水气，朝霞沦漠即早晚的云霞[39]，是水气与光气的混合物。先秦人对于气是否有这样整齐的分类，虽是疑问，但他们所食的气，总不外这几种。

食气的方法，就是在如上面所指定的时刻，对着太阳或天空行深呼吸，以"吐故纳新"，同时身体还作着"熊经鸟伸，凫浴蝯躩，鸱视虎顾"等等姿态的活动[40]，以助呼吸的运用。用术语说，这种呼吸谓之"行气"，活动谓之"导引"[41]。行气后来又称"胎息"[42]，实是一种特殊的呼吸方法的名称。导引不但是辅导气流的运转，还可以训练肢体，使之轻灵趫捷，以便于迎风自举。这后一种目的，大概后来又产生了一种专门技术，谓之"乘蹻"。胎息与乘蹻发展（毋宁是堕落）到某种神秘阶段，都变成了魔术，于是又和原始的巫术合流了。以上是导引派及其流变。

新气既经纳入，还要设法固守，不使它泄散。《玉秘铭》曾发挥过这派守气的理论：

> 行氕（气）夹（居）则遹，遹则神，神则下，下则定，定则固，固则明，明则眯，眯则遐（优），遐则天，天丌（其）杳才

（在）上，墬（地）丌（其）杳才（在）下，巡（顺）则生，逆
则死。

大约是在守气论成立以后，行气派又演出一条最畸形的支流。上文说过气
有水气，水可称气，则人之精液也是气了，这样儿戏式的推论下来，便产
生了房中派的"还精补脑"的方术。原来由行气到房中，正如由服食到行
气一般，是一贯的发展，所以葛洪说：

　　服药虽为长生之本，若能兼行气者，其益甚速……然又宜知
房中之术，所以尔者，不知阴阳之术，屡为劳损，则行气难为力
也[43]。（《抱朴子·至理篇》）

这里虽只说长生，但最终目的还是飞升，下文有详细的说明。

神仙的目的是飞升，而飞升的第一要图是轻身。照上面那些方案行
来，相对的轻身的效果是可以担保的。尤其避谷而兼食气，如果严格实行
起来，其成效可想而知，所以司马相如说："列仙之传，居山泽间，形容
甚臞。"形容臞瘦，自然体重减轻了。然而要体重减轻到能飞的程度，还
是不可能，除非在某种心理状态之下，你一意坚持着要飞，主观的也就不
难果真飞上去了。在生理状态过度失常时——如胃脏中过度的空乏，或服
进某种仙药后，过度的饱厌等等情况之下，这种惬意的幻觉境界并不难达
到。上述那催眠式的法术，他们呼作"存想"。

无论各种方术，历经试验后，功效有限，即令有效，对于高贵阶级的
人们，尤其那日理万机的人主，太不方便。最好还是有种"顿"的手段，
一经使用，便立时飞去。大概是为供应这类人的需求，那一服便仙的神丹
大药，才开始试造的。

① 据开明版《闻一多全集·神话与诗》编入本卷。

作者原注：

② 详徐中舒《金文嘏辞释例》。

③《大雅·既醉》。

④《小雅·南山有台》"遐不黄耇"，《大雅·行苇》"以祈黄耇，黄耇台背"，《商颂·烈祖》"黄耇无疆"，《仪礼·士冠礼》同。《鲁颂·閟宫》"黄发台背"，又"黄发儿齿"，《书·秦誓》"尚犹询兹黄发"，《韩诗外传》五"吾受命国之黄发"。案《诗》言"黄耇台背"，是黄耇即黄发。耇盖读为毫（《庄子·知北游篇》"而不失毫芒"，唐写本豪作钩，《淮南子·道应篇》亦作钩，是其比），豪亦发也。台读为炱（《楚辞·九辩》"收恢台之孟夏兮"，台一作炱，《文选·舞赋》："舒恢炱之广度。"），《说文》曰"炱，灰炱，煤也"，一作炲，《素问·风论》"其色炲"，王《注》"炲，黑色也"，案炱浅于黑，今所谓灰色是也。"黄耇"与"台背"对文。《论衡·无形篇》曰："人少则发黑，老则白，白久则黄。人少则肤白，老则肤黑，黑久则黯，若有垢矣。发黄而肤有垢，故《礼》曰'黄耇无疆'，《诗》、《书》有言'黄发'者。"案王氏谓人老极则发黄肤黯，甚是，其读耇为垢，而以黄耇二字分指发肤，则不确。

⑤《海内经》"炎帝之孙伯陵，伯陵同吴权之妻阿女缘妇，缘妇孕三年，是生鼓延殳，始为侯"，郭《注》曰"三子名也"。案《周语》下"则我皇妣大姜之姪，伯陵之后，逢公之所凭神也"，韦《注》曰："大姜，大王之妃，王季之母，姜女也。……伯陵，大姜之祖，有逢伯陵也。逢公，伯陵之后，大姜之姪，殷之诸侯，封于齐地。"《左传·昭二十年》："昔爽鸠氏始居此地，（齐）季萴因之，有逢伯陵因之，蒲姑氏因之，而后大公因之。"据此，则殳是殷时据有齐地之姜姓诸侯逢伯陵的别封。周时殳国所在地未详，想与齐必相去不远。

⑥ 姜戎，陆浑戎之一种，本居瓜州，为秦人所迫逐，归于晋，惠公赐以南鄙之田以供晋之兵役。见《左传·僖二十二年》，《襄十四年》，《昭九年》，《襄十四年》，戎子驹支曰："我诸戎是四岳之裔胄也。"

⑦ 见傅斯年《大东小东说》。

⑧《左传·襄二年》："齐姜薨……齐侯使诸姜宗妇来送葬，召莱子，莱子不会。"雷学淇云："据此，则莱亦姜姓之戎可知。"（《竹书纪年义证》十九）案夹谷之会，齐使莱

人以兵劫鲁侯，孔子以公退，曰："士兵之！两君合好而裔夷之俘以兵乱之，非齐君所以命诸侯也。裔不谋夏，夷不乱华。"（《左传·定十年》）经传称莱亦皆曰莱夷，盖莱在被齐灭以前，始终拒绝同化。

⑨《海外南经》："不死民……其为人黑色，寿不死。"案经文，不死民在昆仑虚西。海内西北即海外东南，故此经亦有昆仑，然则以中国言之，不死民仍在西北也。又《大荒南经》"有不死之国"，《吕氏春秋·求人篇》"禹南至不死之乡"，《淮南子·墬形篇》"自西南至东南方有……不死民"，《远游》"留不死之旧乡"，亦在南方，皆据海外言之也。《淮南子·时则篇》"三危之国，石室金城，饮气之民，不死之野"，《天问》"黑水玄阯，三危安在？延年不死，寿何所止？"王《注》："玄阯、三危，皆山名也，在西方。黑水出昆仑山也。"案玄阯一名玄丘。《补史记·三代世表》引《诗传》："契母与姊妹浴于玄丘水。"《御览》引《张掖记》："黑水出县界鸡山，昔有娀女简狄浴于玄丘之水，即黑水也。"一名员丘，《海内经》"流沙之东，黑水之间，有山名不死之山"，郭《注》曰"即员丘也"，《水经·河水注》曰"流沙又历员丘不死山之西"。是玄阯、玄丘、员丘，异名同实，在黑水中，那所谓不死之山。又《水经·汾水注》"黑水出黑山"，《太平寰宇记》"〔神山县〕黑山在县东四十里，一名牛首山，今名乌岭山"，又"〔临汾县〕涝水源出乌岭山，俗名长寿水"。案黑山即乌岭山，黑水即涝水，一名长寿水。黑山为长寿水所出，故又名神山，县即因山得名也。依地名迁徙之例，域内之黑山即域外之玄阯、玄丘，玄阯、玄丘一名不死山，故黑水一名神山。域内之黑水即域外之黑水，域外黑水为不死山之所在，故域内黑水一名长寿水。地名迁徙之迹可据以考见民族迁徙之迹。

《海内西经》"开明兽……立昆仑上……开明北有……不死树"，郭《注》曰"言长生也"，《文选·思玄赋》李《注》引《古今通论》"不死树在层城西"。《大荒南经》"有不死之国，阿姓，甘木是食"，郭《注》曰"甘木即不死树，食之不老"。又《海外南经》"不死民"，《注》曰"有员丘山，上有不死树，食之乃寿"。此皆据海外言之，海外东南即海内西北。说已详上。《吕氏春秋·本味篇》"菜之善者……寿木之华"，高《注》曰："寿木，昆仑山上木也。华，实也。食其实者不死，故曰寿木。"郝懿行云疑即不死树，近是。

《淮南子·览冥篇》："羿请不死之药于西王母，姮娥窃之以奔月。"《后汉书·天文志》注引张衡《灵宪》曰："羿请无死之药于西王母，姮娥窃之以奔月。将往，枚筮之于有黄。有黄占之曰：'吉，翩翩归妹，独将西行，逢天晦芒，毋惊毋恐，后且大昌。'姮娥遂托身于月，是为蟾蜍。"《乙巳占》引《连山易》略同。《北堂书钞》一五〇引《归藏》曰："昔常娥以西王母不死之药服之，遂奔为月精"，《文心雕龙·诸子篇》曰："《归藏》之经，大明迂怪，乃称……姮娥奔月。"《海内西经》"昆仑之虚方八百里，高万仞……在八偶之岩，赤水之际，非仁（夷）羿莫能上冈之岩"，郭《注》曰："羿尝请药西王母，亦言其得道也。"《类聚》八八引《山海经图赞》："不死之树，寿蔽天地，请药西姥，焉得为羿？"案嫦娥窃药事亦见《天问》。《天问》曰："白蜺婴茀，胡为此堂？安得夫良药，不能固臧（藏）？"近人傅斯年、郭镂冰、童书业三氏均以嫦娥事说之，近确。余谓《天问》上文曰："夜光何德（得），死则又育？厥利维何，而顾菟在腹？"亦与此事有关。王《注》："夜光，月也；育，生也。"德与得通；《书钞》一五〇、《事类赋》注一引并作得。则犹而也；《类聚》一，《初学记》一，《御览》四，《事类赋》注一，《海录碎事》一引并作"死而又育"。古称月之盈亏为生魄死魄，故《孙子·虚实篇》曰："月有生死。"此文上二句问月何所得，乃能死而复生，其意盖即谓月精嫦娥尝得不死之药，故能死而复生也。下二句即承此意而问白菟捣药事。《汉乐府·董逃行》曰："采取神药若木端，白菟捣药虾蟆丸。"傅咸《拟天问》曰："月中何有，白兔捣药。""厥利维何，而顾菟在腹"者，正谓利兔之能捣药也。《天问》前后二文可以互相发明。《天问》著作时期至迟当在战国初，然则嫦娥窃药故事战国初已流行矣。《海内西经》："开明东有巫彭、巫抵、巫阳、巫履、巫凡、巫相，夹窫窳之尸，皆操不死之药以距之。窫窳者，蛇身人面贰负臣所杀也。"《大荒西经》："有灵山，巫咸、巫即、巫盼、巫彭、巫姑、巫真、巫礼、巫抵、巫谢、巫罗十巫从此升降，百药爰在。"亦谓不死之药。又《大荒南经》"有巫山者，西有黄鸟，帝药八斋"，郭《注》曰"天帝神仙药在此也"，《经》又曰"云雨之山……有赤石焉，生栾，黄本赤枝青叶，群帝焉取药"，《注》曰"言树花实皆为神药"。案此亦据域外言之，仍在中国西北也。

⑩《史记·封禅书》："公孙卿……言夜见大人，长数丈，就之则不见，见其迹甚大，类禽兽云。群臣有言见一老父牵狗，言'吾欲见巨公'，已忽不见。上即见大迹，未信，及群臣有言老父，则大以为仙人也。"又："公孙卿言见神人东莱山，若云欲见天子，天子……遂至东莱宿留之，数日无所见，见大人迹云。"魏咸熙二年大人见襄武县迹长三尺二寸，唐则天长安元年司刑寺囚伪作大人迹五尺，改元大足。

⑪李贺《金铜仙人辞汉歌·序》曰："魏明帝青龙元年八月，诏宫官牵车西取汉孝武捧露盘仙人，欲立置前殿，宫官既拆盘，仙人临载乃潸然泪下。"案李说多误。《史记·秦

始皇本纪》正义引《关中记》曰："董卓坏铜人，馀二枚，徙清门里。魏明帝欲将诣洛，载到霸城，重不可致，后石季龙徙之邺。苻坚又徙入长安而销之。"又引《英雄记》曰："昔大人见临洮而铜人铸，至董卓而铜人毁。"

⑫《汉书·五行志》下之上："史记秦始皇帝二十六年，有大人长五丈，履六尺，皆夷狄服，凡十二人，见于临洮……始皇……喜，以为瑞，销天下兵器，作金人十二以象之。"案收兵器与铸金人为二事。盖先收天下兵器，其作用为政治的，后销兵器以铸金人，其作用为宗教的。旧多混为一谈，失之。

⑬《史记·乐毅传》："乐氏之族有乐瑕公，乐臣公。赵且为秦所灭，亡之齐高密。乐臣公善修黄帝、老子之言，显闻于齐，称贤师。"又曰："乐臣公学黄帝老子，其本师号曰河上丈人，不知其所出。河上丈人教安期生，安期生教毛翕公，毛翕公教乐瑕公，乐瑕公教乐臣公，乐臣公教盖公，盖公教于齐高密膠西，为曹相国师。"案《集解》、《索引》并云"臣公一作巨公"，《田叔传》"学黄老术于乐巨公"，《汉书》作钜公，巨钜同，《御览》五一〇引《道学传》亦作乐钜公，是臣为巨之讹无疑。巨公者，《史记·封禅书》"言吾欲见巨公"，《汉书·郊祀志》下作钜公，《注》引张晏曰"天子为天下父，故曰钜公也"，是巨公之称，亦犹丈人，老子，太公，长者之类也。论其传受，《史记》谓乐瑕公、乐巨公于赵且为秦灭时亡之齐，则其人尚在战国晚世。盖公受乐巨公、黄老术，为曹参师，田叔学黄老术于乐巨公，而仕赵王张敖，则乐巨公下及秦汉之交。今二乐治黄老，得于毛翕公，毛翕公得于安期生，则安期生年世不能甚后。然史公又谓："蒯通善齐人安期生。安期生尝干项羽，羽不能用。已而羽欲封此两人，两人终不肯受，亡去。及曹参为相，请蒯通为客。"蒯生之年，不能高于盖公，则安期生何遽为盖公四传之师哉？（以上说本钱穆《先秦诸子系年考辩》二《老子杂辩》。）夫言家世之谱系，纪学派之传授者，孰不欲其渊源之远？故每分一人为数人，遞相比次，以极于邈迈难知。其事或出于无意的误信传闻，或出于有意的捏造姓字，要其不欲求真之心理则一也。

考瑕巨古音近义通（瑕通嘏，嘏训大，巨亦训大），乐瑕公盖即乐巨公之误分，而由安期生至盖公仅三传耳。然如此，安期生仍不得与蒯通、项羽、曹参等同世。《御览》五一〇引《道学传》："乐钜公宋人，号曰安丘丈人。"期丘古同音，安期即安丘。《汉书·地理志》北海郡、琅邪郡均有安丘，此当是琅邪之安丘，故《列仙传》曰："安期生，琅邪阜乡人。"古言生，犹今言先生，先生丈人皆老者之尊称，故安期生即安丘丈人。乐巨公号曰安丘丈人，是安期生又即乐巨公，亦即盖公本师。安期生传盖公，盖公传曹参，安期生自得与曹参相接，因之亦得与蒯通、项羽相接矣。要之，乐巨（瑕）公即安期生，乐，称其姓，安期（丘）称其地，巨公与生（先生）义亦同。乐氏本赵人，史称赵且为秦所灭，二乐亡之齐，故安期生又为齐人。乐巨公以善修黄老之言，显闻于齐，称贤师，盖没后而名益彰，故至孝武时，东齐方士如李少君、栾大、公孙卿等，皆传安期生为仙人（俱详《封禅书》）。《高唐赋》曰："有方之士，羡门高、上成郁林、公乐聚穀（开明版《闻一多全集》误作穀——编者），进纯牺，祷璇室，醮诸神，礼太一。"疑公乐为乐公之倒，即乐巨公、羡门高、聚穀皆战国末人（并详下），故与乐巨公并举。若然，则安期生（乐巨公）盖亦方士之流而未甚涉于迂怪者。以上赵一人：安期生。

《史记·秦始皇本纪》："三十二年……使韩终、侯公、石生求仙人不死之药。"案此石生，钱穆疑即古星历家石公，近确。又谓石公殆如张苍生六国以下逮汉世者。其举证如下：《史记·天官书》："周室史佚、苌弘，于宋子韦，郑则裨竈，在齐甘公，楚唐眜，赵尹皋，魏石申夫。"《汉书·艺文志》序术数云："六国时楚有甘公，魏有石申夫。"《史记正义》引《七录》曰："石申魏人，战国时作《天文》八卷。"然《郡斋读书志》"《甘石星经》一卷，汉甘公石申撰"，又以甘石为汉人，其说盖别有所本。《御览》二三五引应劭《汉官仪》曰："当春秋时鲁梓慎，晋卜偃，宋子韦，郑裨竈，观乎天文，以察时变，其言屡中，有备无害。汉兴甘石唐都司马父子，抑亦次焉。"亦以甘石为汉人。《史记·张耳传》："耳欲之楚，甘公曰：'汉王入关，五星聚东井，楚虽强，必属汉。'"《集解》引文颖曰"善说星者甘氏"，则甘公固及汉初，而石公亦可知。《汉书·天文志》曰："古历五星之推，亡逆行者，至《甘氏石氏经》，以荧惑太白为有逆行。"沈钦韩曰："《隋志》秦历始有金水之逆，又甘石并时，自有差异，汉初测候，乃知五星皆有逆行。"则甘石明及秦汉之际矣（《先秦诸子系年考辩》四《诸子摭逸》）。今姑依钱说，定石生即石申夫。以上魏一人：石生。

《史记·秦始皇本纪》："三十五年，侯生、卢生相与谋曰：'始皇为人，……贪于权势至此，未可为求仙药。'于是乃亡去。"《集解》曰："《说苑》曰：'韩客侯生也。'"案即三十二年与韩终、石生求仙人不死药之侯公。以上韩一人：侯生。

《史记·封禅书》："宋毋忌、正伯侨、充尚、羡门高、最后，皆燕人，为方仙道，形解销化，依于鬼神之事。"服虔、司马贞皆以为宋毋忌至羡门高四人，韦昭、刘伯庄、颜师古皆合最后为五人。王念孙谓韦、刘、颜说是，并云最后即《高唐赋》之聚穀（引见上文），最与聚，后与穀声皆近，其说至碻。余谓最聚并与邹通（《周礼·大司马》郑众注引《鄹子》"春取榆柳之火"云云，王应麟云即邹衍四十九篇文，《汉书·古今人表》有聚子，钱大昕、沈钦韩并云即《艺文志》、《邹氏春秋传》之邹氏），其人或即邹衍后裔之留滞于燕者。充尚《汉书·郊祀志》上作元尚，沈涛曰："当作元谷，即《列仙传》之元俗也。谷，俗之消，篆书谷字与尚字相近，讹而为尚，《史记》又误元为亢，遂不可晓。《列仙传》言元俗河间人，亦与燕人相合。"《汉书·司马相如传·大人赋》"廝征伯侨而役羡门兮"，《注》引张楫曰"羡门，碣石山上仙人羡门高也"，碣石在燕。《史记·秦始皇本纪》"三十二年，始皇之碣石，使燕人卢生求羡门高"，又"燕人卢生，使入海还，以鬼神事，因奏录图书曰'亡秦者胡也'"。或疑卢生即《淮南子·道应篇》之卢敖，未知然否。（《御览》三六九引《庄子》"卢敖见若士，深目鸢肩"，或系《淮南子》之讹。）以上燕六人：宋毋忌、正伯侨、羡门高、元谷、最后（聚榖）、卢生。

《史记·秦始皇本纪》："二十八年，齐人徐市等上书，言海中有三神山，名曰蓬莱、方丈、瀛洲，仙人居之，请得斋戒与童男童女求之。"《汉书·郊祀志》下谷永上封事："秦始皇初并天下，甘心于神仙之道，遣徐福、韩终之属，多齎童男童女，入海求神采药，因逃不还。"案徐市之市即𧗱之本字，音敷勿切，故《汉书》作福，俗书作市，误。韩终，《始皇本纪》三十五年作韩众，《正义》云"音终"，《楚辞·远游》"羡韩众之得一"，众一作终。《列仙传》韩终齐人。以上齐二人：徐市、韩终。

⑭ 蔓《小雅·宾之初筵》"屡舞仙仙"，《庄子·在宥篇》"仙仙乎归矣"，皆谓轻举之貌。鲍照《书势》"鸟企鱼跃"，企即仙字，企跃对举，企亦跃也。举，跃，升，义并相近，此仙之本义。又以声求之，《说文》仙之古文作㐌，讯之古文作䛐，是䙴声与卂声近。《说文》："卂，疾飞也。"《楚辞·九章·思美人》："因归鸟而致辞兮，羌迅（今作宿，此从一本及《文选》王仲宣《赠公孙文始诗》注引）高而难当。"《西京赋》："纷纵体而迅赴。"迅皆谓飞跃。仙之为言犹迅也，飞跃而上之貌也。《说文》："仙，长生仙去也。""仚，登也。"迁去之义，尚无不合，长生则古只谓寿，飞升乃谓仙，许君混为一谈，此本土观念与外来观念混合以后之意义，非仙之本谊也。

⑮ 昆仑山即今之天山。（《西山经》："又西三百五十里曰天山。……有神焉，其状如黄囊，赤如丹火，六足四翼，浑敦无面目，是识歌舞，实为帝江也。"注："庄生所云中央之帝混沌为倏忽所凿七窍而死者，盖假此以寓言也。"《汉书·武帝纪》："天汉二年与右贤王战于天山。"颜《注》："即祈连也，匈奴谓天为祈连，今鲜卑语尚然。"《史记正义》引《括地志》："祁连山在甘州张掖县西南二百里，又云天山，一名白山。"《后汉书·明

帝纪》注《西河旧事》："白山冬夏有雪，故曰白山。匈奴谓之天山，过之皆下马拜焉。"）

⑯《抱朴子·论仙篇》引《仙经》曰："上士举形升虚，谓之天仙，中士游于名山，谓之地仙，下士先死后蜕，谓之尸解仙。"此后起之观念。实则最初游名山之仙，不但即举形升虚之仙，且亦即先死后蜕之仙。《释名·释长幼》："仙，迁也，迁入山也，故其制字人傍作山也。"是汉末人尚知仙与山的关系。《说文》："仚，人在山上貌，从人从山。"仚即仙字。

⑰魂字本只作云，《说文》云为霎之古文，又作ç，像烟云之气袅袅浮动之貌。《吕氏春秋·圜道篇》"雲气西行云云"，高注曰："云，运也，周旋运布，肤寸而合，西行则雨也。"《古微书》引《春秋说题辞》曰："雲之为言运也，动阴路，触石而起，谓之雲，合阳而起，以精运也。"人之灵魂不可状，以烟云之气状之，故曰魂。

⑱原作泪注，从王念孙校改。

⑲⑳㉕从王念孙校补。

㉑关原误作开，从王念孙校改。案关贯古字通。《九叹·远游》"贯澒濛以东揭兮"，澒一作鸿。

㉒㉓㉔则原作无，上作外，久下衍驻字，从王念孙改删。

㉖《庄子·逍遥游篇》："夫列子御风而行，泠然善也，旬有五日而后反，彼于致福者未数数然也。此虽免乎行，犹有所待者也。若夫乘天地之正，而御六气之辩（变），以游无穷者，彼且恶乎待哉？"又："藐姑射之山，有神人居焉……不食五谷，吸风饮露，乘云气，御飞龙，而游乎四海之外。"《齐物论篇》："至人神矣……乘云气，骑日月，而游乎四海之外，死生无变乎己，而况利害之端乎？"《大宗师篇》："孰能登天游雾，挠挑无极，相忘以生，无所终穷？"《应帝王篇》："予方将与造物者为人，厌则又乘夫莽眇之鸟，以出六极之外，而游无何有之乡，以处圹埌之野。"《在宥篇》："出入六合，游乎九州，独往独来，是谓独有。独有之人，是之谓至贵。"《天地篇》："天下无道，则修德就闲，千岁厌世，去而上仙，乘彼白云，至于帝乡。"《秋水篇》："且彼方跐黄泉，而登大皇，无南无北，奭然四解，沦于不测，无西无东，始于玄冥，反于大通。"《徐无鬼篇》："小童曰：'……予少而自游于六合之内，予适有瞀病，有长者教予曰，若乘日之车而游于襄城之野，予少瘳。予又且复游六合之外。'"《文选·车驾幸京口侍游蒜山作诗》注引《庄子》佚文："阆奕之隶，与殷翼之孙，遏氏之子，三士相与谋致人于造物，共之元天之上。元天者，其高四见列星。"

㉗《淮南子·原道篇》："昔者冯夷、大丙之御也，乘云车，入云蜺，游微雾，骛怳忽，历远弥高以极往，经霜雪而无迹，照日光而无景，扲抱扶摇羊角而上，经纪山川，蹈腾昆仑，排阊阖，沦天门。……是故大丈夫恬然无思，澹然无虑，以天为盖，以地为舆，四时为马，阴阳为驺，乘云凌霄，与造化者俱，纵志舒节，以驰大区，可以步而步，可以骤而骤，令雨师洒道，使风伯扫尘，电以为鞭策，雷以为车轮，上游于霄霓之野，下出于无垠之门。"《俶真篇》："若夫真人，则动溶于至虚，而游于灭亡之野，骑蜚廉而从敦圄，驰于外方，休乎内宇（二字原倒，从王念孙乙），炖十日而使风雨，臣雷公，役夸父，妾宓妃，妻织女，天地之间，何足以留其志？"《精神篇》："若此人者，抱素守精，蝉蜕蛇解，游于太清，轻举独往，忽然入冥，凤凰不能与之俪，而况斥鷃乎？"

㉘《易·乾象传》："时乘六龙以御天。"《庄子·逍遥游篇》："乘云气，御飞龙。"《韩非子·十过篇》："昔者黄帝合鬼神于西泰山之上，驾象舆而六蛟龙。"《九歌·东君》："驾龙辀兮乘雷，载云旗之委蛇。"《云中君》："龙驾兮帝服。"《湘君》："驾飞龙兮北征……飞龙兮翩翩。"《大司命》："乘龙兮辚辚。"《河伯》："驾两龙兮骖螭。"《淮南子·览冥篇》："〔虑牺氏〕乘雷车，服应龙，骖青虬。"（以上神）《涉江》："驾青虬兮骖白螭。"《远游》："驾八龙之婉婉兮，载云旗之逶蛇，建雄虹之采旄兮，五色杂而炫耀……擥慧星以为旍兮，举斗柄以为麾。"《七谏·自悲》："借浮云以送予兮，载雌霓而为旌，驾青龙以驰骛兮，班衍衍之冥冥。"《九怀·通路》："乘虬兮登阳，载象兮上行。"《昭世》："驰六蛟兮上征，竦余驾兮入冥。"《思忠》："驾玄螭兮北征，曏吾路兮蕙岭，连五宿兮建旟，扬氛气兮为旌。"《陶壅》："驾八龙兮连蜷，建虹旍兮威夷。"《株昭》："乘虹骖蜺兮，载云变化。"《九叹·远逝》："举霓旌之墆翳兮，建黄缥之总旄。"《远游》："回朕车俾西引兮，褰虹旗于玉门，驰六龙于三危兮，朝四灵于九滨。"《九思·守志》："乘六蛟兮蜿蝉，遂驰骋兮升云，扬彗光兮为旗，秉电策兮为鞭。"《大人赋》："乘绛幡之素蜺兮，载云气而上浮，建格泽之修竿兮，总光耀之采旄，垂旬始以为幓兮，曳彗星而为髾……攒攗抢以为旌兮，靡屈虹而为绸……驾应龙象舆之蠖略委丽兮，骖赤螭青虬之蚴蟉宛蜒。"（以上仙）

㉙㉚《韩非子·十过篇》："昔者黄帝合鬼神于西泰山之上，驾象舆而六蛟龙，毕方并辖，蚩尤居前，风伯进扫，雨师洒道，虎狼在前，鬼神在后，凤凰覆上。"《淮南子·览冥篇》"〔虑牺氏〕乘雷车，服应龙，骖青虬，援绝瑞（元误瑞，从王念孙改），席萝图，络黄云（元作黄云络，从俞樾乙），前白螭，后奔蛇，浮游逍遥，道鬼神，登九天，朝帝于

灵门，宓穆休于大祖之下。"《九歌·大司命》："令飘风兮先驱，使冻雨兮洒尘。"（以上神）《九辩》："左朱雀之茇茇兮，右苍龙之跃跃，属雷师之阗阗兮，道飞廉之衙。"《远游》："召丰隆使先导兮，问太微之所居……历太皓以右转兮，前飞廉以启路……风伯为余先驱兮，氛埃辟而清凉，凤皇翼其承旂兮，遇蓐收乎西皇……时暧曃其曭莽兮，召玄武而奔属，后文昌使掌行兮，选署众神以并毂……左雨师使径侍兮，右雷公以为卫……召黔嬴而见之兮，为余乎平路。"《惜誓》："飞朱鸟使先驱兮，驾太一之象舆，苍龙蚴虬于左骖兮，白虎骋而为右騑。"《哀时命》："使枭杨先导兮，白虎为之前后。"《九怀·通路》："腾蛇兮后从，飞驱兮步旁。"《昭世》："使祝融兮先行，令昭明兮开明。"《株昭》："鷞鸠开路兮，后属青蛇。"《九叹·远游》："登昆仑而北首兮，悉灵圉而来谒，选鬼神于太阴兮，登阆阖于玄阙……驰六龙于三危兮，朝四灵于九滨……征九神于四极兮，建虹采以招指，驾鸾凤以上游兮，从玄鹤与鷞鸠，孔鸟飞而送迎兮，腾玄鹤于瑶光……凌惊雷以轶骇电兮，缀鬼谷于北辰，鞭风伯使先驱兮，囚灵玄于虞渊。"《大人赋》："悉征灵圉而选之兮，部署众神于摇光，使五帝先导兮，反太一而从陵阳，左玄冥而右黔雷兮，前长离而后矞皇，厮征伯侨而役羡门兮，诏岐伯使尚方，祝融警而跸御兮，清气氛而后行。"《淮南子·原道篇》："令雨师洒道，使风伯扫尘。"《抱朴子·杂应篇》："老君……从黄童百二十人，左有十二青龙，右有二十六白虎，前有二十四朱雀，后有七十二玄武，前道七十二穷奇，后从三十六辟邪，雷电在上，晃晃昱昱。"（以上仙）《招隐士·序》："又怪其文，升天乘云，役使百神，似若仙者。"《抱朴子·金丹篇》："元君者，大神仙之人也，能调和阴阳，役使鬼神风雨。"

㉛ 又《九怀·昭世》："闻素女兮微歌，听王后兮吹竽。"《九思·伤时》："使素女兮鼓簧，乘戈龢兮讴谣，声嗷㖒兮清和，音晏衍兮要媱。"《古乐府·王子乔》："玉女罗坐吹笛萧。"

㉜ 方药的名目甚多，如《抱朴子·仙药篇》所载，其中大概有不少是先秦传下的旧法。此外可以益寿补气的植物矿物，散见于《本草》及《列仙传》诸书者，亦不少。先秦古书中很少明确的记载。属于植物类者，《楚辞》多言菊，《吕氏春秋·别类篇》曰："夫草有莘有藟，独食之则杀人，合而食之则益寿。"属于矿物类的，大都只称玉，但这里所谓玉，大概包括许多与玉同类或近似的矿物。

㉝ 他们说"穀气"于人身有害，故《淮南子·墜形篇》曰："食穀者知慧而夭。"《庄子·逍遥游篇》："藐姑射之山，有神人居焉，……不食五谷。"《吕氏春秋·必己篇》：

"单豹好术，离俗弃尘，不食谷实。"注曰："不食谷实，行气道引也。"《史记·留侯世家》："留侯性多病，即道引不食谷。"又："乃学谷，道引轻身。"《新语·慎微篇》："绝五谷（穀）……求不死之道。"《列仙传》上《赤将子舆传》："不食五谷，而噉百草花。"都是避谷之例。

㉞《庄子·知北游篇》："人之生，气之聚也，聚则为生，散则为死。"《韩诗外传》八："然身何贵也？莫贵于气。人得气则生，失气则死。"《抱朴子·至理篇》："夫人在气中，气在人中，自天地至于万物，无不须气以生者也。"

㉟《大戴礼记·易本命篇》："食气者神明而寿。"《御览》六六八引《五符经》："食气者常有少容。"《淮南子·墜形篇》："食气者神明而寿，食穀者知慧而夭。"食气与食穀并举。《韩诗外传》五："圣人养一性而御六（元误作大）气，持（元误作待）一命而节滋味。"御六气与节滋味并举，《素问·六节藏象论》："天食人以五气，地食人以五味。"五气与五味并举，可见古人视气俨如一种粮食。《庄子·在宥篇》："云将曰：'天气不和，地气郁结，六气不调，四时不节，今我愿合六气之精，以育群生。'"又："〔黄帝曰〕：'吾欲取天地之精，以佐五穀，以养民人。'"天地之精亦谓天地之气。庄子之语与上揭各说可以互证。

㊱《庄子·逍遥游篇》："御六气之辩。"《在宥篇》："六气不调……今我愿合六气之精，以育群生。"《管子·戒篇》："御正六气之变。"《远游》："餐六气而饮沆瀣兮。"《韩诗外传》五："圣人养一性而御六气。"

㊲《文选·江赋》注及《御览》五一引并无黄字，义长。霞本训赤，字一作赮。《文选·蜀都赋》"舒丹气而为霞"，刘《注》曰："霞，赤云也。"《东京赋》"扫朝霞"，薛《注》曰："霞，日边赤气也。"《汉书·扬雄传·甘泉赋》"噏清云之流瑕兮"，颜《注》曰："瑕谓日旁赤气也。"瑕与霞通。

㊳《文选·琴赋》"餐沆瀣兮带朝霞"，五臣《注》："沆瀣，清露。"

㊴二阴字《御览》引并作汉，疑汉为渼之形误（渼字见《广韵》、《集韵》）。《说文》："英一曰黄英。"案《管子·禁藏篇》"毋夭英"，尹注曰："英，草木之初生也。"今呼苗初生者曰秧，英秧一字，草木初生萌芽之色皆黄，故英有黄义。黄色谓之英，黄色的光亦谓之英。《九歌·云中君》"华采衣兮若英"，《文选·月赋》"嗣若英于西冥"，《注》曰："若英，若木之英也。"若木即西方之扶桑，今谓之晚霞，晚霞多黄，故曰若英。《汉书·扬雄传·甘泉赋》："噏青云之流瑕（霞）兮，饮若木之露英。"朝见于东方而色赤者

曰霞，暮见于西方而色黄者曰英，霞英皆日旁的光气，故扬雄以朝瑕与露英对举。(《蜀都赋》"江珠瑕英"，盖亦谓珠光赤黄如日气。)沦露一声之转，沦漠当即露英，经以朝霞沦漠对举，正犹赋以流瑕露英并称，惟经以光气为水气，故字变从水耳。王《注》引作阴者当读为《尔雅·释畜》"阴白杂毛骊"之阴，舍人注曰"今之泥骢也"，郭注同，泥色黄，是阴有黄义，《尔雅》"黄白杂毛驱，阴白杂毛骊，苍白杂毛雅"，相次为文，盖阴色黄中发黑，苍又黑于阴也。阴从今声，今声字多有黄义。《小雅·车攻》"赤芾金舄"，《笺》："金舄，黄朱色也。"《说文》："颔，面黄也。"《广雅·释器》："黔，黄也。"又《说文》："稔，谷熟也。"案谷黄则熟也。《水经·浶水注》："浶水即黄水也。"是阴亦可有黄义(《周书·王会篇》"坤上张赤帝阴羽"，疑阴亦谓黄色，赤帝阴羽对文。孔注："阴，鹤也。"肒说无据)，阴漠皆训黄，故沦阴一作沦漠。

沦阴即日暮时的云霞，既如上说，而云本是水气，所以沦阴又名飞泉。《庄子·逍遥游篇》"御六气之辩"李《注》曰：

平旦为朝霞，日中为正阳，日入为飞泉，夜半为沆瀣，〔并〕天地玄黄为六气也。

陵阳子明以日入为沦阴，李奇以为飞泉，名异而实同，盖泉霰声近，飞泉即飞霰。(《说文》线古文作绥，《集韵》亦作缲，而《玉篇》霰一作霝，是绥霝声近，即泉霰声近。)雨雪杂下曰霰，字一作霝，《说文》："霝，小雨财零也。"二义相近，无妨通称。《韩诗·颇弁·薛君章句》曰："霰，霓也。"(《文选·雪赋》注，《御览》一二引。又《宋书·符瑞志》引作英。)沦漠一曰飞泉，犹霓一曰霰，漠霓一字，泉霰一字矣。又《说文》霰重文作霓，《释天》"天霓为霄"(今本霄下有雪字，从《说文》删)，是霰又曰霄，然霄或以为即云。

《淮南子·原道篇》"乘云陵霄"。

《后汉书·张衡传》注"霄，云也"。或以为即霞，

《水经·洛水注》"长霄冒岭，层霞冠峰"，

《汉书·扬雄传》注"霄，日旁气也"，

《反汉书·仲长统传》注"霄，摩天赤气也"。

是霰又为云为霞。沦漠本谓晚霞，而一曰飞泉，与霰为云霞，又为雪雨，其例正同。

㊵《庄子·刻意篇》："吹呴呼吸，吐故纳新，熊经鸟申，为寿而已矣，此导引之士，养形之人，彭祖寿考者之所好也。"《淮南子·精神篇》："若吹呴呼吸，吐故纳新，熊经鸟伸，凫浴蝯躩，鸱视虎顾，是养形之人也。"《泰族篇》："王乔、赤松，去尘埃之间，离

群麑之纷，吸阴阳之和，食天地之精，呼而出故，吸而入新，蹀虚轻举，乘云游雾，可谓养性矣。"《齐俗篇》："今夫王乔、赤松子，吹呴呼吸，吐故纳新，遗形去智，抱素反真，以游玄眇，上通云天，今欲学其道，不得其养气处神，而放其一吐一吸，时诎时伸，其不能乘云升假亦明矣。"《汉书·王褒传》："何必偃仰诎信若彭祖，呴嘘呼吸如侨、松，眇然绝世离俗哉？"《王吉传》："休则俛仰诎信以利形，进退步趋以实下，吸新吐故以练藏，专意积精以适神，于以养生，岂不长哉？大王诚留意如此，则心有尧、舜之志，体有乔、松之寿，美声广誉，登而上闻，则福禄其辏而社稷安矣。"

㊶㊷导引一曰步引，《汉书·艺文志》神仙家有《黄帝杂子步引》十二卷。《淮南子·天文篇》"吐气者施，含气者化，是故阳施阴化。"《大戴礼记·曾子天圆篇》略同。《论衡·自然篇》："夫人之施气也，非欲以生子，气施而子自生矣。"《韩诗外传》一："贤者不然，精气阗溢而后伤时〔之〕（从《说苑·辨物篇》补）不可过也，不见道端，乃陈情欲以歌道义。"《医心方》二八引《玉房秘诀》："求子之法，当蓄养精气，勿数施舍。"《抱朴子·对俗篇》引《仙经》曰："服丹守一，与天相毕，还精胎息，延寿无极。"又《释滞篇》："故行炁……其大要者，胎息而已。"

㊸《抱朴子·微旨篇》曰："九丹金液，最是仙主，然事大费重，不可卒办也。宝精爱炁，最其急也，并将服小药以延年命，学近术以辟邪恶，乃可渐阶精微矣。"《释滞篇》曰："欲求神仙，唯当得其至要。至要者，在于宝精行炁，服一大药便足，亦不多用也。"以上皆房中行炁与服药并举，亦可见长生要诀，不外此三大端。

歌 与 诗①

　　想象原始人最初因情感的激荡而发出有如"啊""哦""唉"或"呜呼""噫嘻"一类的声音，那便是音乐的萌芽，也是孕而未化的语言。声音可以拉得很长，在声调上也有相当的变化，所以是音乐的萌芽。那不是一个词句，甚至不是一个字，然而代表一种颇复杂的涵义，所以是孕而未化的语言。这样界乎音乐与语言之间的一声"啊～～～"便是歌的起源。不错，"歌"就是"啊"，二者皆从可陪声②，古音大概是没有分别的。在后世的歌辞中有时又写作"猗"。

　　　　断断猗无他技！（《书·秦誓》）

　　　　河水清且涟猗！（《诗·伐檀》）

　　　　而已反其真而我犹为人猗！（《庄子·大宗师篇》载孟子反子琴张相和歌。）

　　　　候人兮猗！（《吕氏春秋·音初篇》载涂山氏妾歌）或作"我"，

　　　　有酒湑我！无酒酤我！坎坎鼓我！蹲蹲舞我！（《诗·伐木》）

　　　　乌生八九子，端座秦氏桂树间。唶我③！秦氏有游遨荡子，工用睢阳强（弓），苏合弹，左手持强（弓）弹两丸，出入乌东

西。嗟我！一丸即发中乌身，乌死魂魄飞扬上天……（《乐府古
辞·乌生》）

什九则作"兮"，古书往往用"猗"或"我"代替兮字，可知三字声音原
来相同，其实只是啊的若干不同的写法而已。至于由啊又展转变为其他较
远的语音，又可写作各样不同的字体，这里不能，也不必一一举例。总
之，严格地讲，只有带这类感叹虚字的句子，及由同样句子组成的篇章，
才合乎最原始的歌的性质，因为，按句法发展的程序说，带感叹字的句子，
应当是由那感叹字滋长出来的。借最习见的兮字句为例，在纯粹理论上，
我们必须说最初是一个感叹字"兮"，然后在前面加上实字，由加一字如
《诗经》"子兮子兮"，"莎兮莎兮"，递增至大概最多不过十字，如《说
苑》所载柳下惠妻《谏柳下惠辞》"夫子之信诚而与人无害兮"。（感叹字
在句首或句中者，可以类推。）为什么我们必须这样说呢？因为实字之增
加是歌者对于情绪的自觉之表现。感叹字是情绪的发泄，实字是情绪的形
容，分析与解释。前者是冲动的，后者是理智的。由冲动的发泄情绪，到
理智的形容，分析，解释情绪，歌者是由主观转入了客观的地位。辨明了
感叹字与实字主客的地位，二者的产生谁先谁后，便不言而喻了。在感叹
字上加实字，歌者等于替自己当翻译，译词当然不能在原辞之前。感叹字
本只有声而无字，所以是音乐的，实字则是已成形的语言，因此我们又可
以说，感叹字是伯牙的琴声，实字乃钟子期讲的"志在高山"，"志在流
水"。自然伯牙不鼓琴，钟子期也就没有这两句话了。感叹字必须发生在
实字之前，如此的明显，后人乃称歌中最主要的感叹字"兮"为语助，语
尾，真是车子放在马前面了。

但后人这种误会，也不是没有理由的。在后世歌辞里，感叹字确乎失去
了它固有的重要性，而变成仅仅一个虚字而已。人究竟是个社会动物，发泄
情绪的目的，至少一半是要给人知道，以图兑换一点同情。这一来，歌中的

实字便不可少了，因为情绪全靠它传递给对方。实字用得愈多，愈精巧，情绪的传递愈有效，原来那声"啊～～～"便显着不重要，而渐渐退居附庸地位（如后世一般歌中的"兮"字），甚至用文字写定时，还可以完全省去。《九歌·山鬼》，据《宋书·乐志》所载当时乐工的底本，便把兮字都删去了。《史记·乐书》所载《天马歌》二章皆有兮字，《汉书·礼乐志》便没有了。这些都是具体的例证。然而兮字的省去，究竟是一个损失。

> 若有人兮山之阿，被薜荔兮带女萝。

试把兮字省去，再读读看，还是味儿吗？对了，损失了的正是歌的意味儿。你说那不过是声调的关系，意义并未变更。但是你要知道，特别在歌里，"意味"比"意义"要紧得多，而意味正是寄托在声调里的。最有趣的例是梁鸿的《五噫》：

> 陟彼北芒兮，噫！顾瞻帝京兮，噫！宫阙崔嵬兮，噫！人之
> 劬劳兮，噫！辽辽未央兮，噫！

作者本意是要这些兮字重行担起那原始时期的重要职责，无奈在当时的习惯中，兮字已无这能力了，不得已，这才在"兮"下又补上一个"噫"以为之辅佐，使它在沾染作用中，更能充分的发挥它固有的力量。因此，为体贴作者这番用意，我们不妨把"兮噫"二字索性捆紧些当作一个单元，而以如下的方式读这首歌：

> 陟彼北芒（兮～～噫～～）顾瞻帝京（兮～～噫～～）……

记住"兮"即"啊"的后身，那么"兮噫"的音值便可拟作"0 ～～～

O～～～"了。这一来，歌的面目便十足的显露出来了。此刻若再把"兮噫"去掉，让它成了一首四言诗，那与原来的意味相差该多么远！

以上我们反复地说明了感叹字确乎是歌的核心与原动力，而感叹字本身则是情绪的发泄，那么歌的本质是抒情的，也就是必然的结论了。

二

至于"诗"字最初在古人的观念中，却离现在的意义太远了。汉朝人每训诗为志：

> 诗之为言志也。（《诗谱序》疏引《春秋说题辞》）
> 诗之言志也。（《洪范·五行传》郑《注》）
> 诗志也。（《吕氏春秋·慎大览》高《注》，《楚辞·悲回风》
> 王《注》，《说文》）

从下文种种方面，我们可以证明志与诗原来是一个字。志有三个意义：一记忆，二记录，三怀抱，这三个意义正代表诗的发展途径上三个主要阶段。

志字从㞢。卜辞㞢作㞢，从止下一，象人足停止在地上，所以㞢本训停止。卜辞"其雨庚㞢"④犹言"将雨，至庚日而止"。志从㞢从心，本义是停止在心上。停在心上亦可说是藏在心里，故《荀子·解蔽篇》曰"志也者臧（藏）也"，《注》曰"在心为志"，正谓藏在心，《诗序》疏曰"蕴藏在心谓之为志"，最为确诂。藏在心即记忆，故志又训记。《礼记·哀公问篇》"子志之心也"，犹言记在心上，《国语·楚语》上"闻一二之言，必诵志而纳之，以训导我"，谓背诵之记忆之以纳于我也。《楚语》以"诵志"二字连言尤可注意，因为诗字训志最初正指记诵而言。诗之产生本在有文字以前，当时专凭记忆以口耳相传。诗之有韵及整齐的句法，不都是为着便于记诵吗⑤？所以诗有时又称诵⑥。这样说来，最古的诗实相当于后世的歌诀，如《百家姓》，《四言杂字》之类。就《三百篇》论，《七月》（一篇韵语的《夏小正》或《月令》）大致还可以代表这阶段，虽则它的产生决不能早到一个太辽远的时期。

无文字时专凭记忆，文字产生以后，则用文字记载以代记忆，故记忆之记又孳乳为记载之记。记忆谓之志，记载亦谓之志。古时几乎一切文字记载皆曰志。

1.《左传·文二年》："《周志》有之，'勇则害上，不登于明堂。'"《注》："《周志》，《周书》也。"案二语见《逸周书·大匡篇》。

2.《襄廿五年》："志有之，'言以足志，文以足言。'"《注》："志，古书也。"

3.《襄三十年》："《仲虺之志》云：'乱者取之，亡者侮之。'"案即《仲虺之诰》，此真古文《尚书》的佚文。

4.《国语·晋语》四："礼志有之曰：'将有请于人，必先有人焉。'"

5.同上："夫先王之法志，德义之府也。"《注》："志，记也。"案《左传·僖二十七年》作"《诗》、《书》，义之府也"，是所谓法志者即《诗》、《书》。

6.《晋语》六："夫成子导前志以左先君，导法而卒以政，可不谓文乎？"《注》："志，记也。"

7.《晋语》九："志有之曰：'高山峻原，不生草木，松柏之地，其土不肥。'"《注》同。

8.《楚语》上："教之故志，使知废兴者而戒惧焉。"《注》："故志谓所记前世成败之书。"

9.《周礼·小史》："掌邦国之志。"司农《注》："志谓记也,《春秋》所谓《周志》,《国语》所谓《郑书》之属也。"

10. 同上《外史》："掌四方之志。"郑《注》："志,记也,谓若鲁之《春秋》,晋之《乘》,楚之《梼杌》。"

11.《孟子·滕文公》上篇："且志曰:'丧祭从先祖。'"赵《注》："志,记也。"

12. 又下篇："且志曰:'枉尺而直寻,宜若可为也。'"《注》同。

13.《荀子·大略篇》："《聘礼志》曰:'币厚则伤德,财侈则殄礼。'"

14.《吕氏春秋·贵当篇》："志曰:'骄惑之事,不亡奚待?'"《注》："志,古记也。"

一切记载既皆谓之志,而韵文产生又必早于散文,那么最初的志(记载)就没有不是诗(韵语)的了。上揭1、14 二例所引的"志"正是韵语,而现在的先秦古籍中韵语的成分还不少,这些都保存着记载的较古的状态。承认初期的记载必须是韵语的,便承认了诗训志的第二个古义必须是"记载"。《管子·山权数篇》"诗所以记物也",正谓记载事物,《贾子·道德说篇》"诗者志德之理而明其指,令人缘之以自戒也",志德之理亦即记德之理。前者说记物,后者说记理,所记之对象虽不同,但说诗的任务是记载却是相同的,可见诗字较古的涵义,直至汉初还未被忘掉。

上文我们说过"歌"的本质是抒情的,现在我们说"诗"的本质是记事的,诗与歌根本不同之点,这来就完全明白了。再进一步的揭露二者之间的对垒性,我们还可以这样说:古代歌所据有的是后世所谓诗的范围,而古代诗所管领的乃是后世史的疆域。要测验上面这看法的正确性,我们只将上揭各古书称志的例子分析一下就思过半了。除一部分性质未详

外，那些例子可依《六经》的类目分为（一）《书》类，1、3、5、6、8
属之，（二）《礼》类，4、10、13属之，（三）《春秋》类，9、10属之。
有《书》，有《春秋》，有《礼》，三者皆称志，岂不与后世史部的书称志
正合？然而古书又有称《诗》为志的。《左传·昭十六年》载郑六卿饯宣
子于郊，子齹赋《野有蔓草》，子产赋《郑》之《羔裘》，子大叔赋《褰
裳》，子游赋《风雨》，子旗赋《有女同车》，子柳赋《萚兮》。宣子喜曰：
"郑其庶乎！二三君子以君命贶起，赋不出《郑志》，皆昵燕好也。"六卿
所赋皆《郑风》，而宣子说是"赋不出《郑志》"，可知《郑志》即《郑
诗》。属于史类的《书》（古代史）、《春秋》（当代史）、《礼》（礼俗史）
称志，《诗》亦称《志》，这是什么缘故？原来《诗》本是记事的，也是
一种史。在散文产生之后，它与那三种仅在体裁上有有韵与无韵之分，在
散文未产生之前，连这点分别也没有。诗即史，所以孟子说：

> 王者之迹熄而《诗》亡，《诗》亡然后《春秋》作。晋之
> 《乘》，楚之《梼杌》，鲁之《春秋》，一也，其事则齐桓、晋文，
> 其文则史。（《离娄》下篇）

《春秋》何以能代《诗》而兴？因为《诗》也是一种《春秋》。他又说：

> 诵其诗，读其书，不知其人，可乎？是以论其世也。（《万
> 章》下篇）

一壁以诗书并称，一壁又说必须知人论世，孟子对于诗的观念是雪亮的。
在这点上，《诗大序》与孟子的话同等重要：

> 至于王道衰，礼义废，政教失，国异政，家殊俗，而《变

风》、《变雅》作矣。国史明乎得失之迹，伤人伦之废，哀刑政之
苛，吟咏性情，以风其上，达于事变，而怀其旧俗者也。

诗即史，当然史官也就是"诗人"。但《序》意以为《风》、《雅》是史官
所作，则不尽然。初期的雅，尤其是《大雅》中如《绵》，《皇矣》，《生
民》，《公刘》等是史官的手笔，是无疑问的，《风》则仍当出自民间。不
过《序》指出了诗与国史这层关系，不能不说是很重要的一段文献。如今
再回去看《诗序》好牵合《春秋》时的史迹来解释《国风》，其说虽什九
不可信，但那种以史读诗的观点，确乎是有着一段历史背景的。最后，从
史字的一分较冷僻的训诂中，也可以窥出诗与史的渊源来。

> 文胜质则史。(《论语·雍也篇》)
> 辞多则史。(《仪礼·聘礼记》)
> 捷敏辩给，繁于文采，则见以为史。(《韩非子·难言篇》)
> 米监博辩，则以为多而史之⑦。(同上《说难篇》)

"繁于文采"，正是诗的荣誉，这里却算作史的罪名，这又分明坐实了诗史
之间不可分离的关系。

三

社会日趋复杂，为配合新的环境，人们在许多使用文字的途径上，不
得不舍弃以往那"繁于文采"的诗的形式而力求经济，于是散文应运而
生。史的记载不见得是首先放弃那旧日的奢侈锢习的，但它终于放弃了。
大概就在这时，志诗二字的用途才分家。一方面有旧式的韵文史，一方面
又有新兴的散文史，名称随形式的蕃衍而分化，习惯便派定韵文史为

"诗"，散文史为"志"了。此后，二字混用通用的现象不是没有，但那只算得暂时的权变，和意外的出轨。

你满以为散文进一步，韵文便退一步，直至有如今日的局面，"记事"几乎完全是散文一家独有的山河，韵文（如一切歌诀式的韵语）则蜷伏在一个不重要的角落里，苟延着残喘，于是你惊讶前者的强大，而惋惜后者的式微。你这兴衰之感是不必要的。韵文并非式微，它是迁移到另一地带去了。它与歌有一段宿诺。在记事的课题上，它打头就不感真实兴趣，所以时时盼着散文的来到，以便卸下这分责任，去与歌合作，现在正好如愿以偿了。所以《孟子》"《诗》亡然后《春秋》作"之亡，若解作逃亡之亡，或许与事实更相符合点。

诗与歌合流真是一件大事。它的结果乃是《三百篇》的诞生。一部最脍炙人口的《国风》与《小雅》，也是《三百篇》的最精彩部分，便是诗歌合作中最美满的成绩。一种如《氓》，《谷风》等，以一个故事为蓝本，叙述方法也多少保存着故事的时间连续性，可说是史传的手法，一种如《斯干》，《小戎》，《大田》，《无羊》等，平面式的纪物，与《顾命》，《考工记》，《内则》等性质相近，这些都是"诗"从它老家（史）带来的贡献。然而很明显的上述各诗并非史传或史志，因为其中的"事"是经过"情"的炮制然后再写下来的。这情的部分便是"歌"的贡献。由《击鼓》，《绿衣》以至《蒹葭》，《月出》，是"事"的色彩由显而隐，"情"的韵味由短而长，那正象征着歌的成分在比例上的递增。再进一步，"情"的成分愈加膨胀，而"事"则暗淡到不合再称为"事"，只可称为"境"，那便到达《十九首》以后的阶段，而不足以代表《三百篇》了。同样，在相反的方向，《孔雀东南飞》也与《三百篇》不同，因为这里只忙着讲故事，是又回到前面诗的第二阶段去了，全不像《三百篇》主要作品之"事""情"配合得恰到好处。总之，歌诗的平等合作，"情""事"的平均发展，是诗第三阶段的进展，也正是《三百篇》的特质。

诗与歌合流之后，诗的内容又变了一次，于是诗训志的第三种解释便可以应用了。上文说志的本义是"停止在心上"，也可说是"蕴藏在心里"，记忆一义便是由这里生出的。但是情思，感想，怀念，欲慕等等心理状态，何尝不是"停在心上"或"藏在心里"？这些在名词上五花八门，实际并无确定界限的心理状态，现在看来，似乎应该统名之为陆机《文赋》所谓"诗缘情而绮靡"之情，古人则名之为意。《书·尧典》"诗言志"，《史记·五帝本纪》志作意，《汉书·司马迁传》引董仲舒曰"诗以达意"。郑康成注《尧典》"诗言志，歌永言"，亦曰"诗所以言人之志意也，永长也，歌又所以长言诗之意"。诗训志，志又训意，故《广雅·释言》曰："诗，意也。""诗言志"的定义，无论以志为意或为情，这观念只有歌与诗合流才能产生。

但是这样一个观点究竟失之偏宕，至少是欠完备。因为这里所谓诗当然指《三百篇》，而《三百篇》时代的诗，依上文的分析，是志（情）事并重的，所以定义必须是"于记事中言志"或"记事以言志"方才算得完整。看《庄子·天下篇》"《诗》以道志，《书》以道事"及《荀子·儒效篇》"《诗》言是其志也，《书》言是其事也"，都把事完全排出诗外，可知他们所谓志确是与"事"脱节了的志。诗后来专在《十九首》式的"羌无故实"空空洞洞的抒情诗道上发展，而叙事诗几乎完全绝迹了，这定义恐怕不能不负一部分责任。

在上文我们大体上是凭着一两字的训诂，试测了一次《三百篇》以前诗歌发展的大势，我们知道《三百篇》有两个源头，一是歌，一是诗，而当时所谓诗在本质上乃是史。最后这一点特别值得注意。知道诗当初即是史，那恼人的问题"我们原来是否也有史诗"也许就有解决的希望。这是很好的消息，我们下次就该讨论这问题了。

廿八年六月一日

① 原载 1939 年 6 月 5 日昆明《中央日报》副刊《平明》第 16 期。据开明版《闻一多全集·神话与诗》收入本卷。这是作者计划中的一部《中国上古文学史讲稿》的一章。

作者原注

② "歌从哥声，哥又从可声，啊从阿声，阿从可声"，这般说法，我嫌它太啰唆了，所以杜撰了这个名词。可是歌与啊的陪声，中间隔着了哥与阿，犹之乎大夫对天子称陪臣，中间隔着了诸侯。

③ 旧读喈字绝句，而以我字属下读，细玩各句的文义，是讲不通的。

④《铁云藏龟》一六，四。

⑤ 诗必记诵，瞎子的记忆力尤发达，故古代为人君诵诗的专官曰矇，曰瞍，日瞽。

⑥《诗·节南山》"家父作诵"，《崧高》及《烝民》"吉甫作诵"，皆谓诗。至《崧高》于"吉甫作诵"下曰"其诗孔硕，其风肆好"，此诗则谓辞（诗辞古音同），风谓声调。《卷阿》"矢诗不多，维以遂歌"即陈辞不多，可证。

⑦《史记·天官书》"凌杂米盐"，《正义》："米盐，细碎也。"《汉书·循吏黄霸传》"米盐靡密"，《注》："米盐，言杂而且细。"《酷吏咸宣传》"其次米盐事小大皆关其手"，《注》："米盐，细杂也。"

说　　舞

一场原始的罗曼司

假想我们是在参加着澳洲风行的一种科罗泼利（Corro-Borry）舞。

灌木林中一块清理过的地面上，中间烧着野火，在满月的清辉下吐着熊熊的赤焰。现在舞人们还隐身在黑暗的丛林中从事化装。野火的那边，聚集着一群充当乐队的妇女。忽然林中发出一种坼裂声。紧跟着一阵沙沙的磨擦声——舞人们上场了。闯入火光圈里来的是三十个男子，一个个脸上涂着白垩，两眼描着圈环，身上和四肢画着些长的条纹。此外，脚踝上还系着成束的树叶，腰间围着兽皮裙。这时那些妇女已经面对面排成一个马蹄形。她们完全是裸着的。每人在两膝间绷着一块整齐的鼯鼠皮。舞师呢，他站在女人们和野火之间，穿的是通常的鼯皮围裙，两手各执一棒。观众或立或坐的围成一个圆圈。

舞师把舞人们巡视过一遭之后，就回身走向那些妇女们。突然他的棒子一拍，舞人们就闪电般的排成一行，走上前来。他再视察一番，停了停等行列完全就绪了，就发出信号来，跟着他的木棒的拍子，舞人们的脚步移动了，妇女们也敲着鼯鼠皮唱起歌来。这样，一场科罗泼利便开始了。

拍子愈打愈紧，舞人的动作也愈敏捷，愈活泼，时时扭动全身，纵得很高，最后一齐发出一种尖锐的叫声，突然隐入灌木林中去了。场上空了一会儿。等舞师重新发出信号，舞人们又再度出现了。这次除舞队排成弧形外，一切和从前一样。妇女们出来时，一面打着拍子，一面更大声的唱，唱到几乎嗓子都要裂了，于是声音又低下来，低到几乎听不见声音。歌舞的尾声和第一折相仿佛。第三，四，五折又大同小异的表演过了。但有一次舞队是分成四行的，第一行退到一边，让后面几行向前迈进，到达妇人们面前，变作一个由身体四肢交锁成的不可解的结，可是各人手中的棒子依然在飞舞着。你直害怕他们会打破彼此的头，但是你放心，他们的动作无一不遵守着严格的规律，决不会出什么岔子的。这时情绪真紧张到极点，舞人们在自己的噪呼声中，不要命的顿着脚跳跃，妇女们也发狂似的打着拍子引吭高歌。响应着他们的热狂的，是那高烛云空的火光，急雨点似的劈拍的喷射着火光。最后舞师两臂高举，一阵震耳的掌声，舞人们退场了，妇女和观众也都一哄而散，抛下一片清冷的月光，照着野火的余烬渐渐熄灭了。

这就是一场澳洲的科罗泼利舞，但也可以代表各地域各时代任何性质的原始舞，因为它们的目的总不外乎下列这四点：（一）以综合性的形态动员生命，（二）以律动性的本质表现生命，（三）以实用性的意义强调生命，和（四）以社会性的功能保障生命。

综合性的形态

舞是生命情调最直接，最实质，最强烈，最尖锐，最单纯而又最充足的表现。生命的机能是动，而舞便是节奏的动，或更准确点，有节奏的移易地点的动，所以它只是生命机能的表演。但只有在原始舞里才看得出舞的真面目，因为它是真正全体生命机能的总动员，它是一切艺术中最大综合性的艺术。它包有乐与诗歌，那是不用说的。它还有造型艺术，舞人的身体是活动的雕刻，身上的文饰是图案，这也都显而易见。所当注意的是，画家所想尽方法而不能圆满解决的光的效果，这里藉野火的照明，却轻轻的抓住了。而野火不但给了舞光，还给了它热，这触觉的刺激更超出了任何其他艺术部门的性能。最后，原始人在舞的艺术中最奇特的创造，是那月夜丛林的背景对于舞场的一种镜框作用。由于框外的静与暗，和框内的动与明，发生着对照作用，使框内一团声音光色的活动情绪更为集中，效果更为强烈，藉以刺激他们自己对于时间（动静）和空间（明暗）的警觉性，也便加强了自己生命的实在性。原始舞看来简单，唯其简单，所以能包含无限的复杂。

律动性的本质

上文说舞是节奏的动，实则节奏与动，并非二事。世间决没有动而不成节奏的，如果没有节奏，我们便无从判明那是动。通常所谓"节奏"是一种节度整齐的动，节度不整齐的，我们只称之为"动"，或乱动，因此动与节奏的差别，实际只是动时节奏性强弱的程度上的差别，而并非两种性质根本不同的东西。上文已说过，生命的机能是动，而舞是有节奏的移易地点的动，所以也就是生命机能的表演。现在我们更可以明白，所谓表演与非表演，其间也只有程度的差别而已。一方面生命情绪的过度紧张，过度兴奋，以至成为一种压迫，我们需要一种更强烈，更集中的动，来宣泄它，和缓它，一方面紧张与兴奋的情绪，是一种压迫，也是一种愉快，所以我们也需要在更强烈，更集中的动中来享受它。常常有人讲，节奏的作用是在减少动的疲乏。诚然。但须知那减少疲乏的动机，是积极而非消极的，而节奏的作用是调整而非限制。因为由紧张的情绪发出的动是快乐，是可珍惜的，所以要用节奏来调整它，使它延长，而不致在乱动中轻轻浪费掉。甚至这看法还是文明人的主观，态度还不够积极。节奏是为减轻疲乏的吗？如果疲乏是讨厌的，要不得的，不如干脆放弃它。放弃疲乏并不是难事，在那月夜，如果怕疲乏，躺在草地上对月亮发愣，不就完了吗？如果原始人真怕疲乏，就干脆没有舞那一套，因为无论怎样加以调整，最后疲乏总归是要来到的，不，他们的目的是在追求疲乏，而舞（节奏的动）是达到那目的最好的通路。一位著者形容新南威尔斯土人的舞说："……鼓声渐渐紧了，动作也渐渐快了。直至达到一种如闪电的速度。随时全体一跳跳到半空。当他们脚尖再触到地面时，那分开着的两腿上的肉腓，颤动得直使那白垩的条纹，看去好像蠕动的长蛇，同时一阵强烈的嘶~~~声充满空中（那是他们的喘息声）。"非洲布须曼人的摩科马舞（Mokoma）更是我们不能想像的。"舞者跳到十分疲劳，浑身淌着大汗，口里还发出千万种叫声，身体做着各种困难的动作，以至一个一个的，跌倒在地上，沿在源源而出的鼻血泊中。因此他们便叫这种舞作'摩科马'意即血的舞。"总之，原始舞是一种剧烈的，紧张的，疲劳性的动。因为只有这样他们才体会到最高限度的生命情调。

实用性的意义

西方学者每分舞为模拟式的与操练式的二种，这又是文明人的主观看法。二者在形式上既无明确的界限，在意义上尤其相同。所谓模拟舞者，其目的，并不如一般人猜想的，在模拟的技巧本身，而是在模拟中所得的那逼真的情绪。他们甚至不是在不得已的心情下以假代真，或在客观的真不可能时，乃以主观的真权当客观的真。他们所求的只是那能加强他们的生命感的一种提炼的集中的生活经验———杯能使他们陶醉的醇醴而酷烈的酒。只要能陶醉，那酒是真是假，倒不必计较，何况真与假，或主观与客观，对他们本没有多大区别呢！他们不因舞中的"假"而从事于舞，正如他们不以巫术中的"假"而从事巫术。反之，正因他们相信那是真，才肯那样做，那样认真的做。（儿童的游戏亦复如此。）既然因日常生活经验不够提炼与集中，才要借艺术中的生活经验——舞来获得一醉。那么模拟日常生活经验，就模拟了它的不提炼与集中，模拟得愈像，便愈不提炼，愈不集中，所以最彻底的方法，是连模拟也放弃了，而仅剩下一种抽象的节奏的动，这种舞与其称为操练舞，不如称为"纯舞"，也许还比较接近原始心理的真相。一方面，在高度的律动中，舞者自身得到一种生命的真实感（一种觉得自己是活着的感觉），那是一种满足。另一方面，观者从感染作用，也得到同样的生命的真实感，那也是一种满足，舞的实用意义便在这里。

社会性的功能

或由本身的直接经验（舞者），或者感染式的间接经验（观者），因而得到一种觉着自己是活着的感觉，这虽是一种满足，但还不算满足的极致，最高的满足，是感到自己和大家一同活着，各人以彼此的"活"互相印证，互相支持，使各人自己的"活"更加真实，更加稳固，这样满足才是完整的，绝对的。这群体生活的大和谐的意义，便是舞的社会功能的最高意义，由和谐的意识而发生一种团结与秩序的作用，便是舞的社会功能的次一等的意义。关于这点，高罗斯（Ernest Groose）讲得最好："在跳舞的白热中，许多参与者都混成一体，好像是被一种感情所激动而动作的单一体。在跳舞期间，他们是在完全统一的社会态度之下，舞群的感觉和动作正像一个单一的有机体。原始跳舞的社会意义全在乎统一社会的感应力。他们领导并训练一群人，使他们在一种动机，一种感情之下，为一种目的而活动。（在他们组织散漫和不安定的生活状态中，他们的行为常被各个不同的需要和欲望所驱使。）它至少乘机介绍了秩序和团结给这狩猎民族的散漫无定的生活中。除战争外，恐怕跳舞对于原始部落的人，是唯一的使他们觉着休戚相关的时机。它也是对于战争最好的准备之一，因为操练式的跳舞有许多地方相当于我们的军事训练。在人类文化发展上，过分估计原始跳舞的重要性，是一件困难的事。一切高级文化，是以各个社会成分的一致有秩序的合作为基础的，而原始人类却以跳舞训练这种合作。"舞的第三种社会功能更为实际。上文说过，主观的真与客观的真，在原始人类意义中没有明确的分野。在感情极度紧张时，二者尤易混淆，所以原始舞往往弄假成真，因而发生不少的暴行。正因假的能发生真的后果，所以他们常常因假的作为钩引真的媒介。许多关于原始人类战争的记载，都说是以跳舞开场的，而在我国古代武王伐纣前夕的歌舞，即所谓"武宿夜"者，也是一个例证。

文学的历史动向

　　人类在进化的途程中蹒跚了多少万年，忽然这对近世文明影响最大最深的四个古老民族——中国，印度，以色列，希腊——都在差不多同时猛抬头，迈开了大步。约当纪元前一千年左右，在这四个国度里，人们都歌唱起来，并将他们的歌记录在文字里，给流传到后代，在中国，《三百篇》里最古部分——《周颂》和《大雅》，印度的《黎俱吠陀（Rig–veda），旧约》里最早的《希伯来诗篇》，希腊的《伊利亚特》（Iliad）和《奥德赛》（Odyssey）——都约略同时产生。再过几百年，在四处思想都醒觉了，跟着是比较可靠的历史记载的出现。从此，四个文化，在悠久的年代里，起先是沿着各自的路线，分途发展，不相闻问，然后，慢慢的随着文化势力的扩张，一个个的胳臂碰上了胳臂，于是吃惊，点头，招手，交谈，日子久了，也就交换了观念思想与习惯。最后，四个文化慢慢的都起着变化，互相吸引，融合，以至总有那么一天，四个的个别性渐渐消失，于是文化只有一个世界的文化。这是人类历史发展的必然路线，谁都不能改变，也不必改变。

　　上文说过，四个文化猛进的开端都表现在文学上。四个国度里同时迸出歌声。但那歌的性质并非一致的。印度、希腊，是在歌中讲着故事，他们那歌是比较近乎小说戏剧性质的，而且篇幅都很长，而中国与以色列则都唱着以人生与宗教为主题的较短的抒情诗。中国与以色列许是偶同，印度与希腊都是雅利安种人，说着同一系统的语言，他们唱着性质比较类似的歌，倒也不足怪。

中国，和其余那三个民族一样，在他开宗第一声歌里，便预告了他以后数千年间文学发展的路线。《三百篇》的时代，确乎是一个伟大的时代，我们的文化大体上是从这一刚开端的时期就定型了。文化定型了，文学也定型了，从此以后二千年间，诗——抒情诗，始终是我国文学的正统的类型，甚至除散文外，它是惟一的类型。赋，词，曲，是诗的支流，一部分散文，如赠序，碑志等，是诗的副产品，而小说和戏剧又往往以各自不同的方式夹杂些诗。诗，不但支配了整个文学领域，还影响了造型艺术，它同化了绘画，又装饰了建筑（如楹联，春帖等）和许多工艺美术品。

诗似乎也没有在第二个国度里，像它在这里发挥过的那样大的社会功能。在我们这里，一出世，它就是宗教，是政治，是教育，是社交，它是全面的生活。维系封建精神的是礼乐，阐发礼乐意义的是诗，所以诗支持了那整个封建时代的文化。此后，在不变的主流中，文化随着时代的进行，在细节上曾多少发生过一些不同的花样。诗，它一面对主流尽着传统的呵护的职责，一方面仍给那些新花样忠心的服务。最显著的例是唐朝。那是一个诗最发达的时期，也是诗与生活拉拢得最紧的一个时期。

从西周到春秋中叶，从建安到盛唐，这中国文学史上两个最光荣的时期，都是诗的时期。两个时期各个拖着一条姿势稍异，但同样灿烂的尾巴，前者的是《楚辞》《汉赋》，后者的是五代宋词。而这辞赋与词还是诗的支流。然则从西周到宋，我们这大半部文学史，实质上只是一部诗史。但是诗的发展到北宋实际也就完了。南宋的词已经是强弩之末。就诗本身说，连尤杨范陆和稍后的元遗山似乎都是多余的，重复的，以后的更不必提了。我们只觉得明清两代关于诗的那许多运动和争论，都是无味的挣扎。每一度挣扎的失败，无非重新证实一遍那挣扎的徒劳无益而已。本来从西周唱到北宋，足足二千年的工夫也够长的了，可能的调子都已唱完了。到此，中国文学史可能不必再写，假如不是两种外来的文艺形式——小说与戏剧，早在旁边静候着，准备届时上前来"接力。"是的，中国文学史的路线南宋起便转向了，从此以后是小说戏剧的时代。

故事与雏形的歌舞剧，以前在中国本土不是没有，但从未发展成为文学的部门。对于讲故事，听故事，我们似乎一向就不大热心。不是教诲的寓言，就是纪实的历史，我们从未养成单纯的为故事而讲故事，听故事的兴趣。我们至少可说，是那充满故事兴味的佛典之翻译与宣讲，唤醒了本土的故事兴趣的萌芽，使它与那较进步的外来形式相结合，而产生了我们的小说与戏剧。故事本是民间的产物，不用讳言，它的本质是低级的。（便在小说戏剧里，过多的故事成分不也当悬为戒条吗？）正如从故事发展出来的小说戏剧，其本质是平民的，诗的本质是贵族的。要晓得它们之间距离很大，而距离是会孕育恨的。所以我们的文学传统既是诗，就不但是非小说戏剧的，而且推到极端，可能还是反小说戏剧的。若非宗教势力带进来那点新鲜刺激，而且自己的歌实在也唱到无可再唱的了，我们可能还继续产生些《韩非》《说储》，或《燕丹子》一类的故事，和《九歌》一类的雏形歌舞剧，但是，元剧和章回小说决不会有。然而本土形式的花开到极盛，必归于衰谢，那是一切生命的规律，而两个文化波轮由扩大而接触而交织，以致新的异国形式必然要闯进来，也是早经历史命运注定了的。异国形式也许早就来到了，早到起码是汉朝佛教初输入的时候，你可以在几百年中不注意它，等到注意了之后，还可以延宕，踌躇个又一度几百年，直到最后，万不得已的，这才死心蹋地，接受了吧！但那只是迟早问题。反正自己的花无法再开，那命数你得承认。新的种子从外面来到，给你一个再生的机会，那是你的福分。你有勇气接受它，是你的聪明，肯细心培植它，是有出息，结果居然开出很不寒伧的花朵来，更足以使你自豪！

第一度外来影响刚刚扎根，现在又来了第二度的。第一度佛教带来的印度影响是小说戏剧，第二度基督教带来的欧洲影响又是小说戏剧（小说戏剧是欧洲文学的主干，至少是特色。），你说这是碰巧吗？

不然。欧洲文化正如它的鼻祖希腊文化一样，和印度文化，往大处看，还不是一家？这样说来，在这两度异乡文化东渐的阵容中，印度不过是欧洲的头，欧洲是印度的尾而已。就文化接触的全盘局势来看，头已进来，尾的迟早必需来到，应该也是早已料到的事。第一度外来影响，已经由扎根而开花了，但还不算开到最茂盛的地步，而本土的旧形式，自从枯萎后，还不见再荣的迹象，也实在没有再荣的理由。现在第二度外来影响，又与第一度同一种类，毫无问题，未来的中国文学还要继续那些伟大的元明清人的方向，在小说戏剧的园地上发展。待写的一页文学史，必然又是一段小说戏剧史，而且较向前的一段，更为热闹，更为充实。

但在这新时代的文学动向中，最值得揣摩的，是新诗的前途。你说，旧诗的生命诚然早已结束，但新诗——这几乎是完全重新再做起的新诗，也没有生命吗？对了，除非它真能放弃传统意识，完全洗心革面，重新做起。但那差不多等于说，要把诗做得不像诗了。也对。说得更确点，不像诗，而像小说戏剧，至少让它多像点小说戏剧，少像点诗。太多"诗"的诗，和所谓"纯诗"者，将来恐怕只能以一种类似解嘲与抱歉的姿态，为极少数人存在着。在一个小说戏剧的时代，诗得尽量采取小说戏剧的态度，利用小说戏剧的技巧，才能获得广大的读众。这样做法并不是不可能的。在历史上多少人已经做过，只是不大彻底罢了。新诗所用的语言更是向小说戏剧跨近了一大步，这是新诗之所以为"新"的第一个也是最主要的理由。其它在态度上，在技巧上的种种进一步的试验，也正在进行着。请放心，历史上常常有人把诗写得不像诗，如阮籍，陈子昂，孟郊，如华茨渥斯（Wordsworth），惠特曼（Whitmen），而转瞬间便是最真实的诗了。诗这东西的长处就在它有无限度的弹性，变得出无穷的花样，装得进无限的内容。只有固执与狭隘才是诗的致命伤，纵没有时代的威胁，它也难立足。

第一时代有一时代的主潮，小的波澜总得跟着主潮的方向推进，跟不上的只好留在港汊里干死完事。战国秦汉时代的主潮是散文。一部分诗服从了时代的意志，散文化了，便成就了《楚辞》和初期的《汉赋》，成就了《铙歌》，这些都是那时代的光荣。另一部分诗，如《郊祀歌安世房中歌》、韦孟《讽谏诗》之类，跟不上潮流，便成了港汊中的泥淖。

明代的主潮是小说，《先妣事略》，《寒花葬志》和《项脊轩记》的作者归有光，采取了小说的以寻常人物的日常生活为描写对象的态度，和刻画景物的技巧，总算是黏上了点时代潮流的边儿，（他自己以为是读《史记》读来了的，那是自欺欺人的话。）所以是散文家中欧公以来唯一顶天立地的人物。其他同时代的散文家，依照各人小说化的程度的比例，也多多少少有些成就，至于那般诗人们只忙于复古，没有理会时代，无疑那将被未来的时代忘掉。以上两个历史的教训，是值得我们的新诗人书绅的。

四个文化同时出发，三个文化都转了手，有的转给近亲，有的转给外人，主人自己却都没落了，那许是因为他们都只勇于"予"而怯于"受"。中国是勇于"予"而不太怯于"受"的，所以还是自己的文化的主人，然而也只仅免于没落的劫运而已。为文化的主人自己打算，"取"不比"予"还重要吗？所以仅仅不怯于"受"是不够的，要真正勇于"受"。让我们的文学更彻底的向小说戏剧发展，等于说要我们死心塌地走人家的路。这是一个"受"的勇气的测验，也是我们能否继续自己文化的主人的测验。

过去记录里有未来的风色。历史已给我们指示了方向——"受"的方向，如今要的只是勇气，更多的勇气啊！

"七十二"①

这可算作一次"集体考据"的实例罢——事情的由来如此。不久以前，（季）镇淮曾谈过一次这文中的大意。最近本刊编者（余）冠英先生交来徐德庵先生的一封信（见后），内中说到，在本刊十六期读到彭啸咸（仲铎）先生的《释三五九》，想起古书中常见的另一数字"七十二"，却不知道它的来历如何，无暇考查。我看了信，告诉冠英先生，镇淮谈过这问题，详情不大记得，等碰见他，就请他答复徐先生罢。就在当天晚上，见了镇淮，我正要拿徐先生的信给他看，他已将文章（即本文的初稿）递过来了。事情居然如此凑巧！我回家和（何）善周谈起（他本是对汉代思想极感兴趣的），愈谈愈兴奋，于是我们分途再搜材料。我们的收获更足以坐实这问题意义之重大，和镇淮的解释之正确。我索性将文章重写了一遍，一方面容纳了新得的材料，一方面在几点上作了些进一步的分析。现在文章完了（牺牲了五日来食眠的乐趣），主要的材料和主要的意见，还是镇淮的，续加的材料中，重要的都是善周的贡献，许多补充的意见也都和他磋商过，我只多说了些闲话，并当了一次抄胥。事前本已告诉过冠英先生镇淮有文章，并约定即在本刊和徐先生的信一同发表。现在文章里加入了我的一份儿，我更乐意这么办。因为徐先生是我久慕的，曾蒙垂询一些问题，至今尚未奉复，这回的问题既也是徐先生感兴趣的，就正好借《月刊》的篇幅，来专诚请教于徐先生，希望徐先生，和最先在本刊发动形式数字研究的彭先生，以及本刊读者们多多指正。

　　　　　　　一多附识。三十二年三月二日。龙泉镇。

附徐德庵先生致本刊编者函

　　冠英吾兄……顷者阅《国文月刊》十六期彭仲铎先生《释三五九》一文，叹其博辨，远过前人，多所发明，甚佩于心也，惟弟常以为"七十"一辞，今古亦往往用为表众多之虚数，或言七十，或言七十二，或言七十余，其义则一，此固夫人知之，然所以然之故，则猝难解矣。如能加以考证，明其原委，未始非一快事也。案七十用为虚数，先秦已开其端，至汉而应用益广。今俗语中犹有沿袭先秦七十者，若七十子，七十二代，七十二钻之类。前者虽在《史记》一书中，《孔子世家》与《仲尼弟子列传》所举已有不同，然尚可信为实数，至《庄子》刲龟《管子》封于太山之言，则均为虚数无疑。下逮汉人言多每称七十，亦无不为虚数。如以辞害志，执为真有，则为所误矣。兹就《史记》一书为例，如《项羽本纪》及《李广传》均称七十余战，《刘敬传》称大战七十，《曹参传》称身受七十余创，《儒林传》称仲尼干七十余君，诸如此类，皆非实数也。故窃恒谓此犹今言十二分，十二万分之类，意在表数之多，非其实然也。其语之遗于后世者，如七十二候，似有说矣；然七十二行、七十二沽等语，亦尽虚数。余如世俗常言三十六或百零八，当亦由此语增减得之。举上所陈，本非确知，第无由识其所以然耳。课务纷繁，无暇考证，兹读彭先生文，欣悦之余，特以此意问吾兄一陈，甚盼予以指正，或转向彭先生一谈，复为释以明其取义之由，是则所乐闻者矣。……草此敬颂。

　　著祺。

　　　　　　　　　　　　　弟徐德庵顿首。二月九日。

一

在十为足数的系统中，五是半数，五减二得三，是少数，五加二得七，是多数。古书中说到"三"或"七"，往往是在这种意义下，作为代表少数或多数的象征数字的。进一位，"三十"，"七十"也是如此。但说到"三十六"，"七十二"，便难以理解了。如今且撇开"三十六"不谈，单谈"七十二"。

1. 《庄子·天运篇》："孔子谓老聃曰：'丘治《诗》、《书》、《礼》、《乐》、《易》、《春秋》六经，自以为久矣，孰（熟）知其故矣，以奸（干）者七十二君——论先王之道，而明周、召之迹——一君无所钩用。甚矣夫人之难说也！道之难明邪！'"

2. 又《外物篇》："乃刳龟，以卜②，七十二钻而无遗筴。"

3. 《续汉书·祭祀志》中《注》引《庄子》佚文："易姓而王，封于泰山，禅于梁父者，七十二代，其有形兆垠堮勒石，凡千八百余处。"③

4. 《大戴礼记·盛德篇》："明堂自古有之也，凡九室，一室而有四户，八牖，凡三十六户，七十二牖，以茅盖屋，上圆下方。"

5. 《史记·高祖本纪》："高祖为人，隆准而龙颜，美须髯，左股有七十二黑子。"

6. 又《孔子世家》："孔子以《诗》、《书》、《礼》、《乐》教弟子，盖三千焉，身通六艺者七十二人。"

7. 严遵《道德指归说目》："上经配天，下经配地；阴道八，阳道九，以阴行阳，故七十有二首。"④

8. 原来《列仙传》七十二人⑤。

9.《新序·杂事》二篇："邹忌既为齐相，稷下先生淳于髡之属七十二人皆轻忌。"

10.《续汉书·祭祀志》中《注》引桓谭《新论》（《正经篇》）："明堂上圆法天，下方法地，八窗法八风，四达法四时，九室法九州，十二坐法十二月，三十六户法三十六雨，七十二牖法七十二风。"

11.《路史·后纪》四《注》引《鱼龙河图》："黄帝之初，有蚩尤氏，兄弟七十二人⑥，铜头铁额食沙石，制五兵之器，变化云雾。"

12.《礼记·杂记》下篇《正义》引《论语考谶》："古者七十二家为里。"

13.《旧唐书·礼仪志》二引《易纬》："三十六节"，又"七十二候"。

14.《御览》五二六引《汉旧仪》："汉五年，修后周室旧祀，祀后稷于东南，常以八月祭一太牢，舞者七十二人。"以上都说明"七十二"。

15.《路史·后纪》五《注》引《黄帝出军诀》及《太白阴经》："黄帝征蚩尤，七十一战，不克。昼梦金人……云，'天帝使受符，得兵符，战必克矣。'……乃于盛水之阳筑坛，祭太牢。有玄龟含符致坛……帝再拜受。于是设九宫，置八门，布五奇六仪，制阴阳二遁，凡千八十局，名曰天一遁甲，式三门，发五将，具征蚩尤而斩之。"

这是说黄帝七十二战而后斩蚩尤。同类的材料古书中想还有，但只上列十余事，已足够说明这个神秘数字，一度风行的现象了。

二

"七十二"究竟代表着一种什么意义，使它能如此风行呢?《史记·高祖本纪》正义已给我们解答了这个谜。

"七十二黑子者，赤帝七十二之数也。木火土金水各居一方，一岁三百六十日，四方分之，各得九十日。土居中央，并索四季各十八日，俱成七十二日。故高祖七十二黑子者，应火德七十二日之征也。有一本作七十者非也。"

这个解释是有来历的。

《春秋繁露·尊阴篇》："为人子者，视土之事火也，虽居中央，亦岁七十二日之王。"

《孔子家语·五帝篇》："天有五行，水火金木土，分时化育，以成万物。"王肃《注》曰："一岁三百六十日，五行各主七十二日也。化生长育，一岁之功，万物莫敢不成。"

而最具体的说明，莫过于

《古微书》一五引《易坤灵图》："五帝：东方木，色苍，七十二日；南方火，色赤，七十二日；中央土，色黄，七十二日；西方金，色白，七十二日；北方水，色黑，七十二日。"

原来"七十二"是一年三百六十日的五等分数，而这个数字乃是由五行思想演化出来的一种术语。

五行思想与农事的关系最密，说不定即渊源于农事，所以 13"七十二候"，10"七十二风"，在这数字应用的历史中，应当产生得较早，虽则见于记载的并不如此。七十二风，三十六雨，即五日一风，十日一雨。"五日一风"的话，据我们现在所知道的，始见于《旧唐书·礼仪志》二引《淮南子》⑦，却相当早，次之是京房《易飞候》⑧，也不算太晚。后稷是农业之祖，所以祭仪 14"舞者七十二人"。明堂封禅是五行思想形式化的具体表征，所以 4"七十二牖"，3"七十二代"，也是两个老牌的"七十二"。三百六十日，五等分之为七十二，然后以五方帝各配一等分。黄帝是五帝中的中心人物，也就是五分中第一分"七十二"的代表。汉也在所谓五德系统之中，高祖当然也得到一分"七十二"。所以 15"七十二战"，5"七十二黑子"，都是五行系统中嫡系的"七十二"。其余各"七十二"的来路不明。大概本与五行系统无关，或关系疏远，因受五行思想的影响，或有意的与五行思想拉拢，或无意的被五行思想吸收，才采用了这个数字。这些"七十二"的前身，约可分为二类，（一）本无一定的数字，后来采用了"七十二"，（二）其数本与"七十二"相近——如七十余或七十——后来改成了"七十二"。改成的"七十二"也许又可分（甲）著书者所改的，与（乙）抄书者所改的两种。总之，是五行思想弥漫了之后，才会得添出许多"七十二"来⑨。

三

在"七十二"当红时，许多非"七十二"变成了"七十二"，同时"七十二"太多了，人们对它的热心渐渐冷淡下来，便也就有些真"七十二"，被人有意或无意的改成"七十余"与"七十"了。

封泰山禅梁父的七十二代，是众口同声所公认的一个真"七十二"⑩，但是这里：

> 《史记·封禅书》正义引《韩诗外传》佚文："孔子升泰山，观易姓而王，可得数者七十余人。"
>
> 《史记·封禅书》："孔子论述六艺，传略言易姓而王，封泰山，禅乎梁父者，七十余王矣。"
>
> 《淮南子·齐俗篇》："古之封于泰山，禅于梁父，七十余圣。"
>
> 又《缪称篇》："泰山之上有七十坛焉，而三王独道。"⑪

都变成了非"七十二"。黄帝是一分"七十二"的代表，上文已说过他的七十二战。所以我们疑心这些：

> 《史记·封禅书》："黄帝采首山铜，铸鼎于荆山下。鼎既成，有龙垂胡髯下迎黄帝。黄帝上骑，群臣后宫从者七十余人。"
>
> 《列仙传》："黄帝自择亡日，至七十日亡，七十日还葬桥山。"

都是变相的"七十二"。神农即炎帝，当是最早的赤帝，女娲是青帝伏羲的配偶，自己也曾被称为"女帝""阴帝"，这些都有资格派到一分"七十二"，那么像这些"七十"：

> 《淮南子·修务篇》："神农……尝百草之滋味，水泉之甘苦……一日而七十毒。"⑫
>
> 又《说林篇》："黄帝生阴阳，上骈生耳目，桑林生臂手，此

女娲所以七十化也。"

其中也难保没有从"七十二"变来的。《路史·后纪》二《注》引《麻姑仙人紫坛歌》:"女娲炼得五方气,变化成形补天地,三十六变世应知,七十二化处其位。"虽说后起,也不见得没有所本。如果女娲的"七十"是"七十二"变的,神农的"七十"便也有这样的可能,因为女娲七十化,《楚辞·天问》王《注》作"一日七十化"⑬,与神农的"一日七十毒",说话的形式正同。

《论衡·自纪篇》:"人面色部七十有余。"也可能是一个变相的"七十二"。

四

1孔子干七十二君,与6七十二弟子,是个值得多追究一下的问题。先谈七十二弟子。孔子弟子的人数,先秦的书,如《孟子·公孙丑篇》,《韩非子·五蠹篇》,《吕氏春秋·遇合篇》,都说"七十",多数汉人的书如《淮南子·泰族篇》,《要略篇》,《汉书·艺文志序》,《楚元王传》,《水经注》九《淇水注》引《论语比考谶》等,也都说"七十"。《大戴礼记·卫将军文子篇》作"七十有余人"。说"七十二人"的,除《史记·孔子世家》外,《仲尼弟子列传》,"七十七人"或也是"七十二"之误,此外只有《新序·杂事》一篇及《御览》五四二引《孝经右契》。我们以为"七十"是举成数,或是前面所说代表多数的象征数字,"七十余"也没有毛病。"七十二"却是后人附会五行系统杜撰的。

除开说七十的,最多又最早,是个显而易见的理由外,我们还有一个理由相信"七十"是最古的传说。《孟子·离娄》下篇:"沈犹行曰:'昔

沈犹有负刍之祸，从先生者七十人，未有与焉。'"《赵注》曰："先生，
曾子也。往者先生尝从门徒七十人，舍吾沈犹氏，时有作乱者曰负刍，来
攻沈犹氏，先生率弟子去之，不与其难。"孔子弟子七十人，曾子弟子也
七十人，不会如此凑巧。大概曾子弟子的人数本不可知，只因他是传孔子
道统的，所以姑依孔子弟子的人数来假拟他的弟子的人数。《孟子》所记
沈犹行的话，得自传闻，本不必字字确实。还有据《史记·秦始皇本纪》
和《封禅书》，秦博士也是七十人，博士们是"诵法孔子"⑭的，这七十名
的员额，无疑也是依孔子弟子的人数定的⑮。由传说中曾子弟子的人数，
和秦博士的员额来推测，孔子弟子七十人，确是最古的传说。

然而何以知道"七十二"必是为着附会五行系统而改的呢？孔子是素
王，是玄圣，他作《春秋》以当新王，形貌又生得像古帝王……这些都是
汉人的论调，难怪在他们那五行相生的感生说中，孔子也和那些帝王们并
列，而以五行配合三百六十日，孔子也得到五分"七十二"中之一分了。
凑巧孔子弟子相传本是七十人，由"七十"变为"七十二"是极顺手的，
又何乐而不为呢？既有了"七十二弟子"，就不难再有一个"干七十二
君"，不也是很显明的吗？知道了"七十二"为何与孔子发生关系，那么
《论语·先进篇》"冠者五六人，童子六七人"，皇侃《义证》引或说曰：

> "冠者五六，五六三十也，童子六七，六七四十二也。四十
> 二就三十，合为七十二人也：孔门升堂者七十二人也。"

话虽说得凑巧，岂不白费了心思！

9 稷下先生七十二人的问题，也可以附带谈谈。稷下先生的人数，据
《史记·田齐世家》是七十六人。《五经异义》说"战国时齐置博士之
官"，有人说稷下的"先生"就是博士⑯，秦依孔子弟子人数定博士员额，
说不定齐国早已这样办过，所以稷下先生七十六人，与相传孔子弟子的人

数相仿。在五行思想支配之下，孔子弟子的人数既变了"七十二"，稷下先生的人数也变成"七十二"，倒也是意中事。

五

最后试探一下这个数字开始流行的时代。上举"七十二"以及像是由"七十二"变来的"七十余"和"七十"各例之中，绝大多数是西汉人的话，只三条（孔子干七十二君，龟卜七十二钻，封禅者七十二代）出于《庄子》。三条中，两条见外杂篇，一条佚文，也极像外杂篇的文字。谈到外杂篇，便难办了。干七十二君，据上文的分析，决不是早期的传说，我们尽可以有理由怀疑，至少篇中这一段文字，是出于西汉人之手。七十二钻，唐写本《庄子》，及《文选·江赋》注，《御览》三九九引，俱作"七十钻"，白居易《偶然》二首诗亦有"六十四卦七十钻"之语。今本"二"字，难保不是后人添的。总之以上两条，都不能充分的证明"七十二"这数字的流行是始于先秦的。

《庄子》佚文所载封禅者七十二代的传说，论其性质，确乎可以发生得较早。真正的封禅始于秦始皇二十八年，七十二代古帝王行封禅的故事，大概就是给始皇议封禅的"齐鲁之儒生博士七十人"[17]传出的。在始皇二十八年，"七十二代"的说法，已经有了，是不成问题的，不过故事由儒生博士传出，却不是他们造的。因此我们不妨再向上追溯，看是否还有记载可稽。同样的故事又见于《管子·封禅篇》，但《封禅篇》是后人据《史记·封禅书》补入的[18]，似乎不成问题，反正《管子》书年代也难确定，可以不去管它。可注意的倒是《吕氏春秋》的两处记载：《察今篇》"是故有天下者七十一圣"和《求人篇》"古之有天下也者七十一圣"。前者王念孙手校本改"一"作"二"[19]似乎是对的，"七十二圣"即行封禅的七十二代，上引《淮南子·齐俗篇》"古之封于泰山，禅于梁父，七十余圣",亦称圣可为旁证[20]。但何以两篇都作"七十一"呢？是甲先写错，后来又据甲以改乙吗？如果这推测对的，那么"七十二"的这种特殊法的记载，又至少提早了二十年，因为《吕氏春秋》的成书在始皇八年[21]。

文字的偶然记载，总归是在实际生活中流行了之后。所以"七十二"的流行，大致说来，发轫于六国时，至西汉而大盛。

"七十二"这数字流行的年历，便是五行思想发展的年历。这个数字之值得注意，正因它是一种思想——一种文化运动态的表征。

---

① 原载一九四三年七月《国文月刊》第二十二期，署名闻一多、季镇淮、何善周。据开明版《闻一多全集·神话与诗》编入本卷。

作者原注：

② "以卜"二字，从刘叔雅先生《庄子补正》增。

③《路史·前纪》二引略同。《书钞》九一引《庄子》李奇《注》："云云山在梁父东也。"马叙伦说即此处佚文的《注》。同类的记载尚多，撮录于下，司马相如《封禅文》："继昭夏，崇号谥，略可道者七十有二君。"《史记·封禅书》："桓公既霸，会诸侯于葵丘而欲封禅。管仲曰：'古者封泰山，禅梁父者，七十二家，而夷吾所记者十有二焉。'"（今本《管子·封禅篇》袭此文。）又"齐人公孙卿（上书）曰：封禅'七十二王，唯黄帝得上泰山封'。"《初学记》九引桓谭《新论》（《离事篇》）："太山之上，有刻石凡千八百余处，而可识者七十有二。"《论衡·书虚篇》："百王太平，升封泰山。泰山之上，封可见者七十有二。纷沦湮灭，不可胜数。"许慎《说文序》："黄帝之史仓颉初造书契，以迄五帝三王之世，改易殊体，封于泰山者七十二代，靡有同焉。"《御览》五三六引《河图真纪钩》："王者封太山，禅梁父，易姓奉度，继典崇功，七十有二君。"

④《全汉文》四二引《秘册汇函》本。

⑤《世说新语·文学篇》注："刘子政《列仙传》曰：'历观百家之中，以相检验，得仙者百四十六人。其四十七人已在佛经，故撰得七十，可以多闻博识者遐观焉。'"《颜氏家训·书证篇》："《列仙传》刘向撰，而赞云：'七十四人出佛经。'"《玉烛宝典》："汉武帝时刘向删《列仙传》，得百四十六人，其七十四人已见佛经，余七十二人，为

《列仙传》。"释法琳《破邪论》下："刘向……著《列仙传》，云：'吾搜检藏书，缅寻太史，创撰列仙图，自黄帝已下，六代迄到于今，得仙道者七百余人。向检虚实，定得一百四十六人。'又云：'其七十四人，已见《佛经》矣。'……今《列仙传》见有七十二人。"案一百四十六减七十四，余七十二。《世说新语》注引《列仙传赞》"故撰得七十人"，"七十"下脱"二"字，当据《玉烛宝典》和《破邪论》补入。赞分明是魏晋间的佛教徒伪撰，以抬高自家的身价的（王照圆据《隋书·经籍志》定为晋郭元祖撰），不过今本《列仙传》屡经后人窜乱，幸而有这篇伪赞，我们今天才可以考见原本《列仙传》的人数是七十二。

⑥《史记·五帝本纪》正义引作"八十一"。

⑦《旧唐书·礼仪志》二总章二年《定明堂规制广狭诏》："按《淮南子》'太平之时，五日一风'，一年有七十二风，故置七十二条，所以通规瑞历，叶数祥风，遥符淳俗之源，远则休征之契。"案所引《淮南子》，今本不见，当系佚文。

⑧ 京房《易飞候》："太平之时，五日一风，十日一雨，岁凡三百六十雨，此休征时若之应。"又《论衡·是应篇》："风不鸣条，雨不破块，五日一风，十日一雨。"

⑨ "七十二"既是一个有意义的数字，则少一或多一，应该都不好了。黄帝征蚩尤七十一战皆败，似乎表明了"七十一"的不详。《群书治要》三一引《六韬·文韬篇》："殷国之大妖三十七章。……殷君……喜治宫室，修台池，日夜无已，宫七十三所。""三十七"是"三十六"多一，"七十三"是"七十二"多一，说话的人单挑这两个数字，似乎是以为殷亡国的征兆。可惜这类例子太少，暂时不便下结论。

⑩ 见注②。

⑪ 高《注》曰："盖七十二君也。"

⑫《路史·后纪》三《注》引孔季彦说，及《帝王世纪》并以为伏羲事。

⑬《大荒西经》："女娲之肠化为神，处栗广之野。"郭《注》曰："女娲，古神女帝，人面蛇身，一日中七十变，其肠化为此神。"

⑭ 扶苏谏始皇坑儒语，见《史记·秦始皇本纪》。

⑮《汉书·儒林传》："成帝末，或言孔子布衣，养徒三千人。今天子太学弟子少于是。增弟子员三千人。"可见国家于太学设博士及博士弟子是效法孔子的，这观念，在汉人的意识里，还未完全消灭。

⑯ 详钱宾四先生《诸子系年考辩》四八，七五。

⑰《史记·封禅书》语。

⑱ 详张文虎《艺舒室随笔》。

⑲ 许骏斋先生《吕氏春秋集释》引。

⑳《书钞》一五八引《春秋运斗枢》："图……中有七十二帝地形之制。"《礼记·曲礼》上篇《正义》引同书"女娲以下至神农七十二姓"，疑皆即此七十二圣。

㉑ 见《序意篇》。王念孙说"八"是"六"之误，那便更早了两年。吕不韦死于始皇十二年，反正成书不能晚于十二年。

端 午 考①

龙 的 节 日

1 现存及记载中端午的特点（包括风俗与传说），有一点最当注意，那便是和龙有关的节目极多。最明显的（一）龙舟竞渡，不用讲。和竞渡同等重要的一个节目（二）吃粽子，据说也和龙有一段交涉。

《类聚》四引《续齐谐记》："屈原五月五日自投汨罗而死，楚人哀之，每至此日，辄以竹筒贮米，投水祭之。汉建武中，长沙欧回，白日忽见一人，自称三闾大夫，谓曰：'君常见祭，甚善。但常所遗，苦为蛟龙所窃。今若有惠，可以栋树叶塞其上，以五彩丝缚之。此二物，蛟龙所惮也。'回依其言。世人五日作粽，并带五色丝及栋叶，皆汨罗之遗风也。"

《荆楚岁时记》："端午……以菰叶裹黏米，谓之角黍。……或云亦为屈原，恐蛟龙夺之，以五采线缠饭投水中，遂袭云。"

《记纂渊海》二引《岁时记·尔雅翼》一八引作"屈原以夏至日赴湘流，百姓竞以食祭之，常苦为蛟龙所窃，以五色丝合栋

叶缚之。"《太平寰宇记》一四五引《襄阳风俗记》:"屈原五月
五日投汨罗江,其妻每投食于水以祭之。原通梦告妻,所祭食皆
为蛟龙所夺。龙畏五色丝及竹,故妻以竹为粽,以五色丝缠之。
今俗其日皆带五色丝食粽,言免蛟龙之患也。"

夺粽子的不是鱼鳖,而单说蛟龙,必有某种传说的背景,不能仅仅说
因粽子是投到水里的,便自然联想起蛟龙。此外还有些已经死去,而仅见
于记载的风俗,也牵涉到龙,例如(三)扬州以端午日铸盘龙镜:

《锦绣万花谷前集》四引《异闻集》:"天宝中,扬州进水心
镜,背有盘龙。先有老人自称姓龙名护,至铸镜所,三日开户,
已失所在。镜匠 吕 辉 移炉置船,以五月五日于扬子江心铸之,
背龙颇异。后大旱,祠龙,乃大雨"。

(四)并州因"龙忌"日,作寒食,纪念介子推,

《后汉书·周处传》"太原旧俗以介子推焚骸,有龙忌之禁,
至其亡月,咸言神灵不乐举火,由是士民每冬日辄一月寒食,莫
敢烟爨。"

但也有在五月五日举行的,

《类聚》四引《琴操》:"介子绥……抱木而烧死,文公令民
五月五日不得发火"。
《书钞》一五五引《邺中记》:"并州俗以介子推五月五日烧
死,世人为其忌,故不举饷食。"

而且介子推的故事中又有《龙蛟歌》，其词见于《吕氏春秋·介立篇》。北方关于端午的传说尽管和南方不同，它所暗示与龙的关系，却是一样，说详下。（五）相传用守宫制成的一种保证贞操的秘药是在端午日制的，

> 《古今合璧事类前集》一六引□□□："汉武帝时，以端午日取蜥场置之器，饲以丹砂，至明年端午捣之。以涂官人臂，有犯则消没，不尔则如赤痣，故得守宫之名。"

而守宫一名龙子，这也昭示着端午和龙的因缘。最后（六）端午日还有鱼变为龙的传说。

> 《水经□水注》："如深水有异鱼。按正光元年五月五日，天气清爽，闻池中鎗鎗枪枪若钲鼓声，池水惊而沸。须臾雷电晦冥，有五色蛇自池上属于天，久之乃灭。波上水定，唯见一鱼在，其一变为龙。"

根据以上六个事例的启示，我们本不妨就假定端午这节日的起源和龙有着密切的关系，并根据这前提，来对它的发展与意义，开始加以推测。但在确立前提以前，对于那些庞杂的端午传说，我们最好再检点一番，看它们能否再为我们在建立那前提的工作中，添加点依据，抑或显出十分矛盾的现象，使我们的前提根本不能成立。杜台卿在《玉烛宝典》卷五叙述端午的风俗时，屡次暗示这节日起源于南方。他说"菹龟蒸鲤，南方妨（疑好）食水族耳，非内地所行"，又说"南方民又竞渡，……在北舳舻既少，罕有此事"，又引《吴歌》"五月节，菰生四五尺，缚作九子粽"，并说道"计止南方之事，遂复远流北土。"杜氏的观察，我们完全同意，并

且还可以帮他一个证据。关于端午的起源，上面我们已经提到两种不同的说法，一是屈原，一是介子推。实则传说的分歧，尚不止此。又一说暗示这节日是起源于伍子胥的。

《世说新语·捷悟篇》注引《会稽典录》："孝女曹娥者，上
虞人，父盱，能抚节安歌，婆娑乐神，汉安二年 五 月 五 日，
于 县 江 迎伍君神，泝涛而上，为水所淹，不得其尸。……"

《曹娥碑》："孝女曹娥者，上虞曹盱之女也。盱能抚节按歌，
婆娑乐神，以汉安二年五月时，迎伍君，逆涛而上，为水所淹。"
（《古文苑》八）

还有说是起于越王勾践的。

《记纂渊海》二引《岁时记》："越地传云竞渡起于越王勾
践。"

以上四说究竟那一说可靠，或都不可靠，暂时不必管，我们应注意的是传说的地域分布，四分之三（屈原、伍子胥、勾践）属于南方，这和竞渡与吃粽子两个主要节目的地方性正相符合，因为竞渡与粽子的先决条件，显然是多河港与产稻米，而这二者恰好都是南方的特色。再就三说看，其中三分之二又是属于吴、越的（伍子胥、勾践），而铸水心镜的扬州，也属于这个区域，这点消息也是值得玩味的。书传中关于端午的记载，最早没有超过东汉，而事实上吴、越一带的开辟也是从这时开始的。因此我们可以推测，端午可能最初只是长江下游吴、越民族的风俗，自从东汉以来，吴、越地域渐被开辟，在吴、越文化与中原文化的对流中，端午这节日才

渐渐传播到长江上游以及北方各地。这是一个合理的推测，详细的论据，等下文再陈说，暂时我们只想借它为出发点，来再测验一下端午与龙的关系。如果我们能证明吴、越与龙有某种不可分解的关系，那么我们前面所拟定的前提，即端午的起源与龙有着密切关系的前提，便果真可以成立了。

古代吴、越都是断发文身之国，这是大家熟习的事实。

> 《吴越春秋》（二）《阖闾内传》："越在东南，故立蛇门以制敌国。吴在辰，其位龙也，故小城南门上反羽（宇）为两鲵鲩，以象龙角。越在巳地，其位蛇也，故南大门上有木蛇北向首内，示越属于吴也。"

文身之文本是龙文，

> 《淮南子·泰族篇》许慎《注》："越人以箴刺皮为龙文，所以为尊荣之也。"

其目的在"象龙子"，以避蛟龙之害。

> 《说苑·奉使篇》："诸发曰：'彼越……处海垂之际，屏外蕃以为居，而蛟龙又与我争焉，是以剪发文身，烂然成章，以像龙子者，将避水神也。'"
>
> 《汉书·地理志》下应劭《注》："（越人）常在水中，故断其发，而文其身，以象龙子，故不见伤害也。"

所谓"象龙子"者，我认为是这些民族以龙为图腾的遗迹，前著《从人首蛇身像谈到龙与图腾》一文中有详细讨论。据《郑语》载史伯之说，祝融之后八姓中有芈姓，而越是芈姓四国之一。祝融前文已证明即烛龙。祝融又即陆终，（金文《邾公钅乇钟》作陆螽，螽即古融字。）以祝融八姓，《世本》、《大戴礼记·帝系姓篇》及《史记·楚世空》均作六姓推之，恐怕陆终也就是所谓"六龙"。越是祝融六姓中的一个芈姓国，实际就等于六龙中的芈姓龙之后。这样说来，越人本是"龙子"，无怪他们要断发文身以"象龙子"。至于他们又称"禹之苗裔"，那还是离不开龙子的身份。禹也是一个龙图腾团族的代表，前文也已经证明了。《周语》上载内史过曰"昔夏之兴也，融降于崇山"，融即祝融，崇山及烛龙（祝融）所主的钟山，

《海外北经》："钟山之神，名曰烛阴。"郭注："烛龙也。"
《洞冥记》："东方朔北游钟火山，日月不照，有青龙衔烛，照山四极。"

可见禹和祝融还是一家。并且就在"融""禹"二字上，也可看出二人的关系来。融从虫，禹从虫，虫虫古为一字，即蛇的初文，而龙蛇古来本可以混称的。总之，越与龙的关系，无论从那一方面讲来，都是不容否认的。仔细说来，证据是举不完的，单是上面所谈的，已经够明白的了。

至于吴地的先住民族，也是断发文身的。我想就是越人，或他们的同族。越人的老家本在北方，后来逐渐南移，一部分停在如今江苏境内的，受着太伯仲雍的统治，便随着太伯仲雍的国号而被称为吴人，所以吴只是个政治区域的名词，论种族，他们与越人还是一家。《越绝书》（六）《越绝外传·纪策考》"吴越为邻，同俗并（並）土"。（七）《越绝外传·记范伯》"吴越二邦，同气共俗。"我们既已断定越人原本是一个龙图腾的团族，那么除太伯仲雍的后裔之外，所谓吴人者，也该是属于这龙图腾的团

族。其实太伯仲雍逃到南方以后，既已改从当地断发文身的习俗，便接受了当地先住民族的图腾信仰，所以连太伯仲雍，和仲雍的后人，也当算作越人，因为所谓"种族"者，严格的讲，本只是文化和信仰的分野，而不是血缘的分野。总之，吴与越是一个民族，他们都是"龙子"，所以都断发文身，以"象龙子"。

一方面端午节日的活动项目中，有那样多与龙有关，一方面这风俗流行的历史最久，保存的色彩最浓厚的区域，因之也可以判定为这节日的发祥地的吴越，正是古代一个龙图腾团族的分布区，然则，我们不但可以确定前面提出的假设，说端午的起源与龙有着密切的关系，并且还可以进一步推测，说它就是古代吴越民族——一个龙图腾团族举行图腾祭的节日，简言之，一个龙的节日。汉人记载胡、越有"请龙"的风俗。

《淮南子·要略篇》："操舍开塞，各有龙忌。"许慎《注》
曰："中国以鬼神之事曰忌，北胡南越皆谓'请龙'。"

请字当训朝请，请龙实在就是祭龙。请龙的举动，一年之中似乎不只一次，端午可能就是越人一年中最盛大的一次请龙。请龙的风俗，胡越相同，而匈奴（即许慎所谓北胡）一年三次"龙祠"，以五月一次最为盛大，是我们最好的旁证。

《后汉书·南匈奴传》："匈奴俗岁有三龙祠，常以正月，五
月，九月戊日祭天神。"
《史记·匈奴传》："五月大会茏（《汉书》作龙）城。"《索
隐》引崔浩曰："西方胡皆事龙神，故名大会处为龙城。"

龙祠以五月的一次为最重要，还可以从它在戊日举行得到证明。《史记·

匈奴传》又说他们"日上戊巳",《月令》"中央土,其日戊巳,其帝黄帝……其数五",戊巳和五在五行系统中是一套,而且黄帝即黄龙,所以祭龙重在五月,也是五行系统的安排。越和匈奴都奉龙为图腾,又都说是夏后氏的苗裔,他们本系同族,我们将另文讨论。在本题内,我们因越民族的史料缺乏,暂借匈奴的史料来解释越人的风俗信仰,是没有冒犯过大的危险的。

端午与五行

五行的起源想来很复杂,但有一点我们可以断言的,是它最初必有某种实用的意义,而不仅是分析自然势力而加以排列的一种近乎思想游戏的勾当。我们的建议是,五行中最基本的观念是五方,而五方是一种社会政治组织形态的符号,兼宗教信仰的象征。依图腾制度的通例,一个团族(clan)之下往往又分为几个支族(phratries)。我们疑心古代奉龙为图腾的团族之下有四个支族,每支族又各为一龙,共有五龙。

《水经·河水注》:"奢延水又东迳肤施县南……东入五龙山……又东走,马水注之。水出西南长城北,阴周县故城南桥山……山上有黄帝塚故也。"《淄水注》:"广固城……四周绝涧,阻水深隍……水侧山际,有五龙口。"

《水经·河水注》引《遁甲开山图》:"五龙见教,天皇被迹。"

《说文》:"戊,中宫也,象六甲五龙相拘绞。"

《魏文帝杂占》:"黄帝祥图,五龙舞沙。"

《水经·河水注》:"河水又东经五龙坞,北坞临长河有五龙祠。应劭云昆仑山庙在河南荥阳县,疑即此祠。所未详。"

《汉书·地理志》："（肤施）县有五龙山。"

《鬼谷子·阴符篇》："盛德法五龙。"陶弘景《注》曰："五龙，五行之龙也。"

郭璞《游仙诗》："奇龄迈五龙。"

五龙用五个色彩区分，所以龙是五色的名目。由图腾崇拜演化为祖宗崇拜，于是五色龙也就是五色帝。宗教信仰到了祖宗崇拜的阶段，社会组织也由图腾变为国家，所以五帝是天神，又是人王。图腾时期，四支族的四龙各治一方，而以团族的一龙为中央共主，所以有五龙分治五方之说。

《遁甲开山图》荣氏解："五龙，昆弟四人，长曰角龙，木仙也，次曰征龙，火仙也，交曰商龙，金仙也，次曰羽龙，水仙也，父曰宫龙，土仙也。父与诸子同得仙，治在五方，为五行神。"

《类聚》九八引《瑞应图》："黄龙者，四龙之长，四方之正色，神灵之精也。"

五龙分治五方，在国家形态出现以后，便是一个共主统治着四方的诸侯，黄帝立四面的传说，便是由此而起的。

《御览》七九引《尸子》："子贡问孔子曰：'古者黄帝立四面，信乎？'孔子曰：'黄帝取合己者四人，使治四方……此之谓四面也。'"

《吕氏春秋·本味篇》："故黄帝立四面。"

魏文帝《以陈群为镇军司马懿为抚军诏》："昔者轩辕建四面之号。"

有时共主失去统治能力，诸侯起了觊觎之心，

> 蒋子《万机论》："黄帝之初……不好战伐，而四帝各以方色
> 交共谋之。"

共主与诸侯之间不免要来一场战争，如果共主胜了，

> 《孙子·行军篇》："凡此四军之利，黄帝之所以胜四帝也。"

用图腾主义的术语说，便是中央的黄龙杀死四方四色的龙了。

> 《墨子·贵义篇》："帝以甲乙杀青龙于东方，以丙丁杀赤龙
> 于南方，以庚辛杀白龙于西方，以壬癸杀黑龙于北方。"

五方的龙，用彩色来区分，便有五色，已如上说。大概是五色离开龙，而成为单纯的五种色素之后，太嫌空洞，于是又借五种色彩相近的物质，即所谓五行的木火金水土（次第依《左传》）来象征青赤白黑黄。并依这五色的方位，又将五行分配给五方。五方的中央，性质本与其余四方不同，它是以共主的资格来统摄联系，并调和四方的，五行是由五方展转生出的，所以配中央的土，其性质与其余四行也不同。

> 《郑语》："夫和实生万物，同则不继。以他平他谓之和，故
> 能丰长而物生之……故先王以土与金木水火杂以成万物。"

并且自然势力与五这数字似乎没有必然的联系，五行之所以为五，想必脱

胎于其他天成的五数，目下想得到的，五方是一个可能的来源。至于行字的涵义。我以为就在字形里。古行字作卄，象衢道四出之形，行本只有四而称五行，正如方本只有四而称五方一样。这解释如果不错，就字面说，五行简直就是五方，因之上引《鬼谷子》陶弘景《注》"五龙，五行之龙也"，便等于说"五方之龙"，《遁甲开山图》荣氏解"五龙……为五行神"，也等于说"五方神"。

我们谈了半天五行的起源，目的无非要说明五龙观念起源之古，换言之，龙与五是分不开的，因为从图腾观点说，龙的数一开始就是五，而依我们的意见，龙正是图腾社会的产物，所以我们也只能从图腾的观点来谈它。一方面龙的数既是五，所以在图腾社会的背景之下，"五"便成为一个神圣个数，而发展成为支配后来数千年文化的五行思想，一方面作为四龙之长的中央共主是第五条龙，所以"第五"便成为一个神圣的号数，至今还流行着的五月五日的端午节，便是那观念的一个见证。

最后我们应该补充一点，"端午"最初作"端五"，

> 张表臣《珊瑚钩诗话》二："端五之号，同于重九，角黍之事，肇于《风俗》。屈原怀沙忠死，后人每年以五色丝络粔籹而吊之，此其始也。后世以五字为午，则误矣。"（百川本）
> 《野客丛书》一一："今言五月五日曰重五。"

而端训初。

> 《类聚》四引《风土记》"仲夏端午，烹鹜角黍"，《注》："端，始也，谓五月初五日也。"

唐以前似乎任何一月的初五皆可称端午，不必五月。

《容斋随笔》一：“唐玄宗以八月五日生，以其日为千秋节，张说上《大衍历序》云：‘谨以开元十六年八月端午赤光照室之夜献之’，《唐类表》有宋璟请以八月五日为千秋节表，云‘月惟仲秋，日在端午’，然则凡月之五日皆可称端午也。”

《野客丛书》一四：“仆观《续世说》，齐暎为江西观察使，因德宗诞日端午为银瓶高八尺以献，是亦有端午之说。”

这更可见第五这号数的势力之大。至于后世改五为午，或系取其在一日之中的意思。巳午居十二支之中，犹之戊己居十干之中。中央之数五，午是中央之时，所以其价值也等于五，何况五午声音又完全相同呢！上文讲过五与龙有不解之缘，节日中五的意义愈深厚，愈见其与龙的关系之密切。

彩 丝 系 臂

有一种现已失传了的端午风俗，便是彩丝系臂。

《御览》三一引《风俗通》：“五月五日以五彩丝系臂者者，辟兵及鬼，令人不病温，亦因屈原。一名长命缕，一名续命缕，一名辟兵缯，一名五色缕，一名五色丝，一名朱索，又有条达等组织杂物，以相赠遗。”

《岁华纪丽》二《注》引《风土记》：“以五彩缕造百索系臂，一名长命缕，一名辟兵缯，以相赠遗。”

《玉烛宝典》五引《荆楚岁时记》：“士女或取……彩丝系臂，谓之长命缕。”

  《事文类聚前集》九引《提要录》："北人端午，以杂丝结合欢索，缠手臂。"

  宋章淳《端午帖子词》："九子黏箬玉粽香，五丝系臂宝符光。"

《风俗通》所谓"条达等组织杂物"，就是臂钏，繁钦《定情诗》"绕臂双条达"可证。

  《野客丛书》一四引《卢氏新记》（当作《杂说》）："唐文宗一日问宰臣古诗'轻衫衬条脱'，条脱是何物，宰臣未对，上曰即今之腕钏，安妃有金条脱，是臂饰也。"

  《南部新书》："大中间上赋诗有金步摇，未能对，令温飞卿续之，飞卿即以玉条脱应之。"

玉条脱见《真诰》第一篇。这些臂上的饰物我们疑心是文身之遗。文身的主要部位本是手臂，

  《赵策》二："祝发文身错臂，瓯、越之民也。"

而文身是象龙文，上文已经证明，嶲西文夷的风俗也是很好的旁证。

  《蜀中广记》三四引《九州要记》："嶲之西有文夷人，身青而有文如龙鳞于臂胫之间。"

文身的习惯被放弃后，其遗意还保存在衣襟的文饰间，是一种方式，

柳宗元《咏壮俗》："饮食行藏总异人，衣襟刺绣作文身。"

以玉石之属刻作龙形系在臂上，是另一种方式，

《急就篇》："系臂琅玕虎魄龙。"

再一种方式则表现在系在肘后的印纽上。

《独断》上引卫宏（《汉旧仪》）："秦以前，民皆以金玉为印，龙虎纽，唯其所好。"

彩丝系臂，想来当初也是以象龙形的。这虽没有明证，但既是端午的风俗，而端午是个龙的节日，则结丝以象龙形是很可能的。龙形遗失后，便用五种颜色来象征五色龙。有时是用五种颜色的丝织物编成的。

《初学记》四引裴玄《新语》："五月五日集五彩缯，谓之辟兵。"

《御览》三一引《风俗通》："五月五日集五色缯辟兵，余问服君，服君曰：'青赤白黑以为四方，黄为中央，襞方缀于胸前，以示妇人蚕功也。织麦麹（麹，麦茎也。）悬于门，以示农功成。传声以襞方为辟兵耳。'"

服虔以"辟兵"为"辟方"的声误，说法很巧，但其"爱梵美"的嫌疑，一望可知。其实所谓"青赤白黑以为四方，黄为中央"已经明白的告诉我们五方龙。

守　宫

传说守宫对于妇人常有种种神秘的影响，

《御览》九四六引《淮南万毕术》："守宫涂脐，妇人无子。取守宫一枚，置甕中，及蛇衣以新布密裹之，悬于阴处百日，治守宫蛇衣分等，以唾和之，涂妇人脐，磨令温，即无子矣。"

同上引《梦书》："守宫为寡妇着垣墙也。梦见守宫，忧寡妇人也。"

最常见的说法是防闲贞操的功能。

《御览》七三六引《淮南万毕术》："取守宫虫，饵以丹砂，阴干，涂妇人身，男合即灭。"

《御览》九四六引《淮南万毕术》："守宫饰女臂，有文章。取守宫新合阴阳者，牝牡各一，藏之瓮中，阴干百日，以饰女臂，则生文章。与男子合阴阳，辄灭去。"

《御览》三一引《淮南万毕术》："取七月七日守宫阴干之，治合，以井华水和，涂女人身，有文章，则以丹涂之，不去者不淫，去者有奸。"

《博物志》："蜥蜴或蝘蜓，以器养之，食以朱砂，体尽赤。所食满七斤，捣万杵，以点女人支体，终身不灭，故号曰守宫。"

《古诗》："爱惜加穷袴，防闲托守宫。"

李贺《宫娃歌》："花房夜捣红守宫。"

李商隐《河阳诗》："巴西夜市红守宫，后房点臂斑斑红。"

这我们猜想也是一个图腾的遗迹。守宫本一名龙子，

> 《名医别录》陶《注》："蜥蜴……形大纯黄色者名蛇医，其
> 次似蛇医而小形长尾，见人不动者，名龙子。"
> 《古今注》："蝘蜓一曰守宫，一曰龙子。"
> 吴普《本草》："石龙子一名守宫，一名山龙子。"

龙　舟

寻常舟船刻为龙形，本是吴、越一带的习俗。

> 应玚《灵河赋》："龙艘白鲤，越舲蜀艇。"
> 《意林》引杨泉《物理论》："龙舟整檝，王良不能执也，骥
> 骒齐行，越人不能御也。"
> 马缟《中华古今注》上："孙权，吴之主也，时号舸为赤
> 龙……言如龙之飞于天。"

和他们的文身一样，龙舟的目的，大概也是避蛟龙之害。这可以从船上图
蛟和挂龙子幡得到暗示。

> 萧子显《南征曲》："棹歌来扬女，操舟惊越人，图蛟怯水
> 伯，照鹢竦江神。"

图蛟的目的在"怯水伯"，意义是明显的。

《古诗为焦仲卿妻作》："青雀白鹄舫，四角龙子幡。"

《襄阳乐》："上水郎担篙，下水摇双橹，四角龙子幡，环环江当柱。"

《南史·臧质传》："质封始兴郡公，之镇，亦平乘，并施龙子幡。"

越人文身以象龙子，船上挂龙子幡也无非是龙子的信号。为的是让蛟龙容易辨别，不致误加伤害。把整个的船刻成龙形，目的大概也是这样。

龙舟只是文身的范围从身体扩张到身体以外的用具，所以它是与文身的习惯同时存在的。图腾文化消逝以后，文身变相为衣服的衣饰，龙舟也只剩下"图蛟"和龙子幡一类的痕迹。但遇到宗教仪式时，古旧形态中的许多花样往往会全般出现，于是我们便看到穿着模拟文身的彩衣的水手们划着龙舟——一幅典型图腾社会的"浮世绘"。

唐无名氏《竞渡歌》："鼓声三下红旗开，两龙跃出浮水来，棹影斡波飞万剑，鼓声劈浪鸣千雷。鼓声渐急标将近，两龙望标目如瞬。……须臾戏罢各东西，竞脱文身请书上。"

《事文类聚前集》九引□□□："唐杜亚节度淮南，方春，民为竞渡戏，亚欲轻驶，乃鬃船底，篙人衣油彩衣，没水不濡。"

《齐东野语》一三："甄云卿……竞渡日，着彩衣，立龙首，自歌所作'思远楼前'之词，旁若无人。"

无名氏径称彩衣为"文身"，尤其是我们的佳证。

龙舟竞渡应该是史前图腾社会的遗俗。上揭《岁时记》说越地相传起于越王勾践，可见这风俗来源之古，虽则这说法本身仍然不可靠。至于拯

救屈原的故事，最早的记载也只在六朝，

> 《御览》三一引《荆楚岁时记》："五月五日竞渡，俗为屈原
> 投汨罗日，伤其死所，并命舟楫以拯之。舸舟取其轻利，谓之飞
> 凫。一自以为水军，一自以为水马，州将及土人悉临水观之。"

早在隋代的杜台卿已经怀疑过这说法，他在《玉烛宝典》里讲道："或因
开怀娱目，乘水临风，为一时之赏，非必拯溺。"杜氏的解释虽不对，他
怀疑拯溺之说，却是有道理的。

---

①原载 1947 年 8 月《文学杂志》第 2 卷第 3 期。据开明版《闻一多全集·神话与诗》
编入本卷。

端节的历史教育[①]

端午那天孩子们问起粽子的起源，我当时虽乘机大讲了一顿屈原，心里却在暗笑，恐怕是帮同古人撒谎罢。不知道是为了谎的教育价值，还是自己图省事和藏拙，反正谎是撒过了，并且相当成功，因为看来孩子们的好奇心确乎得到了相当的满足。可是，孩子们好奇心的终点，便是自己好奇心的起点。自从那天起，心里常常转着一个念头：如果不相信谎，真又是甚么呢？端午真正的起源，究竟有没有法子知道呢？最后我居然得到了线索，就在那谎里。

> 屈原五月五日投汩罗而死，楚人哀之，每至此日，以竹筒贮米投水祭之。汉建武中，长沙欧回白日忽见一人，自称三闾大夫，谓曰："君常见祭，甚善。但常所遗，苦为蛟龙所窃。今若有惠，可以楝树叶塞其上，仍以五彩丝约缚之。此二物，蛟龙所惮也。"回依其言。世人作粽，并带五彩丝及楝叶，皆汩罗之遗风也。
>
> 《续齐谐记》

这传说是如何产生的，下文再谈，总之是不可信。倒是"常所遗（粽子）苦为蛟龙所窃"这句话，对于我的疑窦，不失为一个宝贵的消息。端午节最主要的两个节目，无疑是竞渡和吃粽子。这里你就该注意，竞渡用的龙舟，粽子投到水里常为蛟龙所窃，两个主要节目都与龙有关，假如不是偶合的话，恐怕整个端午节中心的意义，就该向龙的故事去探寻罢。这是第一点。据另一传说，竞渡的风俗起于越王勾践，那也不可靠。不过吴越号称水国，说竞渡本是吴越一带的土风，总该离事实不远。这是第二点。一方面端午的两个主要节目都与龙有关，一方面至少两个节目之一，与吴越的关系特别深，如果我们再能在吴越与龙之间找出联系来，我们的问题不就解决了吗？

吴越与龙究竟有没有联系呢？古代吴越人"断发文身"，是我们熟知的事实。这习俗的意义，据当时一位越国人自己的解释，是"处海垂之际……而蛟龙又与我争焉，是以翦发文身，烂然成章，以像龙子者，将以避水神也。"（《说苑·奉使篇》记诸发语。）所谓"水神"便是蛟龙。原来吴越都曾经自认为蛟龙是儿子（龙子），在那个大前题下，他们想，蛟龙是害人的东西，不错，但决不会残杀自己的"骨肉"。所以万一出了岔子，责任不该由蛟龙负，因为，他们相信，假若人们样子也长的和蛟龙一样，让蛟龙到眼就认识是自己的族类，哪会有岔子出呢？这样盘算的结果，他们便把头发剪短了，浑身刺着花纹，尽量使自己真像一个"龙子"，这一来他们心里便踏实了，觉得安全真有保障。这便是吴越人断发文身的全部理论。这种十足的图腾主义式的心理，我在别处还有更详细的分析与说明。现在应该注意的是，我们在上文所希望的吴越与龙的联系，事实上确乎存在。根据这联系推下去，我想谁都会得到这样一个结论：端午本是吴越民族举行图腾祭的节日，而赛龙舟便是这祭仪中半宗教，半社会性的娱乐节目。至于将粽子投到水中，本意是给蛟龙享受的，那就不用讲了。总之，端午是个龙的节日，它的起源远在屈原以前——不知道多远呢！

据《风俗通》和《荆楚岁时记》，五月五日，古代还有以彩丝系臂，名曰"长命缕"的风俗。我们疑心彩丝系臂便是文身的变相。一则《国策》有"祝发文身错臂，瓯越之民也"的话（《赵策》二）。可见文身术应用的主要部分之一是两臂。二则文身的目的，上文已讲过，是给生命的安全作保障。彩丝系臂，在形式上既与错臂的文身术有类似的效果，而"长命缕"这名称又证明了它也具有保障生命的功能，所以我们说彩丝系臂是古代吴越人文身俗的遗留，也是不会有大错的。于是我又恍然大悟，如今小孩们身上挂着五彩丝线缠的，或彩色绸子扎的，或染色麦草编的，种种光怪陆离的小玩意儿，原来也都是文身的替代品。文身是"以像龙子"的。竞渡与吃粽子，上文已说过，都与龙有关，现在我们又发现彩丝系臂的背景也是龙，这不又给端午是龙的节日添了一条证据么？我看为名副其实，这节日干脆叫"龙子节"得了。

我在上文好像揭穿了一个谎。但在那揭谎的工作中，我并不是没有怀着几分惋惜的心情。我早已提到谎有它的教育价值，其实不等到谎被揭穿之后，我还不觉得谎的美丽。如果明年孩子们再谈起粽子的起源，我想，我的话题还是少不了这个谎，不，我将在讲完了真之后，再告诉他们谎中的真。我将这样说：

"吃粽子这风俗真古得很啊！它的起源恐怕至少在四五千年前。那时人们的文化程度很低。你们课本中有过海南岛黎人的插图吗？他们正是那样，浑身刺绣着花纹，满脸的狞恶像。但在内心里他们实在是很可怜的。那时的人在自然势力威胁之下，常疑心某种生物或无生物有着不可思议的超自然力量，因此他们就认定那东西为他们全族的祖先兼保护神，这便是现代术语所谓'图腾'。凡属于某一图腾族的分子，必在自己身体上和日常用具上，刻画着该图腾的形状，以图强化自己和图腾间的联系，而便于获得图腾的保护。古代吴越民族是以龙为图腾的，为表示他们'龙子'的身份，藉以巩固本身的被保护权，所以有那断发文身的风俗。一年一度，就在今天，他们要举行一次盛大的图腾祭，将各种食物，装在竹筒，或裹在树叶里，一面往水里扔，献给图腾神吃，一面也自己吃。完了，还在急鼓声中（那时许没有锣）划着那刻画成龙形的独木舟，在水上做竞渡的游戏，给图腾神，也给自己取乐。这一切，表面上虽很热闹，骨子里却只是在一副战栗的心情下，吁求着生命的保障，所以从冷眼旁观者看来，实在是很悲的。这便是最古端午节的意义。"

"一二千年的时间过去了，由于不断的暗中摸索，人们稍稍学会些控制自然的有效方法，自己也渐渐有点自信心，于是对他们的图腾神，态度渐渐由献媚的，拉拢的，变为恫吓的，抗拒的，（人究竟是个狡猾的东西！）最后他居然从幼稚的，草昧的图腾文化挣扎出来了，以至几乎忘掉有过那么回事。好了，他现在立住脚跟了，进步相当的快。人们这时赛龙舟，吃粽子，心情虽还有些紧张，但紧张中却带着点胜利的欢乐意味。他们如今是文明人啊！我们所熟习的春秋时代的吴越，便是在这个文化阶段中。"

"但是，莫忙乐观！刚刚对于克服自然有点把握，人又发现了第二个仇敌——他自己。以前人的困难是怎样求生，现在生大概不成问题，问题在怎样生得光荣。光荣感是个良心问题，然而要晓得良心是随罪恶而生的。时代一入战国，人们造下的罪孽想是太多了，屈原的良心担负不起，于是不能生得光荣，便毋宁死，于是屈原便投了汨罗！是呀，仅仅求生的时代早过去了，端午这节日也早失去了意义。从越国到今天，应该是怎样求生得光荣的时代，如果我们还要让这节日存在，就得给他装进一个我们时代所需要的意义。"

"但为这意义着想，哪有比屈原的死更适当的象征？是谁首先撒的谎，说端午节起于纪念屈原，我佩服他那无上的智慧！端午，以求生始，以争取生得光荣的死终，这谎中有无限的真！"

准备给孩子们讲的话，不妨到此为止。纵然这番意思，孩子还不太懂，但迟早是应当让他们懂得的，是不是？

一九四三年七月

---

① 原载 1943 年 7 月 3 日昆明《生活导报》第 32 期。据开明版《闻一多全集·神话与诗》编入本卷。

屈原问题①

——敬质孙次舟先生

一

不久以前，在成都，因孙次舟先生闯了一个祸，久不听见的文学史问题争论战又热闹过一阵。在昆明不大能见到那边的报纸和刊物，所以很少知道那回事的。但孙先生提出的，确乎是个重要问题，它不但属于文学史，也属于社会发展史的范围，如果不是在战时，我想它能吸引更广大的，甚而全国性的热烈的注意。然而即使是战时，在适当的角度下，问题还是值得注目的。

孙先生说屈原是个"文学弄臣"，为读者的方便，我现在把他的四项论证，叙述如下。

（一）《史记》不可靠。司马迁作《屈原传》，只凭传说，并没有"史源"，所以那里所载的屈原事迹，都不可靠。（论据从略。）

（二）战国末年纯文艺家没有地位。孙先生认为文人起于春秋战国间，那时政论家已经取得独立的社会地位，纯文艺家则没有。这情形到战国末年——屈宋时代，还是一样，就是西汉时也还没有多大改变，所以东方朔、郭舍人、枚皋一流人都"见视如倡",司马相如虽有点政治才能,仍靠辞赋为进身之阶。(一多案:也得仰仗狗监推荐!)甚至连司马迁都叹道"固主上所戏弄,倡优蓄之"。孙先生又说,经过西汉末扬雄、桓谭、冯衍等的争取,文人的地位,这才渐见提高,到东汉,史书里才出现了《文苑传》。

(三)以宋玉的职业来证屈原的身份。从《高唐》、《神女》、《登徒子好色》三赋里,孙先生证明了宋玉不过是陪着君王说说笑笑,玩玩耍耍的一个"面目姣好,服饰华丽的小伙子",态度并不很庄重。而司马迁明说宋玉是"祖屈原之从容辞令"的,那么,屈原当日和怀王在一起的生活情形,也便可想而知了。

(四)《离骚》内证。孙先生发现战国时代有崇尚男性姿容,和男性的姿态服饰以模拟女性为美的风气,他举墨子《尚贤篇》"王公大人,有所爱其色而使","今王公大人,其所富,其所贵,皆王公大人骨肉之亲,无故富贵,面目好美者也",和《荀子·非相篇》"今世俗之乱君,乡曲之儇子,莫不美丽姚冶,奇衣妇饰,血气态度,拟于女子"等语为证。他说,作为文学弄臣的男性,正属于这类,而屈原即其一例。《离骚》中每以美人自拟;以芳草相比,说"昭质未亏",说"孰求美而释女";又好矜夸服饰,这都代表着那一时的风气。《离骚》,说孙先生看,当作于怀王入秦以前,是这位文学弄臣,因与同列(靳尚之流)争宠,受到谗言,使气出走,而年淹日久,又不见召回,以致绝望而自杀时的一封绝命书。他分析其内容,认为那里"充满了富有脂粉气息的美男子的失恋泪痕":

众女嫉余之蛾眉兮,谣诼谓余以善淫。(后宫弄臣姬妾争风吃醋。)

初既与余成言兮,后悔遁而有他。(男女情人相责的口吻。)

余既不难夫离别兮,伤灵修之数化。(眷恋旧情,依依不舍。）

汩余若将不及兮，恐年之不吾与。——惟草木之零落兮，恐美人之迟暮。——老冉冉其将至兮，恐修名之不立。——及年岁之未晏兮，时亦犹其未央。（顾惜青春，惟恐色衰。）

心犹豫而狐疑兮，欲自适而不可。（旁人劝他自动回宫。他仍然负气，不肯服软。）

苟中情其好修兮，又何必用夫行媒？（自想请人疏通，恐怕也是枉然。）

曾歔欷余郁邑兮，哀朕时之不当，揽茹蕙以掩涕兮，霑余襟之浪浪。（但知自伤命薄，做出一副女儿相。）

闺中既已邃远兮，哲王又不寤，怀朕情而不发兮，焉能忍与此终古！（终以热情难制，决定自杀。）

至于篇中所以称述古代的圣主贤臣，孙先生以为，那是影射怀王对他宠信不终，听信谗言，乃至和他疏远那一连串事实的。"因为屈原和怀王有一种超乎寻常君臣的关系"，他说，"所以在《离骚》中多有暧昧不清的可作两面解释的辞句"。但他确是一个"天质忠良"，"心地纯正"，而且"情感浓烈"的人，不像别人，只一意的引导着君王欢乐无度，不顾"皇舆之败绩"，他——屈原，是要让怀王欢乐而不妨国政，以期"及前王之踵武"的。然而他究竟是一个"富有娘儿们气息的文人"。孙先生还申斥道，"'无能的'把事情闹糟，即使能够知耻的以死谢国人，那也逃不了孔子'自然于沟渎'是'匹夫匹妇之谅也'的严正批评的"。总之，他"是文人发展史上一个被时代牺牲了的人物"（因为男色的风习，在古代中国并不认为是不道德的），但我们也不应因此就"剥夺他那《离骚》在文学史上的地位"。

二

　　述完了孙先生的话，我们还要讲讲关于他如何提出这问题，和我个人如何对它发生兴趣的一些小故事。本年九月间，朱佩弦先生从成都给我一封信，内附孙次舟先生的一篇文章，题作《屈原是'文学弄臣'的发疑（兼答屈原崇拜者）》，是从成都《中央日报》的《中央副刊》剪下的。信上说，在本年成都的"诗人节"纪念会上，孙先生提出了这问题，立时当地文艺界为之大哗，接着就向他发动围攻，直到最近，孙先生才开始公开抵抗，那便是这篇文章的来由。佩弦先生还说到他自己同情孙先生的意思。后来他回到昆明，我们见着便谈起这事，我问他还记不记得十几年前，我和他谈到和孙先生类似的意见，他只摇摇头。（十几年是一个太长的时间，我想。）这里让我打一个岔。就在本年暑假中，我接到某官方出版机关一封信，约我写一本《屈原传》一类的小书，我婉词谢绝了，读者此刻可以明白我当时的苦衷吧！好了，前几天佩弦先生又给我送来孙先生的第二篇文章，在这篇《屈原讨论的最后申辩》的附白中，孙先生转录了李长之兄给他通信里的这样一段话："昔闻一多先生亦有类似之说，以屈原与梅兰芳相比。"本来我看到孙先生第一篇文章时，并没有打算对这问题参加讨论，虽则心里也曾发生过一点疑问：让孙先生这样一个人挨打，道义上是否说得过去呢？如今长之兄既把我的底细揭穿了，而孙先生也那样客气的说道"闻一多先生大作如写成，定胜拙文远甚"（这仿佛是硬拖人下水的样子，假如不是我神经过敏的话），这来，我的处境便更尴尬了，我当时想，如果再守口如瓶，岂不成了临阵脱逃吗？于是我便决定动笔了。

　　然而我虽同情孙先生，却不打算以同盟军的姿态出马，我是想来冒险作个调人的。老实说，这回的事件并不那样严重，冲突的发生只由于一点误会。孙先生以屈原为弄臣，是完全正确的指出了一桩历史事实，不幸的是，他没有将这事实在历史发展过程中所代表的意义，充分的予以说明，这，便是误会之所由发生吧！我以为，事实诚然有些讨厌，然而不先把意义问个水落石出，便一窝蜂的拥上来要捣毁事实，以图泄愤，这是文艺界朋友们太性急点，至于这时不赶紧宣布意义，让意义去保护事实，却只顾在事实的圈子里招架，也不能不说是孙先生的失策。其实事实讨厌，意义不一定讨厌。话说穿了，屈原在文学史上的地位，不惟不能被剥夺，说不定更要稳固，到那时，我相信我们的文艺界还要欢迎孙先生所指出的事实，岂止不拒绝它？

三

除一部分尚未达到奴隶社会阶段的原始民族外，全人类的历史便是一部奴隶解放史。在我们的历史上，最下层的离开贵族（奴隶领主）最远的农业奴隶，大概最先被解放。次之是工商业奴隶。在古代自足式的社会里，庶民的衣食器用都不必假手于人，所以在民间，工商是不成其为独立职业的。只养尊处优的贵族们，才需要并且能够豢养一群工商奴隶，给他们制造精巧的器具，采办珍奇的货物。商处于市井，是在贵族都邑的城圈内的，工处于官府，简直在贵族家里了。这两种奴隶被解放的时期的先后，便依他们所在地离开贵族的远近而定，但比起农人来，可都晚得多了。

但解放得最晚的，还是那贴紧的围绕着主人身边，给主人充厮役，听差遣，供玩弄，和当清客——总而言之，在内廷帮闲的奴隶集团。这其间所包括的人物，依后世的说法，便有最狎暱的姬妾倖臣，最卑贱的宫娥太监，较高等的乐工舞女和各色技艺人才，以及扈从游宴的"文学侍从之臣"等等。论出身，他们有的本是贵族，或以本族人而获罪，降为皂隶，或以异族人而丧师亡国，被俘为奴，或以出国为"质"，不能返国，而沦为臣妾，此外自然也有奴隶的子孙世袭为奴隶的。若就男性的讲，因为本是贵族子弟，所以往往眉清目秀，举止娴雅，而知识水准也相当高。从此我们可以明白，像这样的家内奴隶（包括孙先生所谓"文学弄臣"在内），身份虽低，本质却不坏，职事虽为公卿大夫们所不齿，才智却不必在他们之下。他们确乎是时代的牺牲者，当别的奴隶阶层（农，工，商）早已获得解放，他们这群狐狸，兔子，鹦鹉，山鸡和金鱼，却还在金丝笼和玻璃缸里度着无愁的岁月，一来是主人需要他们的姿色和聪明，舍不下他们，二来是他们也需要主人的饲养和鉴赏，不愿也不能舍弃主人。他们不幸和主人太贴近了，主人的恩泽淹灭了他们的记忆，他们失去自由太久了，便也失去了对自由的欲望。他们是被时代牺牲了。然而也被时代玉成了。玲珑细致的职业，加以悠闲的岁月，深厚的传统，给他们的天才以最理想的发育机会，于是奴隶制度的粪土中，便培养出文学艺术的花朵来了。没有弄臣的屈原，那有文学家的屈原？历史原是在这样的迂回过程中发展着，文化也是在这样的迂回中成长的。

四

更重要的是奴隶制度不仅产生了文学艺术，还产生了"人"。本来上帝没有创造过主人和奴隶，他只创造了"人"，在血液中，屈原和怀王尤其没有两样（他们同姓），只是人为的制度，把他们安排成那可耻的关系。可是这里"人定"并没有"胜天"，反之，倒是人的罪孽助成了天的意志。被逐，失宠和流落，诱导了屈原的反抗性，在出走和自沉中，我们看见了奴隶的脆弱，也看见了"人"的尊严。先天的屈原不是一个奴隶，后天的屈原也不完全是一个奴隶。他之不能完全不是一个奴隶，我们应该同情（那是时代束缚了他），他之能不完全是一个奴隶，我们尤其应该钦佩（那

是他在挣脱时代的束缚），要了解屈原的人格，最好比较比较《离骚》和
《九辩》。

> 伏（服）清白以死直兮，固前圣之所厚。
>
> 虽体解吾犹未变兮，岂余心之可惩？
>
> 不量凿以正枘兮，固前修以菹醢。

《九辩》里何曾发过这样的脾气！尤其那两篇的结尾——一边是

> 已矣哉！国无人莫我知兮，又何怀乎故都？
>
> 既莫足与为美政兮，吾将从彭咸之所居！

一边是

> 愿皇天之厚德兮，还及君之无恙！

那坚强的决裂，和这"临去秋波那一转"，是多么有讽刺性的对照！我同
意孙先生从宋玉的身份里看屈原的身份，但我不相信从宋玉的人格里找寻
到屈原的人格，因此我不同意孙先生的"以情推度"，说"若《高唐赋》、
《神女赋》这类的作品屈原当也写了不少"。

　　我也不十分同意孙先生只称许一个"天质忠良"，"心地纯正"和
"忠款与热情"的屈原。这些也许都是实情，但我觉得屈原最突出的品性，
毋宁是孤高与激烈。这正是从《卜居》、《渔父》的作者到西汉人对屈原
的认识。到东汉，班固的批评还是"露才扬己，怨怼沉江"和什么"不合
经义"，这里语气虽有些不满，认识依然是正确的。大概从王逸替他和儒
家的经术拉拢，这才有了一个纯粹的"忠君爱国"的屈原，再经过宋人的

吹嘘，到今天，居然成了牢不可破的观念。可是这中间，我记得，至少还有两个人了解屈原，一个是那教人"痛饮酒，熟读《离骚》，便可称名士"的王孝伯，一个是在《通鉴》里连屈原的名字都不屑一提的司马光，前者一个同情的名士，后者一个敌意的腐儒，都不失为屈原的知己，一个孤高激烈的奴隶，决不是一个好的奴隶，所以名士爱他，腐儒恨他。可是一个不好的奴隶，正是一个好的"人"。我在孙先生的第二篇文章里领教过他的"火气"哲学，十分钦佩。如今孙先生察觉了屈原的"脂粉气"而没有察觉他的"火气"，这对屈原是不大公平的。

五

孙先生承认"陪着楚王玩耍或歌舞的人物，有时要诙笑嫚戏，有时也要出入宫廷，传达命令"。既然常传达命令，则日子久了，干预政治，是必然之势。既有机会干预政治，就可能对政治发生真实的兴趣。"天质忠良"，"心地纯正"的屈原，为什么对当时的政治，不是真心想"竭忠尽智"呢？孙先生说屈原的"上称帝喾，下道齐桓，中述汤武"，与孔孟之称道古帝王不同，"他的着重点都只在怀王对他宠信不终，而听信谗言，疏远了他这一种为自己身上的打算上"。我只知道圣人也是"三月无君，则皇皇如也"的，为什么孔孟的称道古帝王是完全为别人打算，屈原的称道就完全为自己呢？并且什么古代圣主贤臣，风云际会，打得火热的那一套，也不过是当时的老生常谈而已，除老庄外，先秦诸子那一家不会讲？何只孔孟？

孙先生大概认定弄臣只是弄臣，其余一切，尤其国家大事，便与他们无干，所以不相信《史记》里那些关于屈原政治生活的记载。《史记·屈原传》未必全部可靠，正如《史记》的其它部分一样，但那不能不说是"事出有因"。孙先生说它没有"史源"，许是对的。但说是"史源"便可靠，是"传说"便全无价值，却不尽然。依我看来，倒是官方或半官方式的"史源"可靠的少，而民间道听途说式的"传说"，十有八九是真话。你不能专从字面上读历史，《史记·屈原传》尽管是一笔糊涂账，可是往往是最糊涂的账中泄露了最高度的真实。从来"内廷"和"外廷"的界限就分不清楚，屈原是个文学弄臣，并不妨碍他是个政治家。从"赘婿"出身的淳于髡，不正是个"滑稽多辩"的文学弄臣吗？如果孙先生不又抹煞"传说"的话，淳于髡不也曾带着"黄金千镒，白璧十双，车马百驷"为齐使赵，而得到成功吗？因此，我们又明白了，"滑稽多辩"是弄臣必需的条件，也是使臣必需的条件，正如作为辞赋起源的辞令，也就是那人臣们"使于四方"用以"专对"的辞令，"登高能赋"是古代"为大夫"的资格，也合了后世为弄臣，为使臣的资格，弄臣与使臣，职务虽然两样，人物往往不妨只有一个。也许正因屈原是一个"博闻强志……娴于辞令"的漂亮弄臣，才符合了那"出则接遇宾客，应对诸侯"的漂亮外交家的资格。战国时代本不是一个在传统意义下讲资格，讲地位的时代，而是一个一切价值在重新估定的时代，那年头谁有活动的能力，便不愁没有活动的机会。讲到身份，苏秦、张仪也够卑贱的，然则不妨碍他们致身卿相，然则在另一属性上身份也是卑贱的屈原，何以不能做三闾大夫和左徒呢？在屈原看来，从来倒是"肉食者鄙"，而你看，奴隶群中却不断的站起了辉煌的人物：

> 说操筑于傅岩兮，武丁用而不疑，
> 吕望之鼓刀兮，遭周文而得举，
> 宁戚之讴歌兮，齐桓闻以该辅。

屈原，自己一个文化奴隶，站起来又被人挤倒，他这段话真是有慨乎言之啊！一个文化奴隶（孙先生叫他作"文学弄臣"）要变作一个政治家，到头虽然失败，毕竟也算翻了一次身，这是文化发展的迂回性的另一方面。

六

中国文学有两个截然不同的传统，一个是《诗经》，一个是《楚辞》，历来总喜欢把它们连成一串，真是痴人说梦。《诗经》不属本文的范围，姑且不去管它。关于《楚辞》这传统的来源，从来没有人认真追究过，对于它的价值，也很少有正确的估计。我以为在传统来源问题的探究上，从前廖季平先生的《离骚》即秦博士的《仙真人诗》的说法，是真正着上了一点边儿，此外便要数孙先生这次的"发疑"，贡献最大。像孙先生这样的看法，正如上文说过的，我从前也想到了。但我以为光是这样的看法，并不能解决《离骚》全部的问题，质言之，依孙先生的看法，只可以解释这里面男人为什么要说女人话，还不能解释人为什么要说鬼话（或神话）。自"驷玉虬以乘鹥兮，溘埃风余上征"以下一大段，中间讲到羲和，望舒，飞廉，雷师，讲到虙妃，有娀，有虞二姚，整个离开了这个现实世界，像这类的话，似乎非《仙真人诗》不足以解释。（当然不是秦博士的《仙真人诗》，屈大夫为什么不也可以作这样的诗呢！）关于这点的详细论证，此地不能陈述。总之，我不相信《离骚》是什么绝命书，我每逢读到这篇奇文，总仿佛看见一个粉墨登场的神采奕奕，潇洒出尘的美男子，扮演着一个什么名正则，字灵均的"神仙中人"说话，（毋宁是唱歌。）但说着说着，优伶丢掉了他剧中人的身份，说出自己的心事来，于是个人的身世，国家的命运，变成哀怨和愤怒，火浆似的喷向听众，炙灼着，燃烧着千百人的心——这时大概他自己也不知道是在演戏，还是骂街吧！从来艺术就是教育，但艺术效果之高，教育意义之大，在中国历史上，这还是破天荒第一次。

《诗经》时代是一个朴质的农业时代，《三百篇》的艺术效果虽低，但那里艺术与教育是合一的。到了战国，商业资本起来了，艺术遂随着贵族生活的骄奢淫逸，而与教育脱节，变成了少数人纵欲的工具，因之艺术工作者也就变成了为少数人制造这种工具的工具。这现象在《诗经》时代是没有的。屈原的功绩，就是在战国时代进步的艺术效果之基础上，恢复了《诗经》时代的教育意义，那就是说，恢复了《诗经》时代艺术的健康性，而减免了它的朴质性。从奴隶制度的粪土中不但苗生了文学艺术，而且这文学艺术里面还包含了作为一切伟大文学艺术真实内容的教育意义，因此，奴隶不但重新站起来做了"人"，而且做了人的导师。《离骚》之堪"与日月争光"，真能如孙先生所说，是"汉以还人误解"了吗？

七

总上所述，我们可以知道孙先生的误会，是把事实看倒了头，那便是说，事实本是先有弄臣，而后变成文人（而且不是一个寻常的文人），孙先生却把它看成先有文人，而后变成弄臣。这一来，真是"失之毫厘，谬以千里"了！依我们的看法，是反抗的奴隶居然挣脱枷锁，变成了人，依孙先生的看法，是好好的人偏要跳入火坑，变了奴隶，二者之间，何啻天渊之隔！没有人愿做奴隶，没有人愿看着好好的人变成奴隶，更没有人愿看见他自己的偶像变成奴隶，所以依照孙先生指出的事实，加上他的看法，文艺界对他群起而攻之，是极自然的现象，反之，假如他们不这样做，那倒可怪哩！

我曾经深思过，以孙先生的博学和卓识，何以居然把事实看倒了头呢？恕我不敬，我的解答是下面这一连串东西：士大夫的顽固的道德教条主义——统治阶级，剥削阶级的优越感——封建生产关系的狭隘性的残余意识，因为上述的这些毒素，因为压迫者对于被压迫者的本能的嫌恶，孙先生一发现屈原的那种身份，便冒火，他是"嫉恶如仇"的，所以要"除恶务尽"，他的正义感使他不问青红皂白，看见奴隶就拳打脚踢，因此他虽没有把一切于屈原有利的都否认了，他确乎把一切于他有损的都夸大了。"缺少屈原也没来头……即使我真是'信口开河'……也不应得什么罪过"，他还说。先生！这就是罪过。对奴隶，我们只当同情，对有反抗性的奴隶，尤当尊敬，不是吗？然而，摧残屈原的动机是嫌恶奴隶，救护屈原的动机也还是嫌恶奴隶啊！文艺界也是见奴隶就冒火的，所以听人说屈原是奴隶就冒火。为了嫌恶奴隶，他们与孙先生是同样的勇敢，因为在这社会制度下，对于被压迫者，人人都是迫害狂的病患者啊！

我们当怎样估计过去的每一个伟大艺术家呢？高尔基指示我们说，应该从两方面来着眼，一方面是作为"他自己的时代之子"，一方面就是作为"一个为争取人类解放而具有全世界历史意义的斗争的参加者"。我们要注意，在思想上，存在着两个屈原，一个是"竭忠尽智，以事其君"的集体精神的屈原，一个是"露才扬己，怨怼沉江"的个人精神的屈原。在前一方面，屈原是"他自己的时代之子"，在后一方面，他是"一个为争取人类解放……的斗争的参加者"。他的时代不允许他除了个人搏斗的形式外任何斗争的形式，而在这种斗争形式的最后阶段中，除了怀沙自沉，他也不可能有更凶猛的武器，然而他确乎斗争过了，他是"一个为争取人类解放而具有全世界历史意义的斗争的参加者"。如果我也是个"屈原崇拜者"，我是特别从这一方面上着眼来崇拜他的。

三十三年十二月，昆明。

---

① 原载 1945 年 10 月《中原》第 2 卷第 2 期。据开明版《闻一多全集·神话与诗》编入本卷。

人民的诗人——屈原^①

　　古今没有第二个诗人像屈原那样曾经被人民热爱的。我说"曾经"，因为今天过着端午节的中国人民，知道屈原这样一个人的实在太少，而知道《离骚》这篇文章的更有限。但这并不妨碍屈原是一个人民的诗人。我们也不否认端午这个节日，远在屈原出世以前，已经存在，而它变为屈原的纪念日，又远在屈原死去以后。也许正因如此，才足以证明屈原是一个真正的人民诗人。惟其端午是一个古老的节日，"和中国人民同样的古老"，足见它和中国人民的生活如何不可分离，惟其中国人民愿意把他们这样一个重要的节日转让给屈原，足见屈原的人格，在他们生活中，起着如何重大的作用。也惟其远在屈原死后，中国人民还要把他的名字，嵌进一个原来与他无关的节日里，才足见人民的生活里，是如何的不能缺少他。端午是一个人民的节日，屈原与端午的结合，便证明了过去屈原是与人民结合着的，也保证了未来屈原与人民还要永远结合着。

　　是什么使得屈原成为人民的屈原呢？

　　第一，说来奇怪，屈原是楚王的同姓，却不是一个贵族。战国是一个封建阶级大大混乱的时期，在这混乱中，屈原从封建贵族阶级，早被打落下来，变成一个作为宫廷弄臣的卑贱的伶官，所以，官爵尽管很高，生活尽管和王公们很贴近，他，屈原，依然和人民一样，是在王公们脚下被残踏着的一个。这样，首先在身份上，屈原便是属于广大人民群众的。

第二，屈原最主要的作品——《离骚》的形式，是人民的艺术形式，"一篇题材和秦始皇命博士所唱的《仙真人诗》一样的歌舞剧"。虽则它可能是在宫廷中演出的。至于他的次要的作品——《九歌》，是民歌，那更是明显，而为历来多数的评论家所公认的。

第三，在内容上，《离骚》"怨恨怀王，讥刺椒兰"，无情的暴露了统治阶层的罪行，严正的宣判了他们的罪状，这对于当时那在水深火热中敢怒而不敢言的人民，是一个安慰，也是一个兴奋。用人民的形式，喊出了人民的愤怒，《离骚》的成功不仅是艺术的，而且是政治的，不，它的政治的成功，甚至超过了艺术的成功，因为人民是最富于正义感的。

但，第四，最使屈原成为人民热爱与崇敬的对象的，是他的"行义"，不是他的"文采"。如果对于当时那在暴风雨前窒息得奄奄待毙的楚国人民，屈原的《离骚》唤醒了他们的反抗情绪，那么，屈原的死，更把那反抗情绪提高到爆炸的边沿，只等秦国的大军一来，就用那溃退和叛变的方式，来向他们万恶的统治者，实行报复性的反击。（楚亡于农民革命，不亡于秦兵，而楚国农民的革命性的优良传统，在此后陈胜吴广对秦政府的那一着上，表现得尤其清楚。）历史决定了暴风雨的时代必然要来到，屈原一再的给这时代执行了"催生"的任务。屈原的言，行，无一不是与人民相配合的，虽则也许是不自觉的。有人说他的死是"匹夫匹妇自经于沟壑"，对极了，匹夫匹妇的作风，不正是人民革命的方式吗？

以上各条件，若缺少了一件，便不能成为真正的人民诗人。尽管陶渊明歌颂过农村，农民不要他，李太白歌颂过酒肆，小市民不要他，因为他们既不属于人民，也不是为着人民的。杜甫是真心为着人民的，然而人民听不懂他的话。屈原虽没写人民的生活，诉人民的痛苦，然而实质的等于领导了一次人民革命，替人民报了一次仇。屈原是中国历史上唯一有充分条件称为人民诗人的人。

一九四五年六月

---

① 原载 1945 年 6 月《诗与散文》诗人节特刊。据开明版《闻一多全集·神话与诗》编入本卷。

什么是九歌^①

一　神话的九歌

传说中九歌本是天乐。赵简子梦中升天所听到的"广乐九奏万舞"，即《九歌》与配合着《九歌》的韶舞。（《离骚》"奏九歌而舞韶兮"。）《九歌》自被夏后启偷到人间来，一场欢宴，竟惹出五子之乱而终于使夏人亡国。这神话的历史背景大概如下。《九歌》韶舞是夏人的盛乐，或许只郊祭上帝时方能使用。启曾奏此乐以享上帝，即所谓钧台之享。正如一般原始社会的音乐，这乐舞的内容颇为猥亵。只因原始生活中，宗教与性爱颇不易分，所以虽猥亵而仍不妨为享神的乐。也许就在那次郊天的大宴享中，启与太康父子之间，为着有仍二女（即"五子之母"）起了冲突。事态扩大到一种程度，太康竟领着弟弟们造起反来，结果敌人——夷羿乘虚而入，把有夏灭了。（关于此事，另有考证。）启享天神，本是启请客。传说把启请客弄成启被请，于是乃有启上天作客的故事。这大概是因为所谓"启宾天"的"宾"字，（《天问》"启棘宾商"即宾天，《大荒西经》"开上三嫔于天"，嫔宾同。）本有"请客"与"作客"二义，而造成的结果。请客既变为作客，享天所用的乐便变为天上的乐，而奏乐享客也就变为作客偷乐了。传说的错乱大概只在这一点上。其余部分说启因《九歌》而亡国，却颇合事实。我们特别提出这几点，是要指明《九歌》最古的用途及其带猥亵性的内容，因为这对于下文解释《楚辞·九歌》是颇有帮助的。

二　经典的九歌

《左传》两处以九歌与八风，七音，六律，五声连举（昭二十年，二十五年），看去似乎九歌不专指某一首歌，而是歌的一种标准体裁。歌以九分，犹之风以八分，音以七分，……那都是标准的单位数量，多一则有余，少一则不足。歌的可能单位有字，句，章三项。以字为单位者又可分两种。（一）每句九字，这句法太长，古今都少见。（二）每章九字，实等于章三句，句三字。这句法又嫌太短。以上似乎都不可能。若以章为单位，则每篇九章，连《诗经》里都少有。早期诗歌似乎不能发展到那样长的篇幅，所以也不可能。我们以为最早的歌，如其是以九为标准的单位数，那单位必定是句——便是三章，章三句，全篇共九句。不但这样篇幅适中，可能性最大，并且就"歌"字的意义看，"九歌"也必须是每歌九句。"歌"的本音应与今语"啊"同，其意义最初也只是唱歌时每句中或句尾一声拖长的"啊……"（后世歌辞多以兮或猗，为，我，平等字拟其音）。故《尧典》曰"歌永言"，《乐记》曰"故歌之为言也，长言之也"。然则"九歌"即九"啊"。九歌是九声"啊"，而"啊"又必在句中或句尾，则九歌必然是九句了。《大风歌》三句共三用"兮"字，《史记·乐书》称之为"三侯之章"，兮侯音近，三侯犹言三兮。《五噫诗》五句，每句末于"兮"下夏缀以"噫"，全诗共用五"噫"字，因名之曰"五噫"。九歌是九句，犹之三侯是三句，五噫是五句，都是可由其篇名推出的。

全篇九句即等于三章三句。《皋陶谟》载有这样一首歌。（下称《元首歌》）

元首起哉！股肱喜哉！百工熙哉！

元首明哉！股肱良哉！庶事康哉！

元首丛脞哉！股肱惰哉！庶事隳哉！

唐立庵先生根据上文"箫韶九成""帝用作歌"二句，说它便是《九歌》。这是很重要的发现。不过他又说即《左传》文七年郤缺引《夏书》"戒之用休，董之用威，劝之以九歌，勿使坏"之九歌，那却不然。因为上文已证明过，书传所谓九歌并不专指某一首歌，因之《夏书》"劝之以九歌"只等于说"劝之以歌"。并且《夏书》三句分指礼，刑，乐而言，三"之"字实谓在下的臣民，而《元首歌》则分明是为在上的人君和宰辅发的。实则《元首歌》是否即《夏书》所谓九歌，并不重要，反正它是一首典型的《九歌》体的歌（因为是九句），所以尽可称为《九歌》。

和《元首歌》格式相同的，在《国风》里有《麟之趾》《甘棠》《采葛》《著》《素冠》等五篇。这些以及古今任何同类格式的歌，实际上都可称为《九歌》。（就这意义说，九歌又相当于后世五律，七绝诸名词。）九歌既是表明一种标准体裁的公名，则神话中带猥亵性的启的九歌，和经典中教诲式的《元首歌》，以及《夏书》所称而郤缺所解为"九德之歌"的九歌，自然不妨都是九歌了。

神话的九歌，一方面是外形固守着僵化的古典格式，内容却在反动的方向发展成教诲式的"九德之歌"一类的九歌，一方面是外形几乎完全放弃了旧有的格局，内容则仍本着那原始的情欲冲动，经过文化的提炼作用，而升华为飘然欲仙的诗——那便是《楚辞》的《九歌》。

三 《东皇太一》《礼魂》何以是迎送神曲

前人有疑《礼魂》为送神曲的，近人郑振铎、孙作云、丁山诸氏又先后一律主张《东皇太一》是迎神曲。他们都对，因为二章确乎是一迎一送的口气。除这内在的理由外，我们现在还可举出一般祭歌形式的沿革以为旁证。

迎神送神本是祭歌的传统形式，在《宋书·乐志》里已经讲得很详细了。再看唐代多数宗庙乐章，及一部分文人作品，如王维《祠渔山神女歌》等，则祭歌不但必须具有迎送神曲，而且有时只有迎送神曲。迎送的仪式在祭礼中的重要性于此可见了。本篇既是一种祭歌，就必须含有迎送神的歌曲在内，既有迎送神曲，当然是首尾两章。这是常识的判断，但也不缺少历史的证例。以内容论，汉《郊祀歌》的首尾两章——《练时日》与《赤蛟》相当于《九歌》的《东皇太一》与《礼魂》，（参看原歌便知。）谢庄又仿《练时日》与赤蛟作宋《明堂歌》的首尾二章（《宋书·乐志》："迎送神歌，依汉《郊祀》三言四句一转韵。"）而直题作《迎神歌》，《送神歌》。由《明堂歌》上推《九歌》，《东皇太一》《礼魂》是迎送神曲，是不成问题的。

或疑《九歌》中间九章也有带迎送意味，甚至明出迎送字样的，（《湘夫人》"九嶷缤兮并迎"，《河伯》"送美人兮南浦"。）怎见九章不也有迎送作用呢？答：九章中的迎送是歌中人物自相迎送，或对假想的对象迎送，与二章为致祭者对神的迎送迥乎不同，换言之，前者是粉墨登场式的表演迎送的故事，后者是实质的迎送的祭典。前人混为一谈，所以纠缠不清。

除去首尾两章迎送神曲，中间所余九章大概即《楚辞》所谓《九歌》。《九歌》本不因章数而得名，已详上文。但因文化的演进，文体的篇幅是不能没有扩充的。上古九句的《九歌》，到现在——战国，涨大到九章的《九歌》，乃是必然的趋势。

四 被迎送的神只有东皇太一

《东皇太一》既是迎神曲，而歌辞只曰"穆将愉兮上皇"（上皇即东皇太一），那么辞中所迎的，除东皇太一外，似乎不能再有别的神了。《礼魂》是作为《东皇太一》的配偶篇的送神曲，这里所送的，理论也不应超出先前所迎的之外。其实东皇太一是上帝，祭东皇太一即郊祀上帝。只有上帝才够得上受主祭者楚王的专诚迎送。其他九神论地位都在王之下，所以典礼中只为他们设享，而无迎送之礼。这样看来，在理论原则上，被迎送的又非只限于东皇太一不可。对于九神，既无迎送之礼，难怪用以宣达礼意的迎送神的歌辞中，绝未提及九神。

但请注意：我们只说迎送的歌辞，和迎送的仪式所指的对象，不包括那东皇太一以外的九神。实际上九神仍不妨和东皇太一同出同进，而参与了被迎送的经验，甚至可以说，被"饶"给一点那样的荣耀。换言之，我们讲九神未被迎送，是名分上的未被迎送，不是事实的。谈到礼仪问题，当然再没有比名分观念更重要的了。超出名分以外的事实，在礼仪的精神下，直可认为不存在。因此，我们还是认为未被迎送，而祭礼是专为东皇太一设的。

五 九神的任务及其地位

祭礼既非为九神而设，那么他们到场是干什么的？汉《郊祀歌》已有答案："合好效欢虞太一……《九歌》毕奏斐然殊。"《郊祀歌》所谓"九歌"可能即《楚辞》十一章中之九章之歌（详下），九神便是这九章之歌中的主角，原来他们到场是为着"效欢"以"虞太一"的。这些神道们——实际是神所"凭依"的巫们——按照各自的身份，分班表演着程度不同的哀艳的，或悲壮的小故事，情形就和近世神庙中演戏差不多。不同的只是在当时，戏是由小神们做给大神瞧的，而参加祭礼的人们是沾了大神的光而得到看热闹的机会；现在则专门给小神当代理人的巫既变成了职业戏班，而因尸祭制度的废弃，大神只是一只"土木形骸"的偶像，并看不懂戏，于是群众便索性把他撇开，自己霸占了戏场而成为正式的观众了。

九神之出现于祭场上，一面固是对东皇太一"效欢"，一面也是以东皇太一的从属的资格来受享。效欢时是立于主人的地位替主人帮忙，受享时则立于客的地位作陪客。作陪凭着身份（二三等的神），帮忙仗着伎能（唱歌与表情）。九神中身份的尊卑既不等，伎能的高下也有差，所以他们的地位有的作陪的意味多于帮忙，有的帮忙的意味多于作陪。然而作陪也是一种帮忙，而帮忙也有吃喝（受享），所以二者又似可分而不可分。

六　二章与九章

因东皇太一与九神在祭礼中的地位不同，所以二章与九章在十一章中的地位也不同。在说明这两套歌辞不同的地位时，可以有宗教的和艺术的两种相反的看法。就宗教观点说，二章是作为祭歌主体的迎送神曲，九章即真正的《九歌》，只是祭歌中的插曲。插曲的作用是凑热闹，点缀场面，所以可多可少，甚至可有可无。反之，就艺术观点说，九章是十一章中真正的精华，二章则是传统形式上一头一尾的具文。《楚辞》的编者统称十一章为"九歌"，是根据艺术观点，以中间九章为本位的办法。《楚辞》是文艺作品的专集，编者当然只好采取这种观点。如果他是《郊祀志》的作者，而仍采用了这样的标题，那便犯了反客为主和舍己从人的严重错误，因为根据纯宗教的立场，十一章应改称"楚《郊祀歌》"，或更详明点，"楚郊祀东皇太一《乐歌》"，而《九歌》这称号是只应限于中间的九章插曲。或许有人要说，启享天神的乐称《九歌》，《楚辞》概称祀东皇太一的全部乐章为《九歌》，只是沿用历史的旧名，并没有什么重视《九歌》艺术性的立场在背后。但他忘记诸书谈到启奏《九歌》时不满的态度。不是还说启因此亡国吗？须知说启奏《九歌》以享天神，是骂他胡闹，不应借了祭天的手段来达其"康娱而自纵"（《离骚》）的目的，所以又说"章闻于天，天用弗式"。（《墨子·非乐篇》引《武观》）他们言外之意，祭天自有规规矩矩的音乐，那太富娱乐性的《九歌》是不容掺进祭礼来以亵渎神明的。他们反对启，实即反对《九歌》，反对《九歌》的娱乐性，实即承认了它的艺术性。在认识《九歌》的艺术性这一点上，他们与《楚辞》的编者没有什么不同，不过在运用这认识的实践行为上，他们是凭那一点来攻击启，《楚辞》的编者是凭那一点来欣赏文艺而已。

七 九章的再分类

不但十一章中，二章与九章各为一题，若再细分下去，九章中，前八章与后一章（《国殇》）又当分为一类。八篇所代表的日，云，星（指司命，详后），山，川一类的自然神，（《史记·留侯世家》）"学者多言无鬼神，然言有物"，物即自然神。依传统见解，仿佛应当是天神最贴身的一群侍从。这完全是近代人的想法。在宗教史上，因野蛮人对自然现象的不了解与畏惧，倒是自然神的崇拜发生得最早。次之是人鬼的崇拜，那是在封建型的国家制度下，随着英雄人物的出现而产生的一种宗教行为。最后，因封建领主的逐渐兼并，直至大一统的帝国政府行将出现，像东皇太一那样的一神教的上帝才应运而生。八章中尤其《湘君》《湘夫人》等章的猥亵性的内容（此其所以为淫祀），已充分暴露了这些神道的原始性和幼稚性。（苏雪林女士提出的人神恋爱问题，正好说明八章宗教方面的历史背景，详后。）反之，《国殇》却代表进一步的社会形态，与东皇太一的时代接近了。换言之，东君以下八神代表巫术降神的原始信仰，《国殇》与东皇太一则是进步了的正式宗教的神了。我们发觉国殇与东皇太一性质相近的种种征象，例如祭国殇是报功，祭东皇太一是报德，国殇在祀家的系统中当列为小祀，东皇太一列为大祀等都是。这些征象都是国殇与东皇太一贴近，同时也使他去八神疏远。这就是我们将九章又分为八神与《国殇》二类的最雄辩的理由。甚至假如我们愿走极端，将全部十一章分为二章（《东皇太一》，《礼魂》），一章（《国殇》），与八章三个平列的大类，似亦无不可，我们所以不那样做，是因为那太偏于原始论的看法。在历史上，东皇太一，国殇，与八神虽发生于三个不同的文化阶段，而各有其特殊的属性，但那究竟是历史。在《九歌》的时代，国殇恐怕已被降级而与八神同列了。至少楚国制定乐章的有司，为凑足九章之歌的数目以合传统《九歌》之名，已决意将国殇排入八神的班列，而让他在郊祀东皇太一的典礼里，分担着陪祀意味较多的助祀的工作。（看歌辞八章与《国殇》皆转韵，属于同一型类，制定乐章者的意向益明。）他这安排也许有点牵强，但我们研究的是这篇《九歌》，我们的任务是了解制定者用意，不是修改他的用意。这是我们不能不只认八章与《国殇》为一大类中之两小类的另一理由。

为醒目，我们再将上述主要各点依一种新的组织制成下表。

神道及其意义					歌辞				
					内容的特征与情调			外形	
客体	东君 云中君湘 夫人 大司命小 司命 河伯 山鬼	（自然神）物	淫祀	助祀	九曲（九章）	用独白或对话的形式抒写悲欢离合的情绪	似风（恋歌）	哀艳	长短句	转韵
	国殇	鬼	小祀	陪祀	报功	叙述战争的壮烈颂扬战争的英勇	似雅（挽歌）	悲壮	七字句	
主体	东皇太一	神	大祀	正祀	报德	迎神曲送神曲（二章）	铺叙祭礼的仪式和过程	似颂（祭歌）	肃穆	长短句	不转韵

有些意思，因行文的限制，上文来不及阐明的，大致已在表中补足了。

八 "赵代秦楚之讴"

《汉书·礼乐志》曰：

> 武帝定郊祀之礼，词太一于甘泉……乃立乐府，采诗夜诵，
> 有赵、代、秦、楚之讴。以李延年为协律都尉，多举司马相如等
> 数十人造为诗赋，略论律吕，以合八音之调，作为十九章之歌。
> 以正月上辛用事圜丘，使童男女七十人俱歌，昏祠至明。

"有赵、代、秦、楚之讴"对我们是一句极关重要的话，因为经我们的考察，九章之歌所代表诸神的地理分布，恰恰是赵、代、秦、楚。现在即依这国别的顺序，逐条分述如下：

1.《云中君》 罗膺中先生曾据"览冀州兮有余"及《史记·封禅书》"晋巫祠五帝东君、云中君……"之语，说云中即云中郡之云中。这是一个重要的发现。云中是赵地（《史记·赵世家》："武灵王……欲从云中、九原直南袭秦。"），赵是三晋之一，正当古冀州城。

2.《东君》 依照以东方殷民族为中心的汉族本位思想，日神羲和是女性，（《大荒南经》"有女子名羲和……帝俊之妻，生十日"，《七发》"神归日母"。）但《九歌》的日神东君是男性（《九歌》诸神凡称君的皆男性），可能他是一位客籍的神。《史记·赵世家》索隐引谯周曰"余尝闻之，代俗以东西阴阳所出入，宗其神谓之王母父"，阴阳指日月（《大戴记·曾子天圆篇》）"阳之精气日神，阴之精气月灵"），似乎以日为阳性的男神，本是代俗。据《封禅书》，东君也是晋巫所祠，代地本近晋，古本歌辞次第，《东君》在《云中君》前，（今本错置，详揣著《楚辞校补》。）是以二者相次为一组的。《史记·封禅书》及《索隐》引《归藏》

亦皆东君、云中君连称。这种排列，大概是依农业社会观念，象征着两个对立的重要自然现象——晴与雨的。云中君在赵，东君的地望想必与他相近，不然是不会和他排在一起的。

3.《河泊》 《穆天子传》一"天子西征，鹜行至阳纡之山，河伯无冯夷之所都"，据《尔雅·释地》与《淮南子·地形篇》，阳纡是秦的泽薮，可见河泊本是秦地的神，所以祭河为秦国的常祀。《史记·六国年表》"秦灵公八年，初以君主妻河"，《封禅书》"及秦并天下，令祠官所常奉天地名山大川鬼神……水曰河，祠临晋"是其证。《封禅书》又曰"昔秦文公出猎，获黑龙（案即水神玄冥。），此其水德之瑞，于是秦更命河曰德水"，这是秦祀河的理论根据。

4.《国殇》 歌曰"带长剑兮挟秦弓"，罗先生据此疑国殇即《封禅书》所谓"南山巫祠南山秦中，秦中者二世皇帝"。我们以为说国殇是秦人所祀则可，以为即二世则不可。二世是赵高逼死在望夷宫中的，并非死于疆场。且若是二世，《九歌》岂不降为汉代的作品？但截至目前，我们尚无法证明《九歌》必非先秦楚国的乐章。

5. 6.《湘君》《湘夫人》 这还是南楚湘水的神。即令如钱宾四先生所说，湘水即汉水，那还是在楚境。

7. 8.《大司命》《少司命》 大司命见于金文《洹子（即田桓子）孟姜壶》，而《风俗通·礼典篇》也说"司命……齐地大尊重之"，似乎司命本是齐地的神。但这时似乎已落籍在楚国了。歌中空桑，九坑皆楚地名可证。（《大招》"魂乎归来，定空桑只"。九坑《文苑》作九冈，九冈山在今湖北松滋县，即昭十一年《左传》"楚子……用隐太子于冈山"之冈山。）《封禅书》且明说"荆巫祠司命"。

9.《山鬼》 顾天成《九歌解》主张《山鬼》即巫山神女，也是《九歌》研究中的一大创获。详孙君作云《九歌·山鬼考》。我们也完全同意。然则山鬼也是楚神。

以上除（2）（4）二项证据稍嫌薄弱，其余七项可算不成问题，何况以（2）属代，以（4）属秦，充其量只是缺证，并没有反证呢？"赵、代、秦、楚之讴"是汉武因郊祀太一而立的乐府中所诵习的歌曲，《九歌》也是楚祭东皇太一时所用的乐曲，而《九歌》中九章的地理分布，如上文所证，又恰好不出赵、代、秦、楚四国的范围，然则我们推测《九歌》中九章即《汉志》所谓"赵、代、秦、楚之讴"，是不至离事实太远的。并且《郊祀歌》已有"《九歌》毕奏斐然殊"之语，这"《九歌》"当亦即"赵、代、秦、楚之讴"。《礼乐志》称祭前在乐府中练习的为"赵、代、秦、楚之讴"，《郊祀歌》称祭时正式演奏的为"《九歌》"，其实只是一种东西。（《礼乐志》所以不称"《九歌》"而称"赵、代、秦、楚之讴"，那是因为"有赵、代、秦、楚之讴"一语是承上文"采诗夜诵"而言的。上文说"采诗"，下文点明所采的地域，文意一贯。）由上言之，赵、代、秦、楚既恰合九章之歌的地理分布，而《郊祀歌》又明说出"《九歌》"的名字，然则所谓"赵、代、秦、楚之讴"即《九歌》，更觉可靠了。总之，今《楚辞》所载《九歌》中作为祀东皇太一乐章中的插曲的九章之歌，与夫汉《郊祀歌》所谓"合好效欢虞太一……《九歌》毕奏斐然殊"的《九歌》，与夫《礼乐志》所谓因祠太一而创立的乐府中所"夜诵"的"赵、代、秦、楚之讴"，都是一回事。

承认了九章之歌即"赵、代、秦、楚之讴"，我们试细玩九章的内容，还可发现一个有趣的现象。九章之歌依地理分布，自北而南，可排列如下：

《东君》	代
《云中君》	赵
《河伯》（《国殇》）	秦
《大司命》《少司命》《山鬼》	楚
《湘君》《湘夫人》	南楚

国殇是人鬼，我们曾经主张将他和那八位自然神分开。现在我们即依这见解，暂时撇开他，而单独玩索那代表自然神的八章歌辞。这里我们可以察觉，地域愈南，歌辞的气息愈灵活，愈放肆，愈顽艳，直到那极南端的《湘君》《湘夫人》，例如后者的"捐余袂兮江中，遗余褋兮醴浦"二句，那猥亵的含义几乎令人不堪卒读了。以当时的文化状态而论，这种自北而南的气息的渐变，不是应有的现象吗？

九　楚九歌与汉郊祀歌的比较

虽然汉郊祀太一是沿用楚国的旧典，虽然汉祭礼中所用以娱神的《九歌》也就是楚人在同类情形下所用的《九歌》，但汉《郊祀歌》十九章与楚《九歌》十一章仍大有区别。汉歌十九章每章都是祭神的乐章，因为汉礼除太一外，还有许多次等的神受祭。但楚歌十一章中只首尾的《东皇太一》与《礼魂》（相当于汉歌首尾的《练时日》与《赤蛟》），是纯粹祭神的乐章。其余九章，正如上文所说，都只是娱神的乐章。楚礼除东皇太一外，是否也有纯粹陪祭的次等神如汉制一样，今不可知。至少今《九歌》中不包含祭这类次等神的乐章是事实。反之，楚歌将娱神的乐章（九章）与祭神的乐章（二章）并列而组为一套歌辞。汉歌则将娱神的乐章完全摒弃，而专录祭神的乐章。总之楚歌与汉歌相同的是首尾都分列着迎送神曲，不同的是中间一段，一方是九章娱神乐章，一方是十七章祭次等神的乐章。这不同处尤可注意。汉歌中间与首尾全是祭神乐章（迎送神曲也是祭神乐章），他的内容本是一致的，依内容来命名，当然该题作《郊祀歌》。楚歌首尾是祭神，是间是娱神，内容既不统一，那么命名该以何者为准，便有选择的余地了。若以首尾二章为准，自然当题作"楚《郊祀歌》"。现在他不如此命名，而题作《九歌》，可见他是以中间九章娱神乐章为准的。以汉歌与楚歌的命名相比较，益可证所谓《九歌》者是指十一章中间的九章而言的。

十　巫术与巫音

　　苏雪林女士以"人神恋爱"解释《九歌》的说法，在近代关于《九歌》的研究中，要算最重要的一个见解，因为他确实说明了八章中大多数的宗教背景。我们现在要补充的，是"人神恋爱"只是八章的宗教背景而已，而不是八章本身。换言之，八章歌曲是扮演"人神恋爱"的故事，不是实际的"人神恋爱"的宗教行为。而且这些故事之被扮演，恐怕主要的动机还是因为其中"恋爱"的成分，不是因为那"人神"的交涉，虽则"人神"的交涉确乎赋予了"恋爱"的故事以一股幽深，玄秘的气氛，使它更富于麻醉性。但须知道在领会这种气氛的经验中，那态度是审美的，诗意的，是一种 make believe，那与实际的宗教经验不同。《吕氏春秋·古乐篇》曰："楚之哀也，作为巫音。"八章诚然是典型的"巫音"，但"巫音"断乎不是"巫术"，因为在"巫音"中，人们所感兴趣的，毕竟是"音"的部分远胜于"巫"的部分。"人神恋爱"许可以解释《山海经》所代表的神话的《九歌》，却不能字面的 literally 说明《楚辞》的《九歌》。严格的讲，二千年前《楚辞》时代的人们对《九歌》的态度，和我们今天的态度，并没有什么差别。同是欣赏艺术，所差的是，他们是在祭坛前观剧———种雏形的歌舞剧，我们则只能从纸上欣赏剧中的歌辞罢了。在深浅不同的程度中，古人和我们都能复习点原始宗教的心理经验，但在他们观剧时，恐怕和我们读诗时差不多，那点宗教经验是躲在意识的一个暗角里，甚至有时完全退出意识圈外了。

------

① 据开明版《闻一多全集·神话与诗》编入本卷。

怎样读《九歌》①

《九歌》需要解释的地方太多了，现在只谈一个"兮"字。为初步的欣赏《九歌》，这样谈谈不但尽可够用，说不定还是最有效的办法。

"兮"字就音乐或诗的声律说，是个"泛声"，就文法说，是个"虚字"，但文法家有时也称之为"语尾"，那似乎又在贴近音乐的立场说话了。总之，一般的印象，恐怕都以它为一个有声无义的字。"兮"在句末，如

　　　　帝高阳之苗裔兮。

诚然是那"兮"上一个字音的变质的延长，其作用纯是音乐性的。但如果在句中，如

　　　　吉日兮辰良。

作用便不能单是音乐的了。举一个简单的消极证明：上面那"兮"字不被放在句中任何地位，如"吉"或"辰"后，而必须在"吉日"——一个天然的文法段落后，便可见它的用途，是受着文法规律的支配的，因此我们就尽可疑心"兮"在这里是兼有文法作用的。一再比较下列二句：

遭吾道兮洞庭（《九歌》），
遭吾道夫昆仑（《离骚》）。

在音乐上，前句的"兮"固不异于后句的"夫"在文法上，则前句的
"兮"分明相当于后句的"夫"。至于

载云旗兮委蛇（《九歌》），
载云旗之委蛇（《离骚》）。

或

九嶷缤兮并迎（《九歌》），
九疑缤其并迎（《离骚》）。

前面"兮"当于"之"，后面的"兮"当于"其"，尤其明显。因上述诸
例的鼓励，我曾将《九歌》中兮字，除少数例外（详后），都按他们在各
句中应具的作用，拿当时通行的虚字代写出来（有时一兮字须释为二虚
字），结果发现这里的"兮"竟可说是一切虚字的总替身。这是一个很有
意思的现象。本来"诗的语言"之异于散文，在其弹性，而弹性的获得，
端在虚字的节省。诗从《三百篇》、《楚辞》进展到建安（《十九首》包括
在内），五言句法之完成，不是一件了不得的大事，而句中虚字数量的减
少，或完全退出，才是意义重大，因为，我们现在读到建安以后作品，每
觉味道与《三百篇》、《楚辞》迥乎不同，至少一部分原因就在这点炼句
技巧的进步（此说本之季君镇淮）。《九歌》以一浑然的"兮"，代替了许
多职责分明的虚字，这里虚字，似在省去与未省之间，正是炼句技巧在迈
进途中的一种姿态。（《山鬼》、《国殇》二篇的"兮"字，译成虚字，不

如完全省去更为了当，那里节省虚字的趋势似乎又进了一步。）《九歌》的文艺价值所以超过《离骚》，意象之美，固是主要原因，但那"兮"字也在暗中出过大力，也是不能否认的。

不用讳言，语言增加了弹性，同时也增加了模糊性与游移性；艺术的收获便是理性的损失。然而不要紧。虚字的空泛化（如《九歌》），或濒近敛迹（如一部分五言诗），诚给读者于辨文义时，平添了一道难关，但你可猜到这难关是作者意匠的安排，为使你——读者好在克服困难中，赚得一点胜利的愉快。（一切艺术的欣赏中，都含有这类意味。）可是劳力虽即欣赏，过度的劳力又会妨碍欣赏，所以对于不惯阅读古代文艺的初学者，在钻求文义的劳役上，有给以相当扶助的必要。下面那篇《九歌兮字代释略说》，便是在这个目的下写成的，虽则我最初属稿时的动机并不在此。

诚如上文所说，钻求文义以打通困难，是欣赏文艺必需的过程。但既是过程，便不可停留得过久，更不用提把它权当了归宿。所以在参详了那篇《代释》以后，我请读者还是马上回到《九歌》的原文，现在让"兮"字还是"兮"字——不，我想起来了，不能读"兮"如"兮"，要用它的远古音"啊"读它。（"兮"即最原始的"啊"字，理由我在别处谈过，这里且不必去管它。）因为"啊"这一个音是活的语言，自然载着活的感情；而活的感情，你知道，该是何等神秘的东西！不信，你试试

嫋嫋啊秋风，

洞庭波啊木叶下，

或

若有人啊山之阿。

被薜荔啊带女萝，

你是否就在那声"啊——"中"神往"了呢？若读如今音"兮"，有这效果吗？

先以各虚字代释"兮"，揭穿了它的文法作用，再读"兮"如"啊"，又发挥了它的音乐作用——如此一番玩索，一番朗诵，我想以后你必更爱《九歌》了！

九歌兮字代释略说

东皇太一

吉日〔之〕辰良，▲"辰良"即"良辰"，倒词以取韵。

穆将愉〔夫〕上皇。▲愉，犹娱也。《郊祀歌》"合好效欢虞太一"，虞娱古通。"愉"是外动词，近代语法，外动后是无须介词的，古代却不然。习惯中"夫""乎""于"皆可用，今一律用"夫"。《离骚》"岂维纫夫蕙茝"，"来吾道（导）夫先路（辂）"，"謇吾法夫前修"，皆其例。

抚长剑〔之〕玉珥，

璆锵鸣〔而〕琳琅。▲"琳琅"犹玎珰，玉声也。"锵鸣"动词，"琳琅"副词，依近代语法，当云"琳琅而锵鸣"，古代习惯却可倒置。《湘君》"隐思君而陫侧"即"陫侧而思君"，《礼魂》"姱女唱而容与"即"容与而唱"，并与此同例。《离骚》"载云旗之委蛇"即"载委蛇之云旗"，那里形容词与名词倒置，性质亦同。既知"锵鸣"与"琳琅"是一动一副，其间一字，依习惯当然是连词"而"了。

瑶（薅）席（藉）〔与〕玉瑱（镇），▲瑱，本一作镇。《周礼·天府》："凡国之玉镇大宝大器，藏焉，若有大祭大丧，则出而陈之。"案歌之玉镇即《周礼》"大祭"时"出而陈之"之玉镇。《史记·封禅书》"皇帝始郊见太一〔于〕云阳，有司奉瑄玉嘉牲荐飨"，是汉祭太一用玉，犹与楚故事同。瑶读为蔤。《中山经》"姑媱之山，女尸化为蔤草"，《文选·别赋》"惜瑶草之徒芳"，《注》曰："蔤与瑶同。"席藉古字通。凡执必有藉。"瑶席"，以蔤草为藉以承玉也。下文"盍将把兮琼芳"，即承此言之，琼谓玉镇，芳谓瑶席也。玉与席（藉）为二，故曰："盍（合）将把。"

盍（合）将把〔夫〕琼芳，▲此将字当训持，与篇中其它将字有别。将与把同义复词也。

蕙肴蒸肴〔而〕兰藉，▲以蕙为肴蒸，以兰为藉。古人称整个的肘子曰"肴蒸"。一作殽烝（《左传》宣十六年，《国语·周语》）又作殽脀（《仪礼·特牲馈食礼》），脀似正字。

奠桂酒〔与〕椒浆。

扬枹〔以〕拊鼓，

□□□□□。▲此处有脱句，详《校补》。

疏缓节〔之〕安歌。

陈竽瑟〔之〕浩倡（唱）。▲"疏""陈"皆动词，义亦相近。《湘夫人》"疏石兰兮为芳"，《注》曰："疏布陈也。""疏"之受格为"歌"而非"缓节"。《东君》"展诗兮会舞"，《郊祀歌》"展诗应律铿玉鸣"，疏展义亦近，"疏歌"犹"展诗"也。（古所谓"赋诗"，"陈诗"，义亦皆如此。）"陈"之受格为"倡"（唱）而非"竽瑟"，《七发》"高歌陈唱"，是其确证。

灵偃蹇〔而〕姣服，

芳菲菲〔然〕满堂。

五音纷〔然〕繁会，

君欣欣〔然〕乐康。

东　君

▲此篇旧误在《少司命》后，今正，说详《校补》。

暾将出〔于〕东方。

昭吾槛〔于?〕扶桑。

抚余马〔以〕安驱，

夜皎皎〔然〕既明。▲既，尽也，全也。

驾龙辀〔而〕乘雷，

载云旗〔之〕委蛇，▲《离骚》："载云旗之委蛇。""云旗""委蛇"倒装，说已见前。

长太息〔而〕将上，

心低徊〔而〕顾怀。▲顾，念也，念亦怀也，二字同义复词。

羌声色〔之〕娱人，

观者憺〔而〕忘归，▲憺者贪恋之意。

緪瑟〔而〕交鼓，▲急张弦曰緪。鼓谓鼓瑟。

萧（掮）钟〔而〕瑶摇簴，▲掮，犹叩也，猛力叩钟而簴为之动摇，《招魂》："挫钟摇簴。"

鸣篪〔而〕吹竽，

思灵保〔之〕贤姱。

翾飞〔而〕翠翢，▲翢亦飞也，翢翠（亦作翑）皆疾飞之貌。翾飞翠翢，以喻舞状。

展诗〔而〕会舞，

应律〔而〕合节。

灵之来〔也〕蔽日，

青云衣〔而〕白霓裳，——

举长矢〔以〕射天狼，

操余弧〔而〕反沦降，

援北斗〔以〕酌桂浆，

撰余辔〔而〕高驰翔，

杳冥冥〔然〕以东行。▲以犹乃也。

云 中 君

浴兰汤〔而〕沐芳，

华采衣〔以〕若英，▲华，犹饰也，动词。《文选·月赋》"嗣若英于西冥"，《注》曰："若英，若木之英也。"

灵连蜷〔而〕既留，▲留，止也。

烂昭昭〔然〕未央。

蹇将澹〔于〕寿宫，▲澹，停也。

与日月〔其〕齐光。

龙驾〔而〕帝服，

聊翱游〔而〕周章。

灵皇皇（煌煌）〔然〕既降，

猋远举〔于〕云中。

览冀州〔其〕有馀，

横四海〔其〕焉穷？

思夫君〔而〕太息，

极劳心〔之〕忡忡。

湘 君

君不行〔而〕夷犹，

蹇谁留〔于〕中洲？▲留，待也。"谁留"即"留谁"，犹言待谁也。

美要（腰）眇〔而〕宜（齛）修（笑）。▲腰眇，睇目媚貌。睇，齿露貌。齛笑犹梁冀妻之龋齿笑。

沛吾乘〔夫〕桂舟，

令沅湘〔其〕无波,

使江水〔其〕安流。

望夫君〔其犹〕未来,▲《离骚》"虽九死其犹未悔","难昭质其犹未亏","览余初其犹未悔","芬至今其犹未沫灭"。

吹参差〔其〕谁思?▲"谁思"即思谁。

驾飞龙〔以〕北征,

邅吾道〔于〕洞庭,——

薜荔拍〔帛〕〔而〕蕙绸,▲帛,缪斿旆旌之总名,金文作斾。所以缠旗杆者谓之绸。言以薜荔为帛,以蕙为绸也。

荪桡〔而〕兰旌。▲桡者,旗上曲柄,所以悬帛,兼以为饰。旌者,杆首饰,缀旄羽为之。

望涔阳〔之〕极浦,

横大江〔而〕扬灵,▲灵,光也。《郊祀歌》:"扬金光,横泰河。"

扬灵〔而〕未极,

女(汝)婵媛(啴咺)〔然〕为余太息。▲"啴咺"迭韵连词,犹喘也。言汝为余喘喘然太息也。

横流涕〔之〕潺湲,▲"涕之潺湲"即"潺湲之涕",全句犹言涕潺湲而横流也。

隐思君〔而〕陫侧(悱恻)。▲隐悱恻而思君也。

桂櫂〔而〕兰枻,

斫冰〔而〕积雪。

采薜荔〔于〕水中,

搴芙蓉〔于〕木末,

心不同〔而〕媒劳,

恩不甚〔而〕轻绝。

石濑〔之〕浅浅(碊碊),

飞龙〔之〕翩翩，

交不忠〔而〕怨长，

期不信〔而〕告余以不闲。

朝骋骛〔于〕江皋，

夕弭节〔于〕北渚。

鸟次〔于〕屋上，

水周〔于〕堂下。

捐余玦〔于〕江中，

遗余佩〔于〕醴浦，

采芳洲〔之〕杜若，

将以遗〔诸〕下女。

时不可〔以〕再得，　▲《离骚》"时缤纷其变易兮，又何可以淹留"，此"可以"连文之例。

聊逍遥〔而〕容与。

湘　夫　人

帝子降〔于〕北渚，

目眇眇〔然〕愁予。

嫋嫋〔之〕秋风，

洞庭波〔而〕木叶下。

登白薠〔以〕骋望，　▲登字从一本增，详《校补》。

与佳期〔于〕夕张（帐）。

鸟何萃〔于〕蘋中？

罾何为〔于〕木上？

沅有茝〔而〕醴有兰，

思公子〔而〕未敢当，

荒忽（恍惚）〔而〕远望，▲恍惚远视不审之意，副词。

观流水〔之〕潺湲。

麋何食〔于〕庭中？

蛟何为〔于〕水裔？

朝驰余马〔于〕江皋，

夕济〔于〕西澨，

闻佳人〔之〕召予，

将腾驾〔以〕偕逝。

筑室〔于〕之中，

葺之〔以〕荷盖，▲或云"葺之"当作"芷葺"，则虚字当用"而"，言以芷为葺，以荷为盖也。

荪壁〔而〕紫坛，▲紫即茈草，坛盖甗也。此言以荪饰壁，以茈铺地。

菊（播）芳椒〔以〕成堂，▲成本字作宬（见金文），当训涂饰。以白垩饰壁谓之宬。古人以椒合泥涂壁，取其芬芳，所谓椒房是也。

桂栋〔而〕兰橑，

辛夷楣〔而〕药房（榜），

罔（网）薜荔〔以〕为帷，▲网，动词，织网谓之网。

擗（繋）蕙櫋（幔）〔而〕既张，▲繋犹网也。既张，尽张之也。

白玉〔以〕为镇，

疏石兰〔以〕为芳（防），▲防今谓之屏。

芷葺〔而〕荷屋（幄），

缭之〔以〕杜衡，

合百草〔以〕实庭，

建芳馨〔以〕廡（幠）门。▲幠，覆也。

九嶷缤〔然〕并迎，　▲《离骚》"九疑缤其并迎"，其亦犹然也。

灵之来〔也〕如云。

捐余袂〔于〕江中，

遗余褋〔于〕醴浦，

搴汀洲〔之〕杜若，

将以遗〔诸〕远者。

时不可〔以〕骤得，

聊逍遥〔而〕容与。

大　司　命

广开〔夫〕天门，

纷吾乘〔夫〕玄云，

令飘风〔其〕先驱，

使冻雨〔其〕洒尘。

君回翔〔而〕来下，　▲来原作以，从一本改。

蹫空桑〔以〕从女。

纷总总〔之〕九州，

何寿夭〔之〕在予！

高飞〔而〕安翔，

乘清气〔而〕御阴阳，

吾与君〔其〕斋齐速，　▲齐，疾也。

导帝之〔夫〕九坑（冈）。　▲之，往也。坑，《文苑》作冈。九冈，山名。《舆地广记》："荆州松滋县有九冈山，郢都之望也。"案《左传》昭十一年"楚灭叶，用隐太子于冈山"，即此。

云衣〔之〕披披，　▲云旧误作灵，今正，详《校补》。

玉佩〔之〕陆离，

一阴〔而〕一阳，

众莫知〔其〕余所为。

折疏麻〔之〕瑶华，

将以遗〔诸〕离居。

老冉冉〔其〕既（几）极，　▲《离骚》"老冉冉其将至"，几极犹将
至也。

不寝近〔而〕愈疏？

乘龙〔而〕辚辚，　▲乘龙，以龙驾车。辚辚，车声。

高驼（驰）〔而〕冲天。

结桂枝〔而〕延伫，

羌愈思〔而〕愁人。

愁人〔其〕奈何？

愿若今〔之〕无亏。

固人命〔之〕有当（常），

孰离合〔其〕可为？　▲其孰可自为离合哉？

少 司 命

秋兰〔与〕麋芜，

罗生〔于〕堂下，

绿叶〔而〕素华，　▲华，旧误作枝，今正，详《校补》。

芳菲菲〔然〕袭予。

夫人自有〔其〕美子，　▲夫人，犹人人也。

荪何以〔而〕愁苦？　▲以犹因也，故也。

秋兰〔之〕青青（菁菁），　▲菁菁，盛貌。

绿叶〔而〕紫茎。

满堂〔皆〕美人，

忽独与余〔以〕目成。▲以目相成犹《七发》云"目窕（挑）心与"

也。

入不言〔而〕出不辞，

乘回风〔而〕载云旗。

悲莫悲〔于〕生别离，

乐莫乐〔于〕新相知。

荷衣〔而〕蕙带，

倏而来〔焉〕忽而逝。

夕宿〔于〕帝郊，

君谁须〔于〕云之际？▲谁须犹待谁也。

（此处旧衍二句，今删，详《校补》。）

与女（汝）沐〔于〕咸池，

晞女（汝）发〔于〕阳之阿。

望美人〔其犹〕未来，

临风怳〔然而〕浩歌。

孔盖〔而〕翠旍，

登九天〔而〕抚彗星，——

竦长剑〔而〕抚幼艾，

荪独宜〔乎〕为民正！

河　　伯

与女汝游〔于〕九河，

冲风起〔而〕扬波，▲"扬波"旧作"水横波"，今从一本，详《校补》。

乘水车〔而〕荷盖，

驾两龙〔而〕骖螭。

登昆仑〔而〕四望，

心飞扬〔而〕浩荡，

日将暮〔矣〕怅忘归，

惟极浦〔而〕顾怀。▲顾旧误作寤，今正，详《校外》。"顾怀"，义
见《东君》。

鱼鳞屋〔而〕龙堂，

紫贝阙〔而〕朱（珠）宫。

灵何为〔于〕水中，

乘白鼋〔而〕逐文鱼？

与女（汝）游〔于〕河之渚，

流澌澌纷〔然〕将来下。

子交手〔而〕东行，▲交手，拱手也。

送美人〔于〕南浦，

波滔滔〔而〕来迎，

鱼隣隣〔而〕媵予。

山　鬼

▲以下二篇所释"而"字多可省，
句法与其余名篇略异，疑为较晚之作品。

若有人〔于〕山之阿，

被薜荔〔而〕带女罗，

既含睇〔而〕又且（嫮）笑。

子慕予〔也〕善窈窕。▲子之慕予也善于作态，谓含睇媚笑之态也。

乘赤豹〔而〕从文狸，

辛夷车〔而〕结桂旗，

被石兰〔而〕带杜衡，

折芳馨〔以〕遗所思。

余处幽篁〔中〕终不见天，▲终，犹全也。

路险难〔故〕独后来。

表独立〔于〕山之上，▲表读华表之表，字一作标，柱也。"表独立"，特然独立如标柱然。

云溶溶〔然〕而在下。▲"兮"可代"而"之作用，而字可省。

杳冥冥〔然〕羌昼晦，

东风飘〔而〕神灵雨。

留灵修〔而〕憺忘归，▲此留字亦训待。

岁既晏〔矣〕孰华予！

采三秀〔于〕山间，▲"兮"可代"于"之作用，于字可省。

石磊磊〔而〕葛蔓蔓。

怨公子〔而〕怅忘归，

君思我〔时〕不得闲。

山中人〔乎〕芳杜若，

饮石泉〔而〕荫松柏，

□□□□□□□，▲此处有脱句，详《校补》。

君思我〔时〕然疑作。

雷填填〔而〕雨冥冥，

猿啾啾〔然〕又夜鸣，

风飒飒〔而〕木萧萧，

思公子〔而〕徒离忧。

国　殇

操吴戈（科）〔而〕被犀甲，▲吴科，盾名。

车错毂〔而〕敌若云，

矢交坠〔而〕士争先。

凌余阵〔而〕躐余行，

左骖殪〔而〕右刃伤，

霾两轮〔而〕絷四马。

援玉枹〔以〕击鸣鼓。

天时坠〔矣〕威灵怒，▲天时坠，盖谓日暮也。

严（壮）杀尽〔矣〕弃原野。▲严当为壮，避汉讳改（壮庄古同字），壮谓壮年之人，犹壮士也。

出不入〔而〕往不反，

平原忽（迥）〔而〕路超（迢）远。▲迥，亦远也。

带长剑〔而〕挟秦弓，

首身离〔而〕心不惩，

诚既勇〔而〕又以（有）武，▲诚精古通，犹心也。武谓武艺。勇指精神，或指技术。

终刚强〔而〕不可凌，

身既死〔而〕神以（有）灵，

魂魄毅〔哉〕为鬼雄！

礼　魂

成礼〔而〕会鼓，

传芭〔以〕代舞。

□□□□□，▲此处有脱句，详《校补》。

姱女倡（唱）〔而〕容与。

春兰〔与〕秋菊，

长无绝〔哉〕终古！▲"终古"，犹永久也。

附　记

前年我在《楚辞》班上讲《九歌》，曾谈到兮字代释的意思，后来陈君士林便本了那意思作了一篇《九歌兮字代释证例》作为成绩报告。陈君于此用力颇勤，但所用以代释的虚字，与我的意见不全相合。最近余冠英先生看到陈君的文稿，甚感兴趣，请付《月刊》发表。我初意只想在陈文中附注些自己的意见，结果话说得太多，觉得不如自己重写一篇，并改题今名。但陈君究竟替我作了初步的工作，给我省力不少，这是应向他致谢的。

多数陈君意见与我出入的地方，是因为上下文实字意义难以认清，以致影响到兮字的作用不能确定。遇到这种地方，实字的解说，实是先决条件，但为顾到读者的"消化力"，我曾竭力避免冗长的引证。如果那实字是个"假借字"，在可能范围内，我便仅在那字下用小字注出它的"正字"（今不用小字，改置圆括号内一编者），这里引证便全略了。关于校勘部分，作者有《楚辞校补》改订稿（本文省称《校补》）。行在北平图书馆的《图书季刊》发表，对此有兴趣的读者，请自参考。关于这部分的引证，本文也一概未提。

二十九年十一月二十日昆明陈家营。

---

①原载 1941 年 1 月 16 日《国文月刊》（第 1 卷第 5 期）。据开明版《闻一多全集·神话与诗》编入本卷。

九歌古歌舞剧悬解[①]

迎 神 曲

黄昏时分。从四面八方辐辏而来的鼓声，近了，更近了，十分
近了。

"神光"照得天边通亮。满坛香烟缭绕。

男女群巫，和他们所役使的飞禽走兽以及各种水族，侍立在
两旁。

楚王左带玉珥剑，右带环佩，率领着文武百官，在庄严肃穆的乐
声中，鱼贯而出，排列在祭坛下。

坛右角上，歌声从以屈大夫为领班的歌队中泛起。

男音独唱：

吉日兮辰良，穆将愉兮上皇，

扶长剑兮玉珥，璆锵鸣兮琳琅。

〔楚王上前三步，依次举行着祭祀的仪式。

女音独唱：

瑶席兮玉镇，盍将把兮琼芳，（献玉有司奉上一张草席，王接过来，
铺在坛上。有司又奉上一块宝石，王接过来，压在席上。）蕙肴蒸

兮兰藉（荐牲），奠桂酒兮椒浆（奠酒）。

〔王和百官向着远天膜拜，五色瑞云中微微的现出东皇太一的身影。大家连忙伏下。金鼓大作，远近人声欢呼万岁。

合唱：

扬枹兮拊鼓，疏钟兮摇簴，

疏缓节兮安歌，陈竽瑟兮浩倡。

〔群巫纷纷起舞。

灵偃蹇兮姣服，芳菲菲兮满堂，

五音纷兮繁会，君欣欣兮乐康。

君欣欣兮乐康，君欣欣兮乐康！

〔云层中的东皇太一渐渐隐没，"神光"渐暗，乐声渐小，幕徐下。

东 君

远处有鸡声报晓。

微弱的曙光中，隐约看见地面上，纵横的熟睡着一群农民模样的青年男女。

天边烘出彩霞，一轮红日掩映在枝叶扶疏的大树（所谓扶桑）后面。树叶间发出稀疏的鸟声。

男音独唱：

暾将出兮东方，照吾槛兮扶桑。

〔日轮升上树梢。被朝阳炙暖了的青年们翻了翻身，但还没有醒。

〔东君赤面虬髯身穿银白色鱼麟锁甲，青灰披风，腰佩弓箭，以御车的姿势出现在树前。

扶余马兮安驱，夜皎皎兮既明。

抚余马兮，抚余马兮安驱，

夜皎皎兮，夜皎皎兮既明。

〔青年们被欢噪的鸟声惊醒了，揉着眼睛，打着呵欠，慢慢站起来了。忽然看见东君，纷纷向他奔去。他一一抚慰了他们，便分发他们到各自的岗位上开始工作。

在共同的节奏中，劳动人类的热情，汇成一股欢乐的洪流——热和力的交响乐。

〔东君点着头愉快的巡视着工作者。

男音独唱：

驾龙辀兮乘雷，载云旗兮委蛇，

长太息兮将上，心低徊兮顾怀，心低徊兮顾怀。

羌声色兮娱人，观者憺兮忘归，观者憺兮忘归。

合唱：

絙瑟兮交鼓，箫钟兮摇簴，鸣篪兮吹竽！

男音独唱：

思灵保兮贤姱！

合唱：

思灵保兮贤姱！

〔青年们合舞。

合唱：

翾飞兮翠曾，展诗兮会舞，应律兮合节！

男音独唱：

灵之来兮蔽日。

〔这时日轮早已不见了，天色渐暗，人群在悠扬的牧笛声中陆续散去。

〔天幕由深蓝变到深紫，繁星出现了。

男音独唱：

青云衣兮白霓裳，举长矢兮射天狼，（开弓向天空射去，一颗流星坠下。）

操余弧兮反沦降，援北斗兮酌桂浆。（翻转身来举起酒斗狂饮。）

撰余辔兮高翔，杳冥冥兮东行，

撰余辔兮高翔，杳冥冥兮东行。（在黑暗中消逝了。）

（幕下）

云 中 君

暮霭深了。最后的斜阳睨视在黄龙旗上，微风中鳞甲不时闪着金光，黄龙蠕动了。地面彩筵上陈列着盛馔。

一群彩衣的少女在环绕着旗杆拜祷。她们在夸耀她们自己的美丽，说是经过了挑选又挑选，代表她们全族来向这位神明谢恩的。为了一年的雨露，神所赐给她们的膏泽，她们族人——全体高阳氏的苗裔，今天已经把他们所有值得献出的都献出了，包括她们的青春。在她们这是何等的光荣！为了保证这光荣，为了她们这份虔诚，不致遭到万一的拒绝，她们还精心的修饰了自己……

女音合唱：

浴兰汤兮沐芳，华采衣兮若英。

浴兰汤兮，浴兰汤兮沐芳，

华采衣兮，华采衣兮若英。

〔天边涌起一朵黄云，云中君黄冠，黄衮龙衣，在一道金光中出现了。乐声从四面涌起，少女们一窠蜂似的往他拥去。围着他轻舞。

灵连蜷兮既留，灵连蜷兮既留，

烂昭昭兮未央，烂昭昭兮未央，

〔金光变得更灿烂，几乎有些耀眼。

蹇将澹兮寿宫，蹇将澹兮寿宫，

与日月兮齐光，与日月兮齐光。

〔少女们簇拥着云中君，来到筵前，就地坐下，绕成一圈，尽情
的欢饮。

〔云中君有点颓然了。秩序大乱。

〔台上暗了一会儿。

〔云中君起来了，带着倦意，徘徊了几周。

男音独唱：

龙驾兮帝服，聊翱游兮周章，

龙驾兮帝服，龙驾兮帝服，

聊翱游兮周章，聊翱游兮周章。

〔他蓦的双肩一耸，张开两臂，像是浮入云中了。惊惶的少女们
跳跃着伸手去攀援，但是那有什么用处呢？

女声合唱：

灵皇皇兮既降，猋远举兮云中。

〔他飘浮得很远，还手搭凉棚，往下面眺望，仿佛在寻觅什么似
的。这样盘旋一周，便轻轻飘去了。

男音独唱：

览冀州兮横四海，览冀州兮横四海，

览冀州兮有馀，横四海兮焉穷！

览冀州兮有馀，横四海兮焉穷！

〔少女们呆望着云中君的身影消失了，一个个沮丧得万分，有的
拥抱着旗杆，有的伏倒在地上，呜呜的啜泣了。

女音合唱：

思夫君兮太息，极劳心兮忡忡！

思夫君兮太息，极劳心兮忡忡！

（幕下）

湘君（湘夫人）

人物：湘君　湘公子　车夫　男侍数人

　　　女子甲　女子乙　船娘　女侍数人

江心一个小岛，岛上兰茝丛中藏着一座小得几乎像玩具样的庙子。

是一个深秋的黄昏，落叶在西风中旋舞。

树叶不时闪着"神光"。刚从岛后石滩间迂回地来到岛上的车子，走到庙前，停下了。车上的人，除了湘君，都上庙前来。

湘君伫立在车上，吹着凤箫，箫声停了，远处一个女高音开始唱道：

君不行兮夷犹，蹇谁留兮中洲！

〔一只船满载着妇女，从右侧出现，向着岛这边划来了。

女甲：

美要眇兮宜修，沛吾乘兮桂舟。

令沅湘兮无波，使江水兮安流。

望夫君兮未来，吹参差兮谁思！

〔湘君看见船来了，急忙跳下车来，跑到水边。

湘君：

驾飞龙兮北征，邅吾道兮洞庭，

薜荔柏兮蕙绸，荪桡兮兰旌。

望涔阳兮极浦，横大江兮扬灵，（闪着神光。）

扬灵兮未极，女婵媛兮为余太息。

（船慢慢靠近岸旁，停下了。）

女甲：

（掩面悲泣）横流涕兮潺湲，隐思君兮陫侧。

湘君：

桂櫂兮兰枻，斫冰兮积雪。

桂櫂兮兰枻，斫冰兮积雪！

采薜荔兮水中，搴芙蓉兮木末，（有些气愤。）

心不同兮媒劳，恩不甚兮轻绝！

女甲：

石濑兮浅浅，飞龙兮翩翩。

石濑兮浅浅，飞龙兮翩翩。

交不忠兮怨长，期不信兮告余以不闲！

〔湘君以谢罪的姿势，走上前把女子甲扶下船来。二人携手往花
草丛中走去了。

湘君：

鼂驰骛兮江皋，夕弭节兮北渚。

鸟次兮屋上，水周兮堂下。

捐余玦兮江中，遗余佩兮醴浦，

采芳洲兮杜若，将以遗兮下女，

时不可兮再得，聊逍遥兮容与！

湘君·女甲：

鸟次兮屋上，水周兮堂下，

时不可兮再得，聊逍遥兮容与！

〔灯光熄，幕下，随即升起，灯光又明。

〔自从船拢岸时，公子就已注意到女乙，一直目不转睛的盯着她。她却不敢回视，只是羞涩的眺望着流水。

女乙：

帝子降兮北渚，目眇眇兮愁予。

嫋嫋兮秋风，洞庭波兮木叶下。

公子：

登白薠兮骋望，与佳人期兮夕张！

鸟何萃兮蘋中，罾何为兮木上！

女乙：

沅有茝兮醴有兰，思公子兮未敢言，

荒忽兮远望，观流水兮潺湲。

麋何食兮庭中！蛟何为兮水裔！

〔公子也上了船，船女乙扶下来了。

麋何食兮庭中！蛟何为兮水裔！

公子：

朝驰余马兮江皋，夕济兮西澨，

闻佳人兮召予，将腾驾兮偕逝。

〔他们携手走向庙前。

女乙：

筑室兮水中，葺之兮荷盖，

荪壁兮紫坛，播芳椒兮成堂，

桂栋兮兰橑，辛夷楣兮药房，

网薜荔兮为帷，擗蕙櫋兮既张，

白玉兮为镇，疏石兰兮为防，

葺之兮荷屋，缭之兮杜衡。

合百草兮实庭，建芳馨兮庑门。

九嶷缤兮并迎，灵之来兮如云。

〔她脱去外衣。

捐余袂兮江中，遗余褋兮醴浦，

搴汀洲兮杜若，将以遗兮远者。

时不可兮骤得，聊逍遥兮容与！

公子·女乙：

时不可兮骤得，聊逍遥兮容与！

〔这时湘君和女甲已从花丛中走出，于是湘君和女甲，公子和女
乙，每一个男侍和每一个女侍，乃至车御和船娘，都配成对，相
携狂舞。

全体：

时不可兮骤得，时不可兮骤得，

聊逍遥兮容与，聊逍遥兮容与，

聊逍遥兮，逍遥兮，逍遥兮容与！

（幕下）

大 司 命

人物：大司命　美人数人　司阍二人

空桑山上一片玄云，云隙中露北宫的门阙，黑漆匾额上金书的

古篆，看去像是"玄云"二字。山坳下停着一辆玉辂，龙辀去旗，

和四匹骏马，皆黑色。

一群美人在山坳下游戏。

一声号筒，两个司阍敞开了宫门，分开站到门的两旁。

一群水族跟着一头大龟从门内拥出。

大司命，玄衮衣，苍玉佩，在细乐声中步出门来。

大司命：

广开兮天门，纷吾乘兮玄云，

令飘风兮先驱，使冻雨兮洒尘。

〔司命瞥见美人们，疾驰而下。美人们惊惶逃避，司命绕着山石

追赶，一个个被拉住又挣脱了。如此者数次，直到动员起全体水

族来助他遮堵，这才抓住一个，他大笑了，美人也笑了。

美人甲：

君迥翔兮来下，逾空桑兮从女，

纷总总兮九州，何寿夭兮在予！

〔当他们二人相对狂舞时，刚才逃散了的美人们一个个又出现

了，会同全体水族给他们助兴。

美人甲：

高飞兮支翔，乘清气兮御阴阳，

吾与吾兮斋速，导帝之兮九坑，

〔乐舞的节拍愈加疾促，台上灯光暗暗亮亮。

美人甲：

云衣兮披披，玉佩兮陆离，

壹阴兮壹阳，众莫知兮余所为！

大司命·美人甲：

壹阴兮壹阳，众莫知兮余所为！

全体：

壹阴兮壹阳，壹阴兮壹阳，

众莫知兮，众莫知兮，众莫知兮余所为！

〔美人们都疲乏得倒地睡着了。司命踌躇四顾，若有所思。

大司命：

（转向花丛中，折来一枝瑶花。）折疏麻兮瑶华，（将花悄悄的放

在美人甲的掌中。）将以遗兮离居。

老冉冉兮既极，（不胜感慨。）不寖近兮愈疏！

〔司命登车，绕向山石后走了。

〔美人甲醒来，发现手中的花，又不见司命，沮丧之极。猛抬头，望见司命和他的队伍在云端出现了，她支起惝困的身躯，慢慢站起来，对着云天只是发楞。

〔众美人也都次第醒来。

美人甲：

乘龙兮辚辚，高驰兮冲天，

〔将腰间的香药（桂枝）拿到鼻前嗅着。

结桂枝兮延伫，羌愈思兮愁人！

愁人兮奈何？愿若今兮无亏！

〔众美人都来安慰她。

众美人：

愿若今兮无亏，愿若今兮无亏！

固人命兮有当，孰离合兮可为？

美人甲：

固人命兮有当，孰离合兮可为？

固人命兮有当，

众美人：

有当，有当，

美人甲：

孰离合兮可为，

众美人：

可为，可为？

全体：

固人命兮有当，孰离合兮可为!

（幕下）

少 司 命

人物：少司命　孩儿（六岁光景）美人十余人

满院子夕阳。阶前长着密茂的花草，有秋兰兮麋芜，罗生兮

堂下，

绿叶兮素华，芳菲菲兮袭予。

〔众美人发现了司命和司命抱着的孩子，都纷纷迎上前来，争

着和孩儿玩耍。

美人甲：

（把孩儿抱走了，司命跟在她后面。）

夫人自有兮美子，荪何为兮愁苦?

少司命：

（不睬她的问题。）绿叶兮素华，芳菲菲兮袭予?

〔众美人都在逗引司命的注意，但司命的兴趣显然只在美人甲

身上。

美人甲：

秋兰兮青青，绿叶兮紫茎，满堂兮美人，忽独与余兮目成!（一

步一步的打着退，像是要躲入室内，忽然一闪身，又到了院中心。）

忽独与余兮，与余兮目成!（挤着眼，妖媚的笑着。）〔少司命终于被

引进了室内。

〔众美人领着孩儿在院子里做了许多游戏，司命才出。望望天

空，星星都出来了，便匆匆抱着孩儿离去。众美人抢着去追他，

但是来不及了。

美人甲：

〔悽然的靠在门边，众美人愕然的望着美人甲。

入不言兮出不辞，乘回风兮载云旗。

悲莫悲兮生别离，乐莫乐兮新相知！

众美人：

乐莫乐兮新相知，悲莫悲兮生别离！

乐莫乐兮新相知，悲莫悲兮生别离！

〔夜色更浓了，空中有更多的星星出现。

美人甲：

荷衣兮蕙带，儵而来兮忽而逝，

夕宿兮帝郊，君谁须兮云之际？

少司命：

〔在远处回答，几乎辨不出字音。

与女沐兮咸池，晞女发兮阳之阿，

望美人兮未来，临风怳兮浩歌。

全体：

〔因为刚才的回答听不清楚，所以大家同声再问。

荷衣兮蕙带，儵而来兮忽而逝，

夕宿兮帝郊，君谁须兮云之际？

少司命：

〔这回的声音是完全清晰的。

与女沐兮咸池，晞女发兮阳之阿，

望美人兮未来，临风怳兮浩歌！（最后一句尤其响亮。）

全体：

孔盖兮翠旌，登九天兮抚彗星，

抚长剑兮拥幼艾，荪独宜兮为民正！

抚长剑兮拥幼艾，荪独宜兮为民正！

（幕下）

河 伯

景是河身的横切面，像我们常在银幕上看见的一样。

河伯，跨着一头白鼋，像一具白石的裸体雕像，半个身子露在水上。时而有鱼虾一类的水族打他身边游过。

从河右岸上伸出一座悬崖，恰好与河面构成一个正角。崖端蹲着一座小庙，庙前的旗杆下攒集着一群白衣少女。崖身和崖上的一切（人物和庙宇），都正浸在血一般的夕阳中。

景中的人物差不多完全没有动作。除了沉闷的鼓声以外，我们只听见他们（少女们和河伯）一往一夏的歌声。

少女：

鱼鳞屋兮龙堂，紫贝阙兮珠宫。

灵何为兮水中，乘白鼋兮逐文鱼？

河伯：

与女游兮九河，冲风起兮横波，

乘水车兮荷盖，驾两龙兮骖螭。

少女：

登昆仑兮四望，心飞扬兮浩荡……

灵河为兮水中，乘白鼋兮逐文鱼？

河伯：

与女游兮河之渚，流澌纷兮将来下。

子交手兮东行，送美人兮南浦。

少女：

日将暮兮怅忘归，惟极浦兮顾怀。

灵何为兮水中，乘白鼋兮逐文鱼？

河伯：

子交手兮东行，送美人兮南浦，

波滔滔兮来迎，鱼鳞鳞兮媵予。

少女：

登昆仑兮四望，心飞扬兮浩荡，

日将暮兮怅忘归，惟极浦兮顾怀。

鱼鳞屋兮龙堂，紫贝阙兮珠宫，

灵何为兮水中，乘白鼋兮逐文鱼？

（幕下）

山 鬼

山坡上黑黝黝的竹林里，歇着一辆豹车，豹子是火赤色的，旁边睡着一匹狐狸，身上却有着金钱斑点。

对面，从稀疏的竹子中间望去，像一座陡起的屏风，挡住我们的视线的，便是那永远深藏在云雾中的女神峰——巫山十二峰中最秀丽，也最娇羞的一个。林中单调的虫声像是我们自己的耳鸣。蓦地一声裂帛，撕破了寂静，"若有人兮山之阿"，回声像数不完的波圈，向四面的山谷扩大——"山之阿，山之阿，山之阿……"一只蝙蝠掠过，坡下草丛中簌簌作响。

公子嗅着手中的香花，一步一回头，爬上坡来。

公子：

被薛荔兮带女罗，（靠在一根橡子粗细的竹子上，望着对面的云雾。）

〔回声："善窈窕，善窈窕……"

乘赤豹兮从文狸，辛夷车兮结桂旗，

被石兰兮带杜衡，折芳馨兮遗所思。

〔回声："遗所思，遗所思……"公子走进林中。

余处幽篁兮终不见天，路险难兮独后来。

〔云雾渐渐围上来。

余处幽篁兮终不见天，路险难兮独后来。

〔雾愈来愈浓，台上一片白。女子的歌声由远而近。山鬼，正如萧从云《九歌》图中所描绘的一个妙龄女子，肩头披着薜荔，腰间缠着女罗，从雾间出现了。

山鬼：

表独立兮山之上，云容容兮而在下，

杳冥冥兮羌昼晦，东风飘兮神灵雨。（一阵雨声。）

留灵修兮憺忘归，岁既晏兮孰华予！

留灵修兮憺忘归，岁既晏兮孰华予！

公子：

（在远处）若有人兮山之阿，被薜荔兮带女罗。

既含睇兮又宜笑，子慕余兮善窈窕。

山鬼：

采三秀兮于山间，石磊磊兮葛蔓蔓，

怨公子兮怅忘归，君思我兮不得闲。

公子：

（声音时远时近）乘赤豹兮从文狸，辛夷车兮结桂旗，

被石兰兮带杜衡，折芳馨兮遗所思。

山鬼：

山中人兮芳杜若，饮石泉兮荫松柏，

怨公子兮怅忘归，君思我兮然疑作。

公子：

（声音更近了）被石兰兮带杜衡，折芳馨兮遗所思，

余处幽篁兮终不见天，路险难兮独后来。

〔风雨雷电交作，满山的鸟兽都悲鸣起来。

山鬼的身影，完全被黑暗所吞没，哀怨的歌声中带着恐怖。

山鬼：

雷填填兮雨冥冥，猨啾啾兮又夜鸣，

风飒飒兮木萧萧，思公子兮徒离忧！

国　殇

远山衔着半边血红的落日。

平原上进行着剧烈的战争。鼓声愈来愈急，

敌人终于败退了。

国人为庆祝胜利并哀悼国殇，手拿着武器和钲鼓，环绕着死者

的尸体，举行萨尼人跳鼓式的舞踊。

妇孺们坐在男人们后面，围成一个更大的圈子，唱着庄严而悽

凉的悼歌。

操吴戈兮被犀甲，车错毂兮短兵接，

旌蔽日兮敌若云，矢交坠兮士争先，

凌余阵兮躐余行，左骖殪兮右刃伤。

霾两轮兮絷四马，援玉枹兮击鸣鼓，

天时坠兮威灵怒，严杀尽兮弃原野。

出不入兮往不返，平原忽兮路迢远。

带长剑兮挟秦弓，首身离兮心不惩，

诚既勇兮又以武，终刚强兮不可凌。

身既死兮神以灵，魂魄毅兮为鬼雄！

（幕下）

送　神（尾声）

布置和序曲一样，依然四处闪着神光，

满台香烟缭绕。

凡是在歌曲中出现过的人和动物，现在都在台上。

乐声响了，女子们一壁传递着鲜花，依次的打祭坛前舞过，一

壁唱着歌曲。

女音合唱：

成礼兮会鼓，传芭兮代舞，

姱女唱兮，姱女唱兮容与。

春兰兮秋菊，长无绝兮终古！

〔金鼓大作，全场乱舞。

全体合唱：

春兰兮秋菊，长无绝兮终古！

春兰兮秋菊，长无绝兮终古！

……

〔楚王领着百官，打台前走过，全场高呼万岁。

（幕急下）

作者附注②

迎 神 曲

(一)《高唐赋》所述的"醮诸神，礼太一"的仪式，是在夜间举行的。这赋是否宋玉所作，是另一问题，所记的反正是楚国的故事。汉代祭太一本是沿袭楚国的旧俗，所以时间也在夜间。《史记·乐书》明白的载着："汉家常以正月上辛祠太一〔于〕甘泉，以昏时夜祠，至明而终。"武帝时祠太一的《郊祀歌》也证明了这一点。歌词劈头一章《练时日》（相当于《九歌的迎神曲》）曰："虞（娱）至旦，承灵亿。"又曰："侠（浃）嘉夜，芭兰芳。"这和《史记》的话完全相合。

我们考察了《九歌》中间的九章歌舞曲，除《大司命》，都直接或间接的表示是以暮夜为背景的。《湘君》："夕弭节兮北渚"，《湘夫人》"与佳人期兮夕张"，"夕济兮西澨"，《少司命》"夕宿兮帝郊"，《河伯》"日将暮兮怅忘归"，《国殇》"天时坠兮威灵怒"，《东君》"举长矢兮射天狼（星名）……援北斗兮酌桂浆"，又"杳冥冥兮东行"（夜间绕入地底东行），《少司命》"登九天兮抚彗星"，《山鬼》"猨啾啾兮又夜鸣"，这些都是直接表明了暮夜的。此外《云中君》"烂昭昭兮未央"，"与日月兮齐光"，和《湘君》"横大江兮扬灵"，都指所谓神光，那也是非在夜间看不见的。这分明是因为祭太一是在夜间举行的，所以娱神的歌舞曲也不得③以夜为背景。《太平御览》五七二引王逸《九歌序》曰：

沅湘之间，其俗敬鬼神，好夜鼓舞，以乐诸神。这与今本《楚辞》不同，不知究竟是谁的话，但说"好夜鼓舞"，是绝对正确的。

(二)光耀，神降临的表征。这种光便叫作"神光"，又叫作"灵"。《汉书·郊祀志》："神光兴于殿旁"，"神光又兴房中，如烛光"。《海内北经》"二女之灵，能照此所方百里"，郭《注》："言二女神光所烛及者方百里。"

东　君

（一）这一章通常例在《少司命》前，那是弄错了的，经笔者考证，应该移到此地来和《云中君》相配（详拙著《楚辞校补》）。《东君》是日神，《云中君》是云神，亦即雨神。日与雨是农事的两个必要的自然条件，所以这两位自然神常在一起。还有，在五帝系统中，《东君》也就是东方的太皞伏羲氏，《云中君》也就是中央的黄帝轩辕氏。这两位帝不但往往并称（如《海内经》"太皞爰过，黄帝所为"，和《庄子·田子方篇》"伏羲黄帝不得友"之类。），而且关于他们的传说还常被混淆。最显著的例是他们连名号都相同，都称有熊氏。（伏羲称有熊氏，见《易乾凿度》上注。）这些都说明，在传说中伏羲和黄帝不易分开，也就是《东君》和《云中君》不易分开了。

（二）三代时天子有"朝日"的典礼，便是在日出时，向着东方举行的一种欢迎日出的仪式。《东君》这位神无疑便是这样产生的。关于朝日，《尚书·尧典》又说到"寅宾出日，平秩东作"的话。"东作"一词，赵歧解为"治农事"，应劭解为"耕"，都是极正确的，所以我们在这里让一群农民出现，而在下面还要特别强调工作的意义。

（三）顾名思义，与其说东君是日神，毋宁说是日出之神。日出自东方，而东方只是一个抽象的概念，不易捉摸，于是便创造出日出扶桑的神话，用扶桑来使东方的概念形象化起来。这样，东方与日与木，便分不开了。因而东君，你说他是东方的神仙也好，日神也好，甚至木神也未尝不可。上面已经说过，东君也就是东方帝太皞，现在东君既同时是木神，那么东方帝自然也可以同时是木帝了。这便是在五行说中，东方所以属木而色青的缘故。而因此我们也可以明白，在《九歌》中，东君劈头便说"暾将出兮东方，照吾槛兮扶桑"，也不是偶然的。当然，所谓扶桑并不是实质上存在着的一种树木。我们疑心它只是日出时天边的云霞（《山海经》说它"青叶赤华"，这正是早霞的颜色。），至于作为自然物的形象，便是一棵大树，作为人为物的形象，便时而是宫室的轩槛（"照吾槛兮扶桑"），时而又是蔽体的衣服（"青云衣兮白霓裳"）——这些都不过是人类的幻想——一种诗意的杜撰罢了。

云 中 君

（一）《左传·昭公十七年》郯子曰："昔者黄帝氏以云纪，故为云师而云名。"这是《云中君》即黄帝的确证。明白了这一件事实，不但《九歌·云中君》"龙驾兮帝服"一句话有了解答，而且如像下面这些文献中的传说，也都可以焕然冰释了。

1.《穆天子传》："天子升于昆仑，观黄帝之宫，而封丰隆之葬。"依《楚辞》的说法，丰隆是云师。（《离骚》"吾令丰隆乘云兮"，《九章·思美人》"愿寄言于浮云兮，过丰隆而不将"。）丰隆既是黄帝自己，想来丰隆之葬（墓）就在黄帝之宫旁，所以趁着参观黄帝之宫的机会，顺便就封一封丰隆之葬——在墓上加盖一层新土。

2.《庄子·大宗师篇》："黄帝得之，以登云天"。

3.《庄子·在宥篇》："黄帝……闻广成子在于空同之山，故往见之，曰：'……吾欲取天地之精，以佐五谷，以养民人，吾又欲官阴阳以遂群生，为之奈何？'广成子曰：'……自而治天下，云气不待族而雨，草木不待黄而落，日月之光益以荒矣。'"又："云将东游，过扶摇之枝，而适遭鸿蒙……云将曰：'今我顾合六气之精，以育群生，为之奈何？'……鸿蒙曰：'乱天之经，逆物之情，玄天弗成，解兽之群，而鸟皆夜鸣，灾其草木，祸及虫正（豸），意（噫）！治人之过也。'"

以上这两个故事的内容相同，实在是一个故事的分化，而云将即黄帝，鸿蒙即广成子。因为黄帝即云神，所以前一个故事中有"自而（指黄帝）治天下，云气不待族而雨"等语。其实前一个故事中所谓"天地之精"，后一个所谓"六气之精"，也还是指云气的基本构成元素。

4.《大戴礼记·五帝德篇》："黄帝黻黻衣，大带黻裳，乘龙扆云。"

5.《周礼·大司乐》郑《注》："黄帝曰云门大卷。"《独断》："黄帝〔乐〕曰云门。"（《周语》韦《注》，《玉烛宝典》引《乐纬稽耀嘉》宋均《注》，《群书治要》引《帝王世纪》并同。）《楚辞·远游》王《注》："承云即云门，黄帝乐也。"（《淮南子·齐俗篇》许《注》说同。）

6.《古今注》："华盖，黄帝所作也，与蚩尤战于涿鹿之野，常有五色云气，金枝玉叶，止于帝上，有花葩之象，故因而作华盖焉。"《汉书·郊祀志》上："置寿宫〔于〕北宫，张羽旗，设供具，以礼神君。"臣瓒注："寿宫，奉神之宫也。"我们这里所讲的旗，可以假想是树在寿宫前面的。黄帝的符瑞是黄龙（《史记·天官书》："轩辕黄龙体。"），所以降黄帝之神，用黄帝之神，用黄龙旗。

（二）《吕氏春秋·知接篇》注："桓公……蒙衣袂而绝乎寿宫。"高《注》："寿宫，寝堂也。"宫中的寝堂叫作寿宫，神庙的寝堂自然也可以叫寿宫。这里灯光的熄灭，暗示着神与人在寿宫中的会合，因布景的限制，所以改在室外。

（三）《大荒北经》："蚩尤作兵伐黄帝，黄帝乃令应龙攻之冀州之野。"《周书·尝麦篇》："黄帝执蚩尤，杀之于中冀。"孔《注》："即冀州也。"这里说"览冀州兮有馀"，也是云中君即黄帝的佳证。

湘　君

（一）在本篇中，最应注意的一点，是湘君和迎接湘君的女子，使用着迥乎不同的交通工具，前者乘舟，后者乘车。舟在歌词中有明文，用不着说明。车则似乎向来未被人注意，因此一般的都把车具误认为舟具，于是舟中人和车中人的身份便混淆不分，而他们对话的意义也就大大的模糊了。笔者发现歌中人物有一种乘车的，是根据下列各歌句的研究：

驾飞龙兮北征，

飞龙是驾车的龙马。《离骚》："为余驾飞龙兮，杂瑶象以为车。"《汉书·礼乐志·郊祀歌》："灵之车，结玄云，驾飞龙，羽旄纷。"又《安世房中歌》："飞龙秋，游上天。"《注》云："庄子有秋驾之法者，亦言驾马腾骧，秋秋然也。"都是佐证。

遭吾道兮洞庭。

下篇"洞庭波兮木叶下"，波即陂字（洞庭陂见《中山经》注。），正如《禹贡》的"荥波"即荥陂，《楚策》四的"湘波"即湘陂，《说苑·善说篇》的"新波"即新陂一样。（陂就是泽，"荥陂"一名荥泽。）是一种水陆参半的低洼的丘陵地带，雨季则水多于陆，旱季则陆多于水。古代的洞庭正是这样的一个地区，《中山经》有"洞庭之山"，《九叹·逢纷》说"步余马兮洞庭"，和本篇"驾飞龙兮北征，遭吾道夫昆仑"的情形一样，都是纡回遭转的找着平坦的道儿走，所不同的是，一边为的要避开险阻的岩石，一边为的是避开泥泞的水潦罢了。

石濑兮浅浅，飞龙兮翩翩。

这是说的车子过滩时的情形。梁竦《辨骚赋》云"骋鸾路（辂）于蒋濑"，便是脱胎于这两句的。浅浅的石濑，分明和今天这一片汪洋的洞庭湖，完全两样。从战国到今天是一个漫长的时间，从洞庭陂到洞庭湖，也是一个漫长的过程，自然的面貌必然会随着时间变迁的，不用着我们大惊小怪。

薜荔柏兮蕙绸，荪桡兮兰旌。

柏与帛通。《尔雅·释天》"缟帛缘",《周礼·司常》:"通帛为旜,杂帛为物。"《礼记·玉藻》"大帛不绣",这些帛字,都是指旗而言的。旗是布帛做的,所以叫作帛。金文《吴尊》作旃,是旗帛的专字。绸训缠。《释天》"素绵绸杠",郭《注》"以白地锦韬旗之竿",是说用白底彩色条纹的锦带也叫作绸,如《大人赋》"靡屈虹以为绸"便是。《文选·上林赋》"靡鱼须之桡旃",张楫《注》:"以鱼须为旃柄。"《说文》:"旃,旗曲柄也。"(旗之有曲柄者。)又:"桡,曲木也。"据此,则桡旃是以曲木为柄的旗,而单说桡便是用曲木做的旗柄了。旌是缀在旗杆头上的一种鸟羽或旄牛尾做的蕤子。

古代车子上必插着旗子,这里以薜荔为帛,以蕙为绸,以荪为桡,以兰为旌的旗子,便是插在车上的。怎么见得呢?《大人赋》曰:"揽欃枪以为旌兮,靡屈虹以为绸,……驾应龙象舆之蠖略逶丽兮,骖赤螭青虬之蚴蟉蜿蜒。"《上林赋》曰:"驾驯驳之驷,乘雕玉之舆,靡鱼须之桡旃,曳明月之珠旗。"(以上两赋中以旌绸或桡旃、珠旗,和车驾并举,显然那都是插在车上的。本篇于"驾飞龙兮北征"二句之下,又说到帛绸桡旌一类与旗有关的什物,以《大人》、《上林》二赋与本篇相证,本篇所形容的旗,想必也是插在车上的。

朝骋骛兮江皋,夕弭节兮北渚。

骋骛是使马匹快行,弭节是使之慢行,这两句话,湘君所乘的车子,尤其明显。

(二)歌曰:"望夫君兮未来,吹参差兮谁思?"参差即箫。《风俗通·音乐篇》:"舜作箫,其形参差不齐,象凤翼也。"湘君本来就是舜,箫既是舜作的,那么,这里吹箫的就该是湘君了。在萧史和弄玉的故事中,吹箫的萧史也是男的。《邶风·简兮》:"左手秉翟,右手执龠。"龠也就是箫。那秉翟执龠的舞者,又是一个男子。这些都可以作为我们的旁证。

（三）灵即神光。《海内北经》："二女之灵能照此所方百里。"郭《注》："言二女神所烛及者方百里。"《汉郊祀歌》"扬金光，横泰（大）河"，便是模仿本篇"横大江兮扬灵"一句的。《离骚》"皇剡剡其扬灵兮"，"皇剡剡"是光貌，"扬灵"亦即扬光。

---

① 据开明版《闻一多全集·神话与诗》编入本卷。

② 这是《九歌古歌舞剧悬解》的附注，未随文发表。今据手稿照相复制件整理，置于文末。附注前"作者"二字，系整理者所增。

③ 据上下文义，疑"得"下脱"不"字。

廖季平论离骚[①]

自来谈《离骚》谈得最离奇的，莫过于廖季平。谈得最透辟的，恐怕也要算他。谢无量先生在其《楚词新论》中说：

> 十年前在成都的时候，见着廖季平先生，他拿出他新著的《楚词新解》给我看，说："屈原并没有这人"。他第一件说，《史记·屈原贾生列传》是不对的。细看他全篇文义都不属。他那传中的事实，前后矛盾，既不能拿来证明屈原出处的事迹，也不能拿来证明屈原作《离骚》的时代。……第二件，拿经学的眼光说《楚辞》是《诗经》的旁支。他那经学上的主见，以为《诗经》本是天学，所讲都是天上的事。自然《楚辞》也是一样，所以有那些远游出世的思想，和关于天神魂鬼的文词，也是适用《诗经》应有的法度。……第三件，说《离骚》首句"帝高阳之苗裔"，是秦始皇的自序。其他屈原的文章，多半是秦博士所作。《史记》"始皇不乐，使博士为《仙真人诗》，及行所游天下，传令乐人歌弦之"，——这是廖先生的根据。

谢先生叙述廖氏这三点意见的次序，略嫌颠倒。须知廖氏的出发点是经学，首先认定了《诗经》是所谓"天学"，苦于《诗经》本身没有证据，乃借《楚辞》——《诗》之旁支以证实其主张。这是论证发展的第一步。然而这样讲来，又与《史记》所载《离骚》作者的性格行为皆不合，适逢《史记》这篇传是一笔糊涂账，有隙可乘，就判定屈原本无其人，其所有事实，皆史公杜撰。这是第二步。屈原的存在既经勾销，乃以《离骚》为秦始皇所作，并以其他相传屈原诸作品归之秦博士。这是第三步。说法确乎是新奇得出人意表！

但是，我们读《离骚》，除了一个朕字外，未发现作者的口气与身份有丝毫像帝王的地方。"古者尊卑共称朕"，若谓《离骚》称朕，作者便是帝王，想一代经师不至如此之陋。何况秦祖帝喾高辛氏，怎见得这"高阳苗裔"便是始皇呢？廖氏三点意见中，这一点最不足辩。

至于《史记》的"文义不属，前后矛盾"，却是无可讳言的，自宋以来便不断有人怀疑。但《史记》全书中，同类情形甚多，若凭此而一一否认其人物的真实性，恐决无此理。其实"文义不属，前后矛盾"，也不过是廖氏的借口而已。纵令史文不矛盾，这段记载就能令他满意吗？他不是认为《离骚》是"天学"吗？然而史传中的屈原分明是只讲"人学"的。史传不能替他作证，便把史传中人物的存在根本否认了，性子未免太急了！其实如果《离骚》作者的性格，据《离骚》本文看，真与史传中的屈原不合，充其量也只能把屈原与《离骚》的关系解除掉。为廖氏起见，让屈原还存在，只说《离骚》不是他做的，不就够了吗？其实连这一着都不必。至少目前我们还得承认《离骚》是屈原作的，因此屈原的思想如何，只有《离骚》才是千真万确的口供，只要史传没有明白提出反证，我们又何妨当它默认了？史传与《离骚》不合，诚然，但消极的不合与积极的相反相克，究竟是两回事。我们何不假定史传只是一幅不完备的画像，其中尽留有点睛添毫的余地，说不定拿《离骚》中的屈原补入史传，更觉生动逼真点。这一来廖氏的困难也就自动解决了，所以他那第一点，根本无成立的必要。

　　廖氏本意原要说明《离骚》是"天学"，想藉以证实《诗经》之"天学"。这实在是三点中最惊人，也最有启示性的一点。但究竟什么是"天学"，谢先生所见的《楚辞新解》，既不见传本，我们只好从《六译馆丛书》中求注脚。有曰："圣神仙佛，皆在所包"（《离骚·释例》）；又曰："《离骚》发源《诗》、《易》，神游六合，为道家宗旨，列庄比肩，为黄帝之学之嫡派，故《楚辞》称述，全出《山海》、《诗》、《易》之博士学也"（《治学大纲》）。《经学四变记》中还有详细的解说：

　　　　《楚辞》为《诗》之支流，其师说见于《上古天真论》，专为天学，详于六合之天。盖圣人于六合以外，存而不论，《诗》、《易》之托物比兴，言无方体是也。《楚辞》乃灵魂学专门名家，详述此学，其根源与道家同，故《远游》之类多用道家语。全书专为梦游，即《易》之游魂归魂，所说皆不在本世界，故有招魂掌梦之说。凡所称引，后人皆就中国一隅说之。既属游魂，何以尚在中土？故因《楚辞》专引《山经》，而《山经》亦因之大显。

　　这大概就是谢先生所指的第二点。谢先生在他的书里，述完那段大意后，含蓄的批评道："这种廖先生所创的特别经学系统……实在比匡衡所说的《齐诗》，还新奇得有趣，我当时自然也就'解颐了。'"
　　我想大家都同情谢先生的"解颐"。但那还是四变中的廖氏，再一变，可就要人"捧腹"了。《五变记》曰：

　　　　《诗》（神游学）如仙家之婴儿炼魄，神去神留，不能白日飞升，脱此躯壳（《易经》则能形游），《诗》故专言梦境（托之梦游，以明真理），鱼鸟上下。（《庄子》梦为鸟而戾天，梦为鱼而潜渊。)《内经》、《灵枢》、《素问》、《山海经》、《列子》、《庄子》、《楚辞》古赋（如宋玉《高唐》）、《游仙诗》各书，以为之传。（当引各书以注《诗》。）

其弟子黄镕复为之笺述曰：

> 《楚辞》意义重复，非一人之著述，乃七十博士为始皇所作《仙真人诗》，采《风》、《雅》之微言，以应时君之命。史公本《渔父》、《怀沙》二篇为《屈原列传》，后人因以《楚辞》归之屈原，误矣。考《远游》周游六漠（《易系》："周流六虚。"），即《诗·周南》"辗转反侧"之义。（《庄子·逍遥游》、《知北游》亦取此意。）《招魂》、《大招》，招即《召南》之召（召招古通），"魂兮归来"即"之子于归"（于篆作亏，近云，《韩诗》"聊乐我云"，云字作魂。），他若"未见君子"，魂未归也。"既见君子"，魂已归矣，"振振君子，归哉归哉"，招之之词也，"之子归，不我过"，魂已归去矣。全诗与《楚辞》吻合者甚夥，且体裁亦与《诗》相符。

我们笑是笑够了，却不当以一笑了之。把渣滓汰尽（关于《诗经》的话，当然全是白日见鬼。），滕余的却不能说没有精粹。比方，话说得较平实时，如《五变记》又曰："〔《素问》〕《上古天真论》'真人''至人'，为《楚辞》之师说，专为道家神仙去世离俗之所本。读《内经》而后《楚辞》之本旨明。"这样就不容我们不接受了。任何读《离骚》的人，只要肯平心静气，忘掉太史公的传，王逸以来的注，就《离骚》读《离骚》，他的结论必与这相去不远。可惜千余年来没有人肯这样读《离骚》，就是廖氏，若非因太热心于建设经学系统，而援儒入道，恐怕也说不出那样的话来。史迁的《传》，王逸的《注》，是不容易忘掉的，所以廖式的话说出了，徒为他的弟子谢无量先生"解颐"之资而已。

---

① 原载 1949 年 10 月《文学杂志》（第 2 卷第 5 期）。据开明版《闻一多全集·神话与诗》编入本卷。

匡斋尺牍①

一 应下了工作

　　说起回信何以来得这样晚，撇开了事忙一类的遁辞，还有一个较正大的理由。你提出的几个问题，老实说，当时我都不能答，现在还是不能，虽则光阴过了将近半年，而这半年中，为了那些疑团，我是不断的在思考着。倒是今天从你提的另一件事上，又好像发觉了一个答案。你派给我那项讲诗的工作，毕竟是个办法。要解决关于《诗经》的那些抽象的、概括的问题，我想，最低限度也得先把每篇的文字看懂。所以，对于你所问的，我最忠实的答案是不答，或是说，我的答案是教你不要问。一朝你能把一部《诗经》篇篇都读懂了——至少比前人懂得稍透些——那时，也许这些问题，你根本就不要问了，或者换了一种问法，问得更具体，更彻底点。来信指定的那几首诗，我都愿意给你讲解。当然不嫌麻烦。我还有一个宏愿，一个奢望——果然有这工夫，更有这耐性的话——索性继续讲下去，每封信讲一两篇，在不太辽阔的期间内，把全部《国风》讲完。这样给自己对于《诗经》的了解，来一次总检举，不是很好的吗？我感谢你，如果真给我这样一个机会。望你也不要懈怠，随时来信问难。助我完成一项工作罢。零星的问题或掌故，也不妨随时涉及，以免通信内容的单调，你以为如何？

下次再开始讲诗。

二　工作的三桩困难

在开始讲诗以前，我最好先声明我的困难是什么，为的是，如果我失败了，你好知道我失败在哪里。困难至少有三桩。

伪书的举发曾经风行了好久。在"辨伪"的法庭上，《尚书》是受过了鞫讯的。但为什么偏把这与《尚书》同辈的《诗经》漏掉了，传票里连个名儿都没有呢？论情理，《诗经》决不能没有嫌疑。如果孔子删过诗，"删"不也是一个作伪吗？何况，既然动了笔，就决不仅是删，恐怕还有改。不但孔子，说不定孔子以后，还随时有着肯负责任的人，随时可以挥霍他们的责任心，效法孔子呢。我相信，我们今天所见到的《三百篇》，尤其是二《南》十三《风》，决不是原来的面目。至于时间的自然的剥蚀，字体的变迁，再加上写官的粗心与无识——一部书从那么荒远的年代传递下来，还不知道要受多少种折磨呢？以上所提的几点，将来还要细谈。暂时你只记住，在今天要看到《诗经》的真面目，是颇不容易的，尤其那圣人或"圣人们"赐给它的点化，最是我们的障碍。当儒家道统面前的香火正盛时，自然《诗经》的面目正因其不是真的，才更庄严，更神圣。但在今天，我们要的恐怕是真，不是神圣。（真中自有着它的神圣在！）我们不稀罕那一分点化，虽然是圣人的。读诗时，我们要了解的是诗人，不是圣人。然而要去掉那点化的痕迹，又怎样下手呢？这是困难的第一桩。

你也许说，点化是有的，但成分必很微细，大部分不妨仍然当它作一部民歌。好了，我可以不吹毛求疵。但第二桩困难又来了。你该记得《诗经》的作者是生在起码二千五百年以前。用我们自己的眼光，我们自己的心理去读《诗经》，行吗？惟其如此，我们才要设法建立一个客观的标准，虽则客观依然是相对的。但是要建立客观的标准，最低限度恐怕也只有采用推论法一途。然而推论的根据又在哪里？难题就在这一点上。你知道，要找推论的根据点，须守着一个条件，那便是，推论的根据，与推论的前提，必须性质相近，愈近愈好。现在，就空间方面看，与我血缘最近的民族，在与《诗经》时代文化程度相当时期中的歌谣，是研究《诗经》上好的参考材料，试验推论的好本钱吧？但这套本钱，谁有，我不知道，反正不在我的手边。再从时间方面打算，万一，你想，一个殷墟和一个汲冢，能将那紧接在《三百篇》前后的两分"三百篇"分别的给我们献回来，那岂不更妙？有了《诗经》的前身和后身作参考的资本，这研究《诗经》的企业，不更值得一做了吗？可是谁能梦想那笔横财，那样一个奇迹的实现！时空两方面推论的材料既都没有，所谓客观的标准从何建立起？尤其令人怅惘的，是"王者之迹熄而诗亡"。从《三百篇》到汉乐府，那一截诗的传统，万不该教它中断。（即令将《九歌》等零星的作品插进去，榫头还是斗不拢，这工作文学史家已经试过了。）损失有什么方法追偿？没有方法，只好用汉魏乐府（专指民间的），甚至六朝乐府来解释《诗经》。有人还说那很有用处。细想，是一句解嘲的话，说话的人自己还不知道呢。用汉后的民歌解释周初的民歌，民歌与民歌比，诚然有点益处，但周初与汉后之间，你望，一重的时间的雾可密着咧！这方法的危险，你要小心，恐怕是与它的便利一般大的。以上是第二桩困难。

可是，慢一点。汉与周之间，相去很远了。我们与汉之间呢？我们又准能懂汉人吗？果然能够，拿我们所懂的汉人去解释周人，已成问题，上文讲过了。设若不能，以我们所不懂的汉人去解释那更不好懂的周人，那还成话吗？头绪愈多，话愈不好讲。姑且把汉人一层注销了，现在专就我们和"诗人"立论，看究竟为什么我们不能懂他们。我想，这问题，幸与不幸，总归该文化负责。同是人，但我们与"诗人"，在品质的精粗上，据说相距那样远，甚至学者们有采用"文明人"与"原始人"两种迥殊的称呼的必要。

我们的官觉灵敏了，情感细腻了，思想缜密了，一切都变好了。二千五百年的文化将我们一步一步地改良到这样，我们能够一下子退得回去吗？虽然文化常常会褪色，忽然露出蛮性的原形，但那是意识，你那把门的失慎，偶然让蛮性越狱了。你则既不能直接调遣你的蛮性，又不能号令你的意识。总之，你全不是你自己的主人。文化既不是一件衣裳，可以随你的兴致脱下来，穿上去，那么，你如何能摆开你的主见，去悟入那完全和你生疏的"诗人"的心理！当然，这也是一切的文艺鉴赏的难关，但《诗经》恐怕是难中之难，因为，它是和我们太生疏了。况且纠纷还没有完，能不能是一端，愿不愿又是一端。你想，戴上了那"文明人"的光荣的徽号，我们的得意，恐怕也要使我们不屑于了解他们——那，便更难办了。以上是第三桩，也许最大的一桩困难，因为，这回我们的障碍物乃是我们自己。

有了这三重魔障，我承应下的这份工作，便真成为佛朗士所谓"灵魂的探险"了。我也许要领着你在时间的大海上兜了无数迂阔而纷乱的圈子，结果不但找不到我们的"三山"，不要连自己也失踪了吧！不过这险总是值得冒的。好罢，我将尽量地克服我的困难。

话不觉得谈了这样多，诗又不能讲了。下次定依你指定的范围与次第，开始讲《芣苢》。决不失信。

三 芣 苢

为方便起见，还是把原诗录在下面：

采采芣苢，薄言采之！采采芣苢，薄言有之！
采采芣苢，薄言掇之！采采芣苢，薄言捋之！
采采芣苢，薄言袺之！采采芣苢，薄言襭之！（《周南》之
八）

所遴选的几首诗中有着这一首，不知道你有何用意。疑难是属于文字的呢，还是文艺鉴赏的？但这两层也有着连锁的关系。比方说，一首诗全篇都明白，只剩一个字，仅仅一个字没有看懂，也许那一个字就是篇中最要紧的字，诗的好坏，关键全在它。所以，每读一首诗，必须把那里每个字的意义都追问透彻，不许存下丝毫的疑惑——这态度在原则上总是不错的。因此，这里凡是稍有疑义的字，我都不放松，都要充分的给你剖析。虽然我个人却认为《芣苢》之所以有讨论的必要，乃是因为字句纵然都看懂了，你还是不明白那首诗的好处在哪里。换言之，除了一种机械式的节奏之外，你并寻不出《芣苢》的"诗"在那里——你只听见鼓板响，听不见歌声。在文字上，唯一的变化是那六个韵脚，此外，则讲来讲去，还是几句原话，几个原字，而话又是那样的简单，简单到幼稚，简单到麻木的地步。艺术在哪里？美在哪里？情感在哪里？诗在哪里？——你该问。你这回读诗，我想，《芣苢》是凭着它的劣诗的资格，不是好诗的资格，而赚得你注意的。如果这样是你当时的印象，我毫不诧异。但这只是你的印象。对不对，还待商量。至于给你留下发生这印象的余地，似乎责任又该《芣苢》负。惟其如此，《芣苢》才有讨论的价值。因为《三百篇》里这样的诗很多，而《芣苢》又是其间最好的例，所以它便有提早讨论的必要。这首诗你果然选对了。

什么是"芣苢"？据《毛传》说是如今的车前。车前，听说北方山谷间颇多，但我没有见过，也许见过了，不认识。按植物家的说法，是一种多年草本植物。除了花是紫色的，小而且多之外，其余叶与花茎都像玉簪。夏日结子，也是紫色的，那因为成熟迟早不同，紫色便有从发赤到发蓝种种不同的色调，想必是很悦目的。"采采"二字便是形容这花子的颜色。本篇的"采采芣苢"，《卷耳》的"采采卷耳"，同《秦风·蒹葭篇》的"蒹葭采采"一样，全是形容词。《小雅·大东篇》"粲粲衣服"，《文选》注引《韩诗》作"采采衣服"。"采采""粲粲"是同纽相转的叠字，

"粲粲"又变为"璀璨""翠粲"等双声连绵词，都是颜色鲜明之貌。《列女传》曰"且夫采采芣苢之草"，刘向似乎认清了这两个字的词性。"采采芣苢"，若依毛、郑以及薛君读"采采"为动词，无论《三百篇》中无此文法，并且与下②的"薄言采之"的意义重复，在文法上恐怕也说不过去。极明显、极浅近的一件事，不知道为什么向来没有人说破。

芣苢的形状，你现在可以有点印象了。但是单知道它的形状，还不算真懂芣苢。学了诗，诚如孔子说的，可以"多识草木鸟兽之名"。但翻过来讲，"多识草木鸟兽之名"，未必能懂诗。如果孔子所谓"名"是"名实"之名，而他所谓识名，便是能拿"名"来和"实"相印证，便是知道自然界的某种实物，在书上叫作某种名字，那么，识名的工夫，对于读诗的人，决不是最重要的事。须知道在《诗经》里，"名"不仅是"实"的标签，还是"义"的符号，"名"是表业的，也是表德的，所以识名必须包括"课名责实"与"顾名思义"两种涵义，对于读诗的人，才有用处。譬如《麟之趾篇》的"麟"字是兽的名号，同时也是仁的象征，必须有这双层的涵义，下文"振振公子"才有着落。同样的，芣苢是一种植物，也是一种品性，一个 allegory。

古代有种传说，见于《礼含文嘉》、《论衡》、《吴越春秋》等书，说是禹母吞薏苢而生禹，所以夏人姓姒。这薏苢即是芣苢。古籍中凡提到芣苢，都说它有"宜子"的功能，那便是因禹母吞芣苢而孕禹的故事产生的一种观念。一点点古声韵学的知识便可以解开这个谜了。"芣"从"不"声，"胚"字从"丕"声，"不""丕"本是一字，所以古音"芣"读如"胚"。"苢"从"㠯"声，"胎"从"台"声，"台"又从"㠯"声（《王孙钟》、《归父盘》等器，"以"字皆从"口"作"台"），所以古音"胎"读如"苢"。"芣苢"与"胚胎"古音既不分，证以"声同义亦同"的原则，便知道"芣苢"的本意就是"胚胎"，其字本只作"不以"，后来用为植物名变作"芣苢"，用在人身上变作"胚胎"，乃是文字孳乳分化的结果。附带的给你提醒一件有趣的事。"荚苡"既与"胚胎"同音，在《诗》中这两个字便是双关的隐语（英语所谓 Pun），这又可以证明后世歌谣中以莲为怜，以藕为偶，以丝为思一类的字法，乃是中国民歌中极古旧的一个传统。

本来荚苡有宜子的功用，《逸周书·王会解》早已讲过（《周书》作"桴苡"，"桴""荚"同音字），说《诗》的鲁、韩、毛各家，共同承认，本草家亦无异议。只近人说《诗》才有放弃此说的。现在我把这观念的源头侦察到了，目的不定是要替古人当辩护，而是要救一首诗。因为，"荚苡"若不是一个 allegory，包含着一种意义，一个故事的 allegory（意义的暗号，故事的引线，就是那字音），这首诗便等于一篇呓语了。荚苡的故事，已经讲过了，很简单。它的意义，惟其意义总是没有固定轮廓的，便不能那样容易捉摸了。现在从两方面来解剖它。

先从生物学的观点看去，荚苡既是生命的仁子，那么采荚苡的习俗，便是性本能的演出，而《荚苡》这首诗便是那种本能的呐喊了。但这是何等的神秘！这无名的迫切，杳茫的勒令，居然能教那女人们热烈地追逐着自身的毁灭，教她们为着"秋实"，甘心毁弃了"春华"！你可以愤慨地说，"天地不仁，以万物为刍狗！,'但是你错了，你又是现代人在说话。

> 自是桃花贪结子，错教人恨五更风！

在桃花，结子是快乐的满足，光荣的实现，你晓得吗？对于五更风，她是感激之不暇的。结子的欲望，在原始女性，是强烈得非常，强到恐怕不是我们能想象的程度。不信，看《三百篇》便知道。例如《螽斯》、《桃夭》③、《椒聊》不都是这样欲望的暴露吗？这篇《荚苡》不尤其是母性本能的最赤裸最响亮的呼声吗？正如它的表现方法是在原始状态中，《荚苡》诗中所表现的意识也是极原始的，不，或许是生理上的盲目的冲动。

再借社会学的观点看。你知道，宗法社会里是没有"个人"的，一个人的存在是为他的种族而存在的，一个女人是在为种族传递并繁衍生机的功能上而存在着的。如果她不能证实这功能，就得被她的俦类贱视，被她的男人诅咒以至驱逐，而尤其令人胆战的是据说还得遭神——祖宗的谴责。环境的要求便是法律，不，环境的权威超过了法律。而"个人"偏偏是一种最柔顺的东西，在积威之下，他居然接受集团的意志为他个人的意志。所以，在生理上，一个妇人的母性本能纵然十分薄弱，可是环境的包围，欺诈与恐吓，自能给他逼出一种常态的母性意识来，这意识的坚牢性高到某种程度时，你便称它为"准本能的"，亦无不可。总之，你若想象得到一个妇人在做妻以后，做母以前的憧憬与恐怖，你便明白这采苤苢的风俗所含的意义是何等严肃与神圣。

这样看来，前有本能的引诱，后有环境的鞭策，在某种社会状态之下，凡是女性，生子的欲望没有不强烈的。可不要把它和性的冲突混杂起来，这是一种较洁白的，闪着灵光的母性的欲望，与性欲不同。虽然，除非你能伸长你的想象的触须，伸到二千五百年前那陌生得古怪的世界里去，这情形又岂是你现代人所能领会的！

知道了苤苢是种什么植物，知道它有过什么功用，那功用又是怎样来的，还知道由那功用所反映的一种如何真实的、严肃的意义——有了这种种知识，你这才算真懂了《苤苢》，你现在也有了充分的资格读这首诗了。

为着可以得点较道地的风味，你最好试试用古音来读它。当然目前我们对于三代的古音还是茫然的。暂时我们只好对付点，借用高本汉的方法，再参点个人的意见。这起码比 20 世纪的北平官话较为近古些。

'ts 'âi 'ts 'âi　p 'jwl 'i b 'âk ·ngien 't 'âi 't' si

（采采苤苢，薄言采之）

'ts 'âi 'ts 'âi p 'jwi 'i b 'âk ·ngien 'jiəu ·t' si

（采采芣苢，薄言有之）

顺手把几个较有问题的字义解释一下。"薄言"向来不曾有过确解。"薄"与"迫"通，《汉书·严助传》曰："王居远，事薄遽。""薄遽"即"迫遽"。"薄"本是外动词，"薄言"二字连用便成了副词成语。"薄言"即"薄而"，实际也就等于"薄薄然"，用今语说，就是"急急忙忙的"，"赶忙的"或"快快的"。"薄言"在《诗经》中，连本篇共见过十八次，都应该这样解释，没有半个例外。在本篇里，这两个字的意义尤有关系，一种迫切的情调，在字面上只有这点记载。《散氏盘》有这样一个字：

从艸从又（又即手），前人都释为"若"。唐兰说"若"《说文》训为"择菜"，即本篇"薄言有之"之"有"。这一说颇有道理，我想。本篇二章的"掇""捋"意义相近，三章"袺""襭"也相近，那么一章的"采""有"也应该是性质类似的两种动作了。《诗经》用字的式例确乎有这一种。

'tsâi 'tsâi ·p 'jwi 'i b 'âk ·ngien t' iwät ·t' si

（采采芣苢，薄言掇之）

'tsâi 'tsâi ·p 'jwi 'i b 'âk ·ngien liwät ·t' si

（采采芣苢，薄言捋之）

"掇""捋"两字现代语里还有，也许无须解释。其实从 t'iwät, liwät 两个声音上，你就可以明白那是两种多么有劲的动作。审音的重要性于此可见一斑。

‘tsâi ‘tsâi ·p ‘jwi ‘i b ‘âk ·ngien kiet ·ts’i

（采采芣苢，薄言袺之）

‘tsâi ‘tsâi ·p ‘jwi ‘i b ‘âk ·ngien kiet ·ts’i

（采采芣苢，薄言襭之）

"袺""襭"两字的区别，各家的训释不同。"袺"据《毛传》说是用手提着大襟，"襭"据解《毛传》的说是将大襟扎在衣带上，其实他的意思是说把东西装在两种衣兜里，一种动作叫"袺"，一种叫"襭"。但是《广雅·释器》曰："袺谓之襨，襭谓之裛"。襨本是衣袖下的口袋（现在日本人的衣服还有这东西），把东西装进襨里的动作，也可称"襨"。《管子·轻重戊篇》"丁壮者胡丸操弹"，"胡"即"襨"之初文，正是用为动词。"裛"即"怀抱"之"怀"的本字。《列女传》曰："始于捋采之，终于怀襭之，浸以益亲。"与《广雅》相合。这两种解释，我任你挑一种。

这会儿，你可以好好打口呵欠了。你可有点闷气不？我唠叨的也太久了。现在请你再把诗读一遍，抓紧那节奏，然后合上眼睛，揣摩那是一个夏天，芣苢都结子了，满山谷是采芣苢的妇女，满山谷响着歌声。这边人群中有一个新嫁的少妇，正捻那希望的玑珠出神，羞涩忽然潮上她的靥辅，一个巧笑，急忙地把它揣在怀里了，然后她的手只是机械似的替她摘，替她往怀里装，她的喉咙只随着大家的歌声哜着歌声——一片不知名的欣慰，没遮拦的狂欢。不过，那边山坳里，你瞧，还有一个佝偻的背影。她许是一个中年的硗确的女性。她在寻求一粒真实的新生的种子，一个祯祥，她在给她的命运寻求救星，因为她急于要取得母的资格以稳固她的妻的地位。在那每一掇一捋之间，她用尽了全副的腕力和精诚，她的歌声也便在那"掇"、"捋"两字上，用力地响应着两个顿挫，仿佛这样便可以帮助她摘来一颗真正灵验的种子。但是疑虑马上又警告她那都是枉然的。她不是又记起以往连年失望的经验了吗？悲哀和恐怖又回来了——失望的悲哀和失依的恐怖。动作，声音，一齐都凝住了。泪珠在她眼里。

> 采采芣苢，薄言采之！采采芣苢，薄言有之！

她听见山前那群少妇的歌声，像那回在梦中听到的天乐一般，美丽而辽远。

上面两个妇人只代表了两种主要的型类。其余的你可以类推。我已经替你把想象的齿轮拨动了，现在你让它们转罢，转罢！……

四 续论"芣苢"——单调，简单，不像诗吗

昨天信发过了，才记起还有几点应补充的，因为那与芣苢的鉴赏，颇有关系。

有人说《芣苢》太单调，老是那几句简单的话，完全不像诗。我举几条著名的单调的例：

> 江南可采莲，莲叶何田田，鱼戏莲叶间，鱼戏莲叶东，鱼戏莲叶西，鱼戏莲叶南，鱼戏莲叶北。

> 十三能织素，十四学裁衣，十五弹箜篌，十六诵诗书，十七为君妇，心中常苦悲。

> 何以致拳拳，绾臂双金环；何以致殷勤，约指一双银；何以致区区，耳中双明珠；何以致叩叩，香囊系肘后；何以致契阔，绕腕双跳脱；何以结恩勤，美玉缀罗缨；何以结中心，素缕连双铖；何以结相游，金薄画搔头；何以慰别离，耳后玳瑁钗；何以结欢愉，素纨三条裾；何以结愁悲，白绢双中衣。

我还可以继续的举下去，但没有那必要。反正你是明白了，单调不犯忌讳。《芣苢》所以不能引起你的兴趣，原因不在它的单调性。你若能懂上面的三个例，那是因为它们的背景，它们的情绪，它们所代表的意义，都和你熟识。譬如，拿采莲和采芣苢比，对于前者，你可以有多少浪漫的联想，美丽的回忆，整部的南朝乐府和无数的唐诗给它做注脚。但是后者，你若没有点古代社会，古代女性的知识，那便全是陌生，像不认识的字，没猜破的谜，叫你如何欣赏？

所谓简单，大概指文字简单而言。那更没有关系。Wordsworth 声言：

The dates on a tombstone spoke eloquently: and a parish register, without addition, touched the springs of sympathy and tears.

反正文字简单，意义不一定简单。甚至愈是简单的文字，力量愈大，因为字是传达意义的，也是限制意义的，假如所传达的抵不上所限制的，字倒是多一个，不如少一个。所以症结不在简单不简单，只看你懂不懂每个字的意义，那意义是你的新交还是故旧。如果是故旧，联想就多了，只须提一提它的名字，你全身的纤维都会震动，只叫一声，你的眼泪就淌。面生也不妨，只要介绍的得法，你的感情也会移入。"采采芣苢，薄言采之"，是何等惊心动魄的原始女性的呼声，如果你真懂了原始女性。

五　薏苡与芣苢，夏民族与周南

回信收到了。你问何以知道禹母吞的薏苡便是芣苢。答复如下：

薏苡便是马援从交阯回来，载了满车，被人误会为珠子的一种东西，据说："用能轻身寡欲"，《淮南万毕术》又说："门冬赤黍薏苡为丸，令妇人不妒。"看来，薏苡的功用与妇人怀孕不相干，甚至是相反的。所以知道禹母吞的，马援吃的，必是两种东西。但这只是一个反面的证据。

古籍中凡说到苤苢处，都说它有宜怀妊的功能（间或也有说治难产的），这与禹母吞薏苡而孕禹的传说正相合，薏苡即苤苢，渐有可能了。现在就假定禹母吞的薏苡便是苤苢。但"苤"何以变成"薏"呢？

其实"薏"当作"菩"，"意""啻"是截然两个字，隶书合而为一，大错。《说文》"菩"字在"苦"字后，两字形相近，大约本是一个字，"菩"即"苦"之繁文，或"苦"为"菩"之省体，后来因所从之"啻"与"意"相混，"菩"或书作"薏"，才与"苦"分家了。这又有什么证据呢？

《说文》"意"下曰"满也"，"陪"下曰"重土也，一曰满也"。又"噫"下曰"饱食息也"，"醅"下曰"醉饱也"。从"啻"的字有"满""饱"两义，从"音"的字亦然，这不是"啻""音"同字的明证吗？因此，我们知道"啻"字篆文作𠷷，许慎说从言从中，纯是附会。其实字形当作𠷛，从𠆢，下二"○"，与"音"篆𠆢下一"○"，相差有限了。𠆢即𠆢上加"·"（《王孙钟》"不"作"𠆢"，《齐陈曼簠》作"𠆢"），𠆢即"鄂（萼）不韡韡"及"华（花）不注（柱）山"之"不"，后世称为"花跗""花趺"，今人称为"花萼"，到结子时，萼又托着子，又可以称为蒂了。（𠆢亦从𠆢，字又通作"啇"，下有口，与"薏""菩"亦同义。）这里"薏""菩"两字所从的"𠆢"应专指蒂言，"○"是代表花子的，两个"○"自然表示子多的意思。许慎说𠷷从言从中，形既错了，义便不能不附会了。"啻"字他既不懂，"音""菩"两字的意义自然也摸不着。说"音"是"相与语，唶而不受也"，固然离题太远，训"菩"为"菩艸"，也不见得是本义。其实，"音""菩"与"蓓蕾"之"蓓"不过是一个字在形体上的祖孙三代。而蓓字从"倍"更值得玩味。《墨子·经上篇》曰：

"倍为二也。"这与"喜"从二"〇"，以及"陪"训重土，如果不是巧合，那么，我说"喜"即"菩"字，恐怕也不算牵强了吧？二为双数，成双就多了，于是"意"训满，"陪"亦训满，饮食满则饱，于是"噫"训饱，"醅"亦训饱。头头是道了。

"喜""音"既都从"不"，薏苡或菩苡便是茉苡，自然不成问题。事实太显著，证据举得太多了，反现着滑稽。挑两个最醒豁的例《说文》"鬐，发貌"，《西京赋》"猛毅髭髯"，字作"髻"。"丕""不"本是通用字，而鬐字一作髻，可知"音""不"也是通用字了。这是茉与菩通的佐证。"倍"为双数，"陪"为重土（皆见上文），而《说文》"坏"下曰："𡈼再成（重）者也"，"秠"下曰"一稃二米也"，岂不又是"茉"与"菩"通的一个证例吗？但是"喜"从双"〇"，有"双"义，岂不又与"坏""秠"同例吗？然则"茉""薏"相通，也有凭据了。（《籀侯敼》"不"字作"𢆶"，实即"薏"省去底下的"〇"，又将中间的"〇"填满了。"𢆶"〔丕〕则又将顶上的一点省去了。这都是"茉""喜"同义的证据。）

弯子不能不绕大点，否则结论不结实。总之，"薏""菩""茉"形体只有繁简的区别，而声与义则完全相同，我说三个字本是一个字的化身，你现在信了吗？

前次信里说，茉苡宜子的信仰，是打禹母吞茉苡的传说来的。其实这一层你也可以追问，因为我上次并没有充分的讨论。

首先，禹母吞薏苡的传说，仅见于汉以后的书，为郑重起见，似乎还需要点实证。这只要把"姒""苡"二字间的关系确定一下就成了。《说文》"已"下引贾侍中曰"薏已实也"。可见"薏苡"一称"薏已"，"已"即"苡"字，而刘师培在《姒姓释》（《左盦集》五）里又很严密地证明了"姒"与"已"本为一姓。然则姒姓的"姒"即薏苡的"苡"，就在"姒"通作"已"，"苡"亦通作"已"的事实上，可以证明了，换言之，两"已"字碰头了，即等于"姒"与"苡"碰头了。还有一个旁证。殷的先祖简狄吞燕卵而生契，而殷人姓子。"子"的籀文作🔥，"孳"的籀文作🔥（并见《说文》），而燕的篆文作🔥，可知殷人姓即"燕"字。契母吞燕卵而生契，殷人即姓燕，与禹母吞薏苡而生禹，夏人即姓姒，正是同类。

因吞薏苡而怀妊，确乎是夏人祖先的故事，这已经无问题了。因求子而采苤苡，与因吞薏苡而怀妊，两件事实的从同性也够明显的了。不过说这两件事之间，有着可能的因果关系则可，说是有必然的因果关系，则嫌早点，除非马上提出证据来。你可以这样的抗议。对了。这一点极有关系，尤其是对于古史。如果承认了采苤苡的风俗是从禹母的传说来的，那不啻也承认了《周南》的作者，是夏禹的苗裔。（现在我们已经涉入历史的范围了，你对于这方面也有兴趣吗？）正是，我的意见正是如此。我想，汤放桀于南巢，当时桀不但是带着妹喜一同走的，并且连他的人民——他的宗族，也带走了。（不如说是被汤哄走的；你知道这类事是有着极大可能性的，如果你还记得原始社会的状态。）这因被压迫而南窜的夏民族，日子久了，定会把他们祖宗的籍贯也搬来了，于是禹便成了南方人。这当然只是一种假设（我再声明一遍，这是暂时的假设！），但这样倒可以解释为什么许多禹的故事产生于南方，而《周南》中有着《苤苡》这样一首诗，正可以我的假设互相参证。退一步讲，《周南》的作者纵不必定是夏的嫡裔，至少，他们与这虽衰落而确是先进的民族为邻，在习俗上多少受点熏染，是极自然的事。《周南》的作者至少也是夏民族的近亲。但我似乎不必退这一步。《吕氏春秋》帮了我一个证据：

> 禹行，窃（原作功，从吾友许维遹先生校改）见涂山之女，
> 禹未之遇而巡省南土。涂山氏之女乃令其妾待禹于涂山之阳。女

乃作歌，歌曰："候人兮猗！"实始作为南音。周公及召公取风
焉，以为《周南》《召南》。（《音初篇》）

这点材料暂时保留在这里，不加论断。问题很复杂，等材料收得较充足时
再讨论。夜深了。我得搁笔。

六　闲　话

这几天太忙，讲诗的课程只得脱一期。今天和一位朋友讲《诗经》，
讲到下面几句话，现在写给你，聊当交卷。其实也没有多大价值。

汉人功利观念太深，把《三百篇》做了政治的课本；宋人稍
好点，又拉着道学不放手——一股头巾气；清人较为客观，但训
诂学不是诗；近人囊中满是科学方法，真厉害。无奈历史——唯
物史观的与非唯物史观的，离诗还是很远。明明一部歌谣集，为
什么没人认真的把它当文艺看呢！

七　狼跋与周公

狼跋其胡，载疐其尾——公孙硕膚，赤舄几几。
狼疐其尾，载跋其胡——公孙硕膚，德音不瑕。
（《豳》三七）

在某种心理状态之下，人们每喜从一个对象中——例如一部古书——
发现一点意义来灌溉自己的良心，甚至曲解了对象，也顾不得。这点方便

像是人人的权利。旧时代中有理想的政客，和忠于圣教的学者，他们自然也各有权利去从《诗经》中发现以至捏造一种合乎他们"心灵卫生"的条件的意义。便是在这种权利的保障之下，他们曾经用了"深文周纳"的手术把《狼跋》说成一首颂扬周公的诗。从一方面看，这也不能不算一种光明磊落的企图，谁敢菲薄？即使今天还有人维持他们那种论调，也不算奇怪。只是，万一我个人的看法有些不同，朋友，那便得求你原谅。我，也有我的良心，而灌溉的方法也不见得只限于一种。如果与那求善的古人相对照，你便说我这希求用"《诗经》时代"的眼光读《诗经》，其用"诗"的眼光读《诗经》，是求真求美，亦无不可。至于当我为一个较新的观点申诉理由时，若有非难旁人的地处，请你也记住，我的目的是要扎稳我自己的立足点，我并不因攻倒前贤而快意。这点动机上的微妙的差别，也不要忽略了才好。

《狼跋》之所以和周公发生关系，根本的原因，前面已经提过。不过但有原因，没有机会，上述的那种论调还是不会成立的。促成《狼跋》和周公发生关系的机会，我想是这样的。《豳风》里有一首诗（《破斧》）分明说到了周公，另外一首（《东山》）也确乎与周公有关系，这现象，对于一般为着一种使命过分热心的人，是个含有大量引诱性的暗示。好容易碰到了圣人，还不好生利用一顿？于是在他们踌躇满志之中，全数的《豳》诗便不觉都划归周公了，《狼跋》是《豳》诗之一，自然不在例外。

其实呢，《国风》里与《狼跋》格调最近的一首诗，是《秦风》的《终南》，要辨识《狼跋》，最好是以《终南》为借镜。

> 终南何有？有条有梅。君子至止，锦衣狐裘，颜如渥丹，其君也哉。
>
> 终南何有？有纪有堂。君子至止，黻衣绣裳，佩玉将将，寿考不忘。

　　这一望就知道是一首"羌无故实"，泛泛的恭维某位贵族的诗。"公孙"便等于"君子"，"德音不瑕"便等于"寿考不忘"，此外则两边都有一番关于容仪与服饰的描写。《狼跋》的格调与《终南》一样，意义也实在不比《终南》多。《狼跋》的"公孙"究竟是谁，我们是无法知道的，正如我们不能实指《终南》的"君子"是谁一样。《鲁颂·閟宫篇》有"周公之孙"，《商颂·那篇》有"汤孙"，"孙"的意义都是广义的胤嗣，不专指"子之子"。这里公孙虽未尝不可如毛说指成王，或如郑说指周公，但周公也好，成王也好，《诗》中既无确证，我们倒不如安分点，仅仅说他是某一位公孙——不必是成王，也不必是周公。换言之，"公孙"两字若必须加以解释的话，最多也只能说是"豳公之孙"，至于那位豳公之孙，或豳公的那位孙，乃至几世孙，那恐怕都是些永世的秘密。总之，就诗论诗，我们实在无法知道公孙是谁，为诗论诗，恐怕也无须知道。倒是公孙究竟属于哪个典型中的人物，他的仪表，他的姿态，他的服饰，乃至他的性情等等，若能寻出个头绪来，这不比仅仅把史乘上的一个人名加在公孙身上，来得更有意义，更有趣味得多吗？

八　狼跋——一幅 Caricature

　　《终南》和《狼跋》同是就丰采的摹绘上来赞美一位贵族，区别只在《终南》是一幅素描，《狼跋》是一幅 Caricature 而已。要明了《狼跋》的这个特质，首先应明了"公孙硕肤"的"肤"字。《毛传》训"硕"为大，训"肤"为美，"公孙大美"似乎没多大意义。据《说文》，"肤"是"臚"的籀文，而金文中"臚"作"膚"，"鑢"作"镥"，卢国之"卢"作"簬"作"籚"，这里"臚""膚"同字的铁证。《艺文类聚》四九引《释名》曰：

[鸿胪]：腹前肥者曰臚，此主王侯及蕃国，言以京师为心体，王侯外国为腹臚以养之也。

《诗》中"膚"字的意义，与"鸿胪"之"臚"正是一样。"硕膚"也与"鸿胪"一样，译作近代语，便是"大腹"。《易林》中还有佐证。《震之恒》曰：

老狼白玂，长尾大胡，前颠从踬，岐人悦喜。

《寨之剥》"玂"又作"驢"。驢狼不同类，"驢"字和"长尾大胡"也黏不拢，其为讹误，不必深辩了。但玂字也不对。玂是犬名，与狼虽可并称，但"白玂"二字连用，却是不可能的。因为，玂是黑犬。"玂"字诸书多省作"盧"，《文选·西京赋》"韩盧噬于綵末"，《注》曰："韩盧，犬，谓黑色毛也。""盧"是"臚"之省，《说文》、《广雅》(《释器》)均训"臚"为黑。玂是黑犬，正如壚是黑土(《汉书·地理志》上《注》，《楚辞·思古篇》注)，瀘是黑水(《后汉书·光武纪》上《注》)，櫨橘是黑橘(《汉书·司马相如传》上《注》引晋灼说) 鸕鷀是黑鸟(《文选·南都赋》注引《苍颉》，《一切经音义》十九引《字林》)，"臚"、"壚"、"瀘"、"櫨"皆可省作"盧"，也正如"玂"亦可省作"盧"。玂既是黑犬，决没有称白玂的道理。况且《易林》的蓝本是《诗经》，《诗》中只有狼无玂，"玂"若不是"臚"之讹字(实即《毛诗》的"盧"字)，它的来历又在哪里呢？《易林·讼之小过》有"青牛白咽"之语，句法与"老狼白臚"一样。凡兽类无论背上的毛色是什么，项下与腹部总是白的，"老狼白臚"，"青牛白咽"，正是作者观察周密的地方。这也是《易林》的"玂"当作"臚"的旁证。(《易林》的作者是学《齐诗》的，《齐诗》作"臚"，而《毛诗》作"膚"，毛用"古文"，这里又添一个证据了。)

膚字的意义既经确定了，再拿《诗经》的"公孙硕膚"与《易林》的"老狼白臚"两相印证，便知道诗意是以狼比公孙，而《毛传》以为狼"兴"周公，公孙指成王，分为二人，必是臆说了。但是以跋胡疐尾的狼比公孙，所比的究竟是公孙的哪一方面呢？线索我想是在"赤舄几几"一句里。《诗》中关于公孙的装束，别的都不提，单说了脚上那双"几几"的"赤舄"，这似乎不是仅仅拿"趁韵"的理由来解释得了的。在一个人的服装中，鞋不是最打眼的一部分，除非你是在注意他走路的姿态。此诗上文以跋胡疐尾说明老狼行步艰难，下文即描写公孙的赤舄，可知诗意是以狼之跋胡疐尾形容公孙的步态。一只肥大的狼，走起路来，身子作跳板（seesaw）状，前后更迭的一起一伏，往前倾时，前脚差点踩着颈下垂着的胡，往后坐时，后脚又像要踏上拖地的尾巴 4——这样形容一个胖子走路时，笨重、艰难，身体摇动得厉害，而进展并未为之加速的一副模样，可谓得其神似了。

但是，如果你肯推敲下去，你许要疑心，一位公孙是何等的尊严，被比作一条野兽，不嫌亵渎吗？这又是你现代人过虑了。比方我说，有一位女郎，居然美到这样：脖子细长细长的，像一条某种白色的幼虫，或是头发的样式像蝎子尾巴似地往上钩着，这不要把你吓得连汗毛都竖起来？可是，当诗人唱着"领如蝤蛴"（《卫·硕人》）或"卷发如虿"（《小雅·都人士》）的时候，你知道，他是在用着他最奢侈最得意的语言来歌颂他所爱慕的女子。这种隔离式的思维习惯，似乎也是一件遗失了的传统，而为现代人所缺乏的。在"诗人"看来，以蝎尾比妇人的发，所讲的本只是蝎尾与发的形状，为什么要牵连的问到妇人的德性与蝎的德性有无相似之处呢？同样的，以狼比公孙的步态，也决不会牵涉到狼的德性上头去，而因此发生污蔑公孙的人格的嫌疑。所以诗中尽管一面讲到"狼跋其胡，载疐其尾"，一面还可以说"德音不瑕"，而不嫌其矛盾。况且这首诗整个的氛围是幽默的，把公孙比作一只狼，正是开玩笑。惟其是开玩笑——善意的开玩笑，所以纵然话稍过火点，"言之者"还是"无罪"。总之，你所疑虑的这点，是决不会真成问题的。

九　公孙的装束

感谢这"尚文"的周人，他们的——尤其他们贵族的生活，可说完全是一套公式，这便给今天研究他们的人省了大劲了。既然什么人，在什么时候，穿什么衣裳，配什么帽子和什么鞋子等等，是有一定的，那么由局部推到全体，知道了公孙穿的是赤舄，便知道他其余的服饰是什么了。公式是"衣与冠同色，带与衣同色，裳与韠同色，履与裳同色"。公孙的舄既是赤色的，他的裳与韠当然也是赤色的。（《小雅·车攻》的"赤芾（韠）金舄"，便是一个实例，因为古代称黄朱色为赤，金舄也便是赤舄了。）另一道公式：赤舄必须配衮冕，即所谓"冕服"，而"冕服"的彩色的分配，总是"上玄下纁"（纁即赤色）。知道公孙的韠裳与舄是赤色的，便知道他的冕，衣与带必是玄色了。（这在《诗经》中也有着实例，《大雅·韩奕》曰"玄衮赤舄"，衮即是衮衣。）总述一遍：头上有冕，脚下有舄，身上有衮衣，有裳。衣裳之间加带，在前面的正中，带上垂着韠，带及由带以上都是玄色的，带以下都是赤色的，此外，不要忘记还有耳旁的瑱，腰间的佩，这都是玉的。这样便是我们公孙的装束。你想象去罢！细密的描写起来，我没有那支笔，也太嫌麻烦。

不过，那所谓赤舄者，既为诗人所特别提到的，就不能不详细的谈谈。

舄是屦之一种。古时的屦大致和现下的草鞋相仿佛。一种讲究的，皮质，以丝为饰（即"繶"、"纯"、"絇"），而底中又衬着木头的屦，便叫做舄。繶便是帮底接缝处的一道绲旁，纯便是绲口。絇是一条丝线打的带子，从屦头弯上来，成一小纽，"状如刀衣鼻"，超出屦头三寸；絇上有孔，从"后跟"牵过来的"綦"，便由这孔中通过，又绕回去，交互的系在脚上。我想旧式鞋上的"鼻梁"正是古代绚的遗制。诗中"几几"二字，便是形容这绚的弯曲之貌的。然而《晏子春秋·谏下篇》有一段记载：

> 晏公为屦，黄金为綦，饰以组，连以珠，良玉之绚，其长
> 尺。

绚可以用玉制，又那样长，这可古怪了。也许齐景公的屦是例外？也许我们公孙的屦绚也比寻常的长，长到令人特别注意的地步，因此诗人于叙述公孙的服饰时，其所以单举赤舄，不提别的，这也是其间的一种原因？这些疑团我却无法解决了。

你见过些古代帝王的画像吗？姑且回忆一下罢。如果画像是有设色的，就给它想象上一套强烈的颜色，上半截玄青，下半截橘红（两截上当然都有的是粗糙而奇诡的花纹），再加上些光怪陆离的副件的装饰物，然后想象裹着这套"行头"的一具丰腴的躯体，搬着过重的累赘的肚子，一步一步摇过来了——那，你只当就是咱们的公孙好了。这回换上全副"冕服"的公孙，也不知道是干什么来的。论理，"冕服"是最隆重的典礼（如祭祀，婚姻等）时才能用的，但诗人既没有明白的告诉我们，文字又没有十分值得利用的线索可寻，所以这回的事，我们也便无法推测了。

十　公孙的性情和关于狼跋的作者的一个假设

我曾经说《狼跋》是一幅 Caricature，其实那便等于说，诗人对于公孙，是取着一种善意的调弄的态度。这种态度，固然证明了调弄者——诗人的幽默，同时尤其昭示着受调弄者——公孙也必是富于幽默的。公孙自

己必是"宽兮绰兮……善戏谑兮",和《淇奥》的君子一样,诗人才敢对他开那种玩笑。如果常识的论断不错,一个肥腯的身体,常常附带着一个和易的,滑稽的性情,那么,我们公孙的"心广",不也就可以从他的"体胖"上得着证明了吗?

然而公孙虽好说法,毕竟有他的尊严,谁敢在公孙面前嬉皮笑脸,除非是和他十分亲昵,而身份又与他相当的人?关于这一点,"德音不瑕"一句中似乎藏着一点消息了。先认识"瑕"字吧。马瑞辰说:

> "瑕""假"古通用。《尔雅》"假,已也",《思齐》诗"烈假不瑕",笺"瑕,已也",正义以为《雅诂》④文。是"假"通作"瑕"之证。"德音不瑕","瑕"正当读"假",训"已",犹《南山有台诗》云"德音不已"也。

不过证例还不只此。《有女同车》的"德音不忘",王引之读"忘"为"亡",训为"已",《小戎》的"秩秩德音",《毛传》训"秩秩"为"有常",有常亦即不已。这些与"德音不瑕"句法一样,不也是"瑕"当训为"已"的旁证吗?索性把《三百篇》里所有带"德音"的句子,都排列出来,审查一下。

> 乃如之人兮,德音无良。(《邶·日月》)
>
> 德音莫违,及尔同死。(《邶·谷风》)
>
> 彼美孟姜,德音不忘。(《郑·有女同车》)
>
> 厌厌良人,秩秩德音。(《秦·小戎》)
>
> 公孙硕肤,德音不瑕。(《豳·狼跋》)
>
> 我有嘉宾,德音孔昭。(《小雅·鹿鸣》)
>
> 乐只君子,德音不已。……乐只君子,德音是茂。(《小雅·

南山有台》)

间关车之辖兮，思娈季女逝兮，匪饥匪渴，德音来括。(《小雅·车攻》)

既见君子，德音孔膠。(《小雅·隰桑》)

维此文王，帝度其心，貊其德音，其德克明。(《大雅·皇矣》)

威仪抑抑，德音秩秩。(《大雅·假乐》)

看出了没有？除了《狼跋》之外，十一首有"德音"字样的诗中，六首毫无问题是男女相赠的诗。《日月》是妻怨夫之词，《谷风》是弃妇别夫之词，《有女同车》是男子（亲迎时?）赠女之词，《小戎》是妻念役夫之词，《车辖》与《有女同车》同性质，而词意尤为明显，《隰桑》与《国风》中的《汝坟》、《草虫》、《风雨》等篇（也许还可加入《车邻》及《唐·扬之水》）口气一样，自然也是妻赠夫之词。（鲍照《绍古辞》"石席我不爽，德音君勿欺"，正与以上诸义相合。）另外四例，《鹿鸣》欢燕宾客，《南山有台》及《假乐》赞美君子，《皇矣》歌颂文王，皆与男女无涉。以上显然表示"德音"这个词汇有两种用法，一是专门用于男女——夫妇之际的，一是普泛的用法。《狼跋》里的"德音"究竟该属于哪一种呢？若依多数表决的原则来取决，六与四之比，第一种——男女之际的用法，无疑的是占了优胜。但多数不一定就是对的，所以我并不根据这层理由来判定《狼跋》的"德音"应解作表明夫妻间对待关系的一种成语。我们要进一步的研究。

见于《国风》的五次"德音"，居然有四次是用为表明男女关系的，其余一次（即见于《狼跋》者）尚在疑似之间，所以确然当解为普泛的用法的，可说一次也没有。反之，见于二《雅》的六次"德音"（《南山有台》一诗中两用，只算它一次）倒有两次与《国风》的用法相同，其余两次才是普泛的用法。这现象分明告诉我们，《国风》中的用法是近于统一的，而二《雅》则分歧了。分歧的现象不见于《风》，而见于《雅》，这是什么缘故？

有人说《雅》的产生晚于《风》，凡《雅》诗与《风》诗雷同或肖似的地方，都是《雅》剿袭或模仿《风》的地方。如果这话是可信的，那么，"德音"这个词汇，惟其是《雅》剿袭《风》，所以有时竟或有意或无意变通了，扩张了它的用法。"德音"二字的正解，这样看来，与其向后起的、仿造的《雅》诗中寻绎，不如向先进的、老牌的《风》诗中去寻绎为可靠，而《狼跋》中的"德音"，则与其依一部分《雅》而解为普泛的祝颂之词，又不如依大部分《风》和一部分《雅》而解为专用作表明夫妻间对待关系之词了。

上面的推测若能成立，《狼跋》的作者岂不是一位女子——具体点说，便是公孙的妻吗？果然如此，诗中讲话的便不是外人，而是我们公孙自己的"德配"，难怪她放肆到那样，而不犯忌讳呢！有了这层保障，再回头看，以狼比公孙的盖然性也便更大了。

你所选定的这几首诗，老实说，都有点"难"人。关于《狼跋》，在没有办法中，我算勉强应命了。但这回我实在走了不少的险路，而在最后一点上所用的那种连环式的推论法，我尤其为它捏一把汗。如果你是胆大的话，你不妨承认它为一种有趣味的假设，虽然我并不十分怂恿你。新近读到法人兰松所著《文学史方法论》的译文（《文史》第一卷第一、二两号），作者在那里为了一种现象愤慨着说："法国近代文学是种种臆想的戏院，是种种狂热的战场．并且……也是种种惰性的逋逃薮。"我想，我在研究《狼跋》的历程中，把《诗经》当作"臆想的戏院"的嫌疑容或有之，但万万没有借它为我的"惰性的逋逃薮"，因为在拟定假设之后，我仍是极乐意耐烦的，小心的，客观的搜罗证据，是不是？希望你对于我的观点与我的方法，尽量的发表意见。

十一　布置椓代，何用施敬?

《周南》之七《兔罝》:

> 肃肃兔罝，椓之丁丁——赳赳武夫，公侯干城。
> 肃肃兔罝，施于中逵——赳赳武夫，公侯好仇。
> 肃肃兔罝，施于中林——赳赳武夫，公侯腹心。

子题所引的是欧阳修的话。"肃肃"二字当然是形容兔罝的。毛只训"肃肃"为"敬"，但未说明是讲什么的。诸家大概因为"恭敬的兔罝"太不通了，为避免太不通，不得不将就次不通，这才把"肃肃"二字贴到装兔罝的人身上去。不知道一个猎夫工作时的姿态，有什么恭敬不恭敬? 恭敬是怎样作法，不恭敬又是怎样? 欧阳修首先揭破这一层，是很对的。俞樾据《文选·西京赋》"飞罕潚箭"，薛综注曰"潚箭，罕形也"，而《说文》又训"罕"为"网"，便以为"肃肃"即"潚箭"，是形容兔罝的。这却好多了，但还是不对。《说文·木部》曰"梀，长木貌"，《尔雅·释木》"梢，梢擢"，郭注曰"谓木无枝柯，梢擢长而杀者"，又《说文·虫部》曰"蟏蛸，长股者"，《尔雅·释虫》亦曰"蟏蛸，长踦"。诸肃声肖声的字，分为单字或合为谜语，皆训为长貌，则"潚箭"当然也是长貌了。罕是有长竿作柄的一种网，所以曰"潚箭飞罕"。捕兽的罝并没有柄，与捕鸟的罕不一样，如何能说"肃肃"的含义便等于"潚箭"呢?

然则罝究竟是个什么形状呢? 陈奂说罝即罠。罠是什么呢?

> 《说文·网部》:"罠，网也，从网昬，昬亦声，一曰绹也。"
> 又:"罠，网也。罠，《逸周书》:'不卵不罠，以成鸟兽。'罠者

羅兽足也，故或从足。"

《一切经音义》二引《三苍》："罥，古文作羅。"又十引
《声类》："罥，以绳系取鸟兽也。"

《周礼·冥氏》注："弧张罝罘之属，所以局绢（罥）禽
兽。"《翨氏》注："置其所食之物于绢（罥）中，鸟来下，则掎
（羈）其脚。"

《容斋随笔》："麂行草莽中，畏人见其迹，但循一径，无问
远近也。村民结绳为缳，置其所行处，麂足一纬，则倒悬于枝
上，乃生获之。"

这样看来，今俗语所谓"落圈套"的圈字即缳之讹变。缳一名招，

《孟子·尽心下篇》："今之与杨墨辩者，如追放豚，既入其
苙，又从而招之。"（赵岐注："招，罥也。"孙奭《音义》："罥
谓羈其足也。"）

一名檠，

《广雅·释器》："其罥谓之檠。"《初学记》二："檠者，以
纶为之。"

又名系蹏，

《战国策·赵策》三："人有置系蹏者，而得虎。虎怒，决蹯
而去。虎之情非不爱其蹯也，然而不以环寸之蹯害七尺之躯者，
权也。"（廷笃注："系蹏，兽绊也。"）

系蹄一作系绁,

> 《说文·系部》:"绁,系绁也。"

或作系罤,

> 陈琳《檄吴将校部曲文》:"系罤在足,则猛虎跑(抛)其
> 蹯。"(《北堂书钞》四四引曹羲《肉刑论》亦有此语,罤误为
> 號。)
>
> 《庄子·外物篇》:"罤者所以在兔,得兔而忘罤。"(《释
> 文》:"罤,兔罥也,系其脚,故曰罤也。")
>
> 《文选·吴都赋》:"罠罤连网。"

绳子绊住兽脚,兽还可以拖着绳子逃走,所以必须要一种坚定的东西带住
它。《容斋随笔》所载村民的办法是将绳子系在树上,所以说"麂足一绁,
则倒悬于枝上。"《周南》的猎人则在地上钉一根木橛子,把绳子系在橛子
上。《毛传》训"丁丁"为"椓杙声",据《尔雅·释宫》郭注,杙便是
橛子。

　　罝要既是那么一种东西,而"肃肃"是形容罝的。所以这两字还是马
瑞辰说得对。

> 　　肃宿古通用字,《少牢馈食礼》郑注"宿读为肃"是也。肃
> 亦训缩,《豳》诗"九月肃霜"《毛传》"肃,缩也"是也。肃肃
> 盖缩缩之假借。《通俗文》:"物不申曰缩。"兔罝本结绳为之,言
> 其结绳之状则为缩缩。……《尔雅·释器》"拘谓之救,律谓之

分", 王观察云: 《尔雅》系二者于释罗网之后, 盖罗网之属。律当作率, 《说文》"率, 捕鸟毕也", "毕, 田网也"。今案王说是也。救之言纠结也, 分之言纷乱也, 与此诗肃肃为兔罝状义相近。

马氏说缩缩是结绳之状, 最有见地。《尔雅·释器》曰"缩谓之绳"(今本作"缩之谓之绳之", 郝氏云二"之"字衍), 缩是绳之状, 故绳亦谓之缩。又《释诂》曰"缩, 乱也", "貉缩, 纶也"; 貉缩即缩, 纶即乱《释诂》这两条的性质完全相等。因为, 纶即纷纶, 纶乱一声之转, 纷纶即纷乱。纶是绳纷纶之状, 故绳亦谓之纶, 犹之乎缩是绳貉缩之状, 故绳亦谓之缩。名词的缩等于纶, 则形容词的貉缩即等于纷纶了, 所以马氏又谓《尔雅》"律(率)谓之分", 分即纷乱之纷, 也是极对的。总之, 《尔雅》的"貉缩", 《诗经》代替"缩缩"的"肃肃"仅有叠韵谜语与叠字谜语之分, 其意义皆为绳索纷乱之状, 却是毫无可疑的了。

缩字在《诗经》里虽然少见(只《大雅·绵》篇见过一次), 实际上却出现了好几次, 不过都是带着旁的字形的面具, 令人一时不易认识罢了。就我现在所侦察到的, 《诗经》里至少有三篇诗用过"缩"字的意义, 而字形却都写作"肃"。《唐风·鸨羽篇》"肃肃鸨羽", "肃肃鸨翼", "肃肃鸨行(胻)", 《小雅·鸿雁篇》"肃肃其羽", 以及本篇"肃肃兔罝"都是除非认作"缩缩"的借字, 决无法讲通的。(《鸨羽》《鸿雁》两篇的缩当训为《通俗文》"物不申曰缩"之缩, 与本篇小异。)

十二 赳 赳

经文明明说"赳赳武夫", 何须作传者再训"赳赳"为"武貌"?"赳赳"如果须要训释的话, 应该说得较明确较具体点。《说文·女部》曰

"嬢，竦身也，读若起起葛屦"。案《魏风·葛屦篇》"起起葛屦"的起起即《豳风·狼跋》篇"赤舄几几"的几几，都是屦绚上竦之貌。绚绚即嬢嬢，亦有上竦之义，与起起同，所以《后汉书·桓荣传》注及《诗考》引本篇正作"纠纠武夫"。再者，《广雅》（《释诂》四）"嬢""起"皆训"材"，材即《说文》训"起"为"轻劲有才力"之才，然则"起起"三家诗或许有作"嬢嬢"的，也说不定。《说文》起下又曰"读若铦"，铦下曰"似鼎而长足"，足长则身体高，高与上竦之义亦相近（铦所以得声的乔，《汉广篇》毛传正训为"土竦"）。总之，高高的身材，胸膛挺得笔直，这才是"起起"二字的确解，也便是这位武夫的仪表。

十三　中逵——中林

中逵即逵中。逵字毛训为"九达之道"，薛君训为"九交之道"。九是虚数，不当泥看。《淮南子·说林篇》"杨子见逵路而哭之"，逵路即歧路。中逵便是众路交叉之点。至于罝何以要施于逵中，这只看前面所引《容斋随笔》的话便明白了。

打猎当然在林薮中，所谓"逵"也正是林中的迷离惝怳的小蹊。"中林"二字本是无可说的。马瑞辰却引《尔雅》"牧外谓之野，野外谓之林"与夫《野有死麕》、《株林》两诗皆以"林"、"野"对言的例，硬说"中林"与"中逵"为一类，意以为称"林"不必有林木，这真奇怪了。

其实野之古文作埜，金文（《克鼎》）作壄，然则野实在也是林，所以他应用"林"字说"野"字，不当以"野"字说"林"字。并且这诗中的林，恐怕还是那充满了神话的太始的森林，幽邃而黯淡：

> 冈兮沕，憭兮栗，虎豹蚗，丛薄深林兮人上栗……树轮相纠
> 兮林木茷骫，青莎杂树兮薠草靡靡。

这样的林子，如今国内少有了，当时想必遍地皆是。

十四 干城——好仇——腹心

毛训干为扞，不妥。干即是盾，所以"干城"二字郑皆读为名词，解之曰"干也，城也，皆以御难也"。一章曰"干城"，三章曰"腹心"，都是两个并立的名词，二章的"好仇"，不能是例外。"好"当读为《卫风·木瓜篇》"永以为好也"之"好"。仇训匹，好亦当训匹，二字是并立的。本篇的"好仇"与《关雎》篇的"好逑"两个好字，向来都误为形容词，这在文义上虽无大关系，末篇（《郑笺》曰"敌国有来侵伐者，可使和好之"，读为动词，太可笑）从修辞学上看，却很有辨明的必要了。至于"公侯好仇"之义，则陈奂讲得最好，虽则他是仍然读仇为形容词的。

> 匹当读"率由群匹"之匹，《假乐》笺云："循用群臣之贤者，其行能匹耦已之心。"昭三十二年《左传》："史墨曰：物生有两，有三，有五，有陪贰，故天有三辰，地有五行，体有左右，各有妃耦，王有公，诸侯有卿，皆有贰也。"《晋语》"国人诵之曰：若狄公子，吾是之依兮，镇抚国家，为王妃兮"，韦注云："言重耳当伯诸侯，为王妃耦。"《汉书·董仲舒传赞》："伊吕乃圣人之耦。"《文选》扬雄《甘泉赋》："搜述索偶，为伊之徒，冠伦魁能。"并与诗仇字义同。

"公侯腹心"即与公侯一体之意，比"公侯好仇"的语意更深一层，犹之乎，"好仇"比"干城"也深一层。《左传·成二十年》"略其武夫以为己腹心，股肱，爪牙"，正以"股肱"释"好仇"，以"爪牙"释"干城"。《毛传》释"公侯腹心"为"可以制断公侯之腹心"（"制断"即"裁断"，"裁断"犹"忖度"，即《小雅·巧言篇》所谓"他人有心，予忖度之"之意），似乎说得稍远一点。然而后来解释《毛传》的人，因为不懂"制断"二字之义，便说得更远了，那些都不必深辩了吧。

---

① 此文前十节原载《学文月刊》第一卷第一、三期（一九三四年），据开明版《闻一多全集·神话与诗》编入本卷。十一至十四节为续作，谈《诗·兔罝》，为梁实秋所藏未刊稿，今据一九八六年中国友谊出版公司出版的梁实秋《雅舍怀旧——忆故知·谈闻一多》编入本卷。

② "下"下疑脱"面"字，或"下"上脱"以"字。